"十三五"职业教育交通运输类专业系列教材

城市轨道交通安全管理

主　编　盛海洋　王志中
副主编　张建渊　吕　佳
参　编　杨金凤　吴冰芝
主　审　陈　萍　钱寅星

机械工业出版社

本书由 13 个项目组成，包括安全管理基础、安全文化、安全标志、安全法律法规、员工安全保障、安全事故报告与调查处理、安全系统分析与评价、安全风险管理、应急管理、消防安全事故预防、突发事件现场应急处置、职业健康安全管理体系和安全案例分析。每个项目由若干个任务组成，每个任务都列出了学习目标、学习重点和学习难点，旨在培养学生的基本安全知识、安全技能与综合安全素质。

本书在编写过程中兼顾了职业教育学生能力培养的需要，注重吸收最新的科技成果，将教学与科研、生产紧密结合，以必需、实用、够用为度，强调职业教育的特色。全书内容丰富、图文并茂、深入浅出、循序渐进、重点突出、便于自学。在每个项目后设有思考与练习，以利于教师教学和方便学生学习。

本书可作为职业院校城市轨道交通工程技术、城市轨道交通运营管理相关专业教材，也可作为道路桥梁工程技术、工程监理、港口工程技术、工程管理等相关专业及企业干部与员工的安全培训教材。

为方便教学，本书配套了教学课件、课程标准、微课视频、教学设计、综合试题、教案，凡选用本书作为授课教材的教师均可登录机工教育服务网 www.cmpedu.com 下载，也可使用超星学习通实现"一键建课"，方便混合式教学。

图书在版编目（CIP）数据

城市轨道交通安全管理/盛海洋，王志中主编. —北京：机械工业出版社，2017.4（2024.12 重印）

"十三五"职业教育交通运输类专业规划教材

ISBN 978-7-111-56420-1

Ⅰ.①城… Ⅱ.①盛… ②王… Ⅲ.①城市铁路-交通运输安全-交通运输管理-高等职业教育-教材 Ⅳ.①U239.5

中国版本图书馆 CIP 数据核字（2017）第 063497 号

机械工业出版社（北京市百万庄大街 22 号 邮政编码 100037）

策划编辑：王莹莹 责任编辑：曹丹丹 陈 洁

责任校对：刘秀芝 封面设计：鞠 杨

责任印制：单爱军

北京虎彩文化传播有限公司印刷

2024 年 12 月第 1 版第 10 次印刷

184mm×260mm · 15.25 印张 · 310 千字

标准书号：ISBN 978-7-111-56420-1

定价：44.80 元

前　言　PREFACE

本书是按照"城市轨道交通安全管理"课程教改的有关要求，在各职业院校积极践行和创新先进职业教育理念，深入推进"工学结合，校企合作"人才培养模式的大背景下，根据新的专业人才培养方案及课程标准组织编写的。

本教材"以培养职业能力为核心，以工作实践为主线，以工作过程（项目）为导向，用任务进行驱动，建立以行动（工作）体系为框架的现代课程结构，重新序化课程内容，做到陈述性（显性）知识与程序性（默会）知识并重，将陈述性知识穿插于程序性知识之中，理论与实践一体化"的课改编写思路。

在课程设计上，本书以实际工作任务为引领，以城市轨道交通工程技术、城市轨道交通运营管理专业中运用的城市轨道交通安全管理为主线，并贯穿课程的始终。本书分为13个学习项目，即安全管理基础、安全文化、安全标志、安全法律法规、员工安全保障、安全事故报告与调查处理、安全系统分析与评价、安全风险管理、应急管理、消防安全事故预防、突发事件现场应急处置、职业健康安全管理体系和安全案例分析。每个项目分为若干个学习任务，并配以实例和思考与练习，循序渐进、分门别类、突出重点，便于学习。

本书在编写过程中兼顾了职业院校学生能力培养的需要，注重吸收最新的科技成果，将教学与科研、生产紧密结合，以必需、实用、够用为度，强调职业教育的特色。全书内容丰富、图文并茂、深入浅出。为了方便学生学习，每个任务都列出了学习目标、学习重点和学习难点，每个项目都有一定数量的思考与练习题，以帮助学生更好地了解和掌握核心内容。

本书根据城市轨道交通施工、运营岗位作业对安全的要求编写，旨在培养学生的基本安全知识、安全技能与综合安全素质。编写中在讲述理论知识的同时，又通过实操、实例让学生掌握上述知识的具体应用。

本书由福建船政交通职业学院盛海洋、重庆建筑工程职业学院王志中任主编，盛海洋教授统稿。甘肃交通职业技术学院张建渊、重庆建筑工程职业学院吕佳任副主编。重庆建筑工程职业学院杨金凤、吴冰芝参编。本书由福建省天宇安全环保技术有限公司陈萍和中铁二十四局集团福建铁路建设有限公司钱寅星主审。

具体编写分工情况：前言、项目1、项目7、项目8、项目11、项目12、项目13由盛海洋编写；项目2、项目3由王志中编写；项目5由杨金凤编写；项目4、项目6由张建渊编写；项目9、项目10（部分内容）由吕佳编写；项目10部分内容由吴冰芝编写。

在本书编写过程中广泛征求了有关院校及安全技术单位和安全部门同行的意见，得到了有关领导和部门的指导和帮助，同时书后参考文献的作者们的研究成果使得本书的内容更加翔实和丰富，在此一并表示诚挚的谢意。

由于编者水平所限，书中不当之处在所难免，敬请读者批评指正。

编　者

目 录 CONTENTS

项目 1

安全管理基础

任务 1.1 安全管理基础知识

学习目标

1. 知识目标
1) 掌握安全管理的基本概念和基础知识。
2) 了解安全管理的方针。
3) 熟悉安全生产五要素及其相互关系。
4) 熟悉城市轨道交通危险源及风险控制。
2. 能力目标
1) 能够理解安全管理的基本概念和基础知识。
2) 能够识别城市轨道交通危险源及运用风险控制方法。

学习重点

安全管理的基本概念；安全管理的方针；安全生产五要素及其相互关系；城市轨道交通危险源及风险控制。

学习难点

识别城市轨道交通危险源及运用风险控制方法。

1.1.1 安全管理的基本概念

1. 安全、危险和本质安全

（1）安全　无危则安，无损则全。古往今来，治国兴邦，安全是关键。安全是指人们能承受的危险程度，这种危险程度不会对人造成伤害，即免遭不可接受的危险的伤害。安全的实质是防止事故，消除导致死亡、伤害及各种财产损失发生的因素。

（2）危险 可造成某种后果的不良事件，在特定时间范围内或特定情况下将发生的可能性，常指危害或危害因素。

（3）本质安全 通过设计、监控等手段使生产设备或生产系统本身具有安全性，即使在误操作或发生故障的情况下也不会造成事故。

2. 安全生产和安全生产管理

（1）安全生产 安全生产是指在生产经营过程中控制和减少导致职业危害的因素，避免和消除劳动场所中的风险，保障从事劳动的人员和相关人员的人身安全、健康及劳动场所的设备、财产安全而进行的相关活动，即生产、经营活动中的人身安全和资产安全。

（2）安全生产管理 针对人们生产过程的安全问题，运用有效的资源，发挥人们的智慧，通过人们的努力，进行有关的策划、计划、组织、指挥、控制和协调等活动，实现生产过程中人与机械设备、物料和环境的和谐，实现安全生产的目标。

3. 事故、安全事故、建设工程安全事故、事故隐患

（1）事故 事故是指在职业活动过程中发生的突发性事件的总称。事故通常会使正常活动中断，造成人员伤亡或财产损失。

（2）安全事故 安全事故是指人们在进行有目的的活动过程中发生了违背人们意愿的不幸事件，使其有目的的行动暂时或永久停止。

（3）建设工程安全事故 建设工程安全事故是指在建设工程现场发生的安全事故，一般会造成人员伤亡或伤害。

（4）事故隐患 事故隐患是指可导致事故发生的物的危险状态、人的不安全行为及管理上的缺陷。重大事故隐患是指可能导致重大人身伤亡或重大经济损失的事故隐患。

4. 危险、风险

（1）危险 危险是指在生产活动过程中，人或物遭受损失的可能性超出了可接受范围的一种状态。

（2）风险（危险性） 风险是指危险、危害事件发生的可能性与后果的严重程度的综合度量。

5. 危险源、重大危险源、危险源辨识

（1）危险源 危险源是指在一个系统中具有潜在能量和物质释放危险的、在一定的触发因素作用下可转化为事故的部位、区域、场所、空间、岗位、设备及其位置。危险因素与危害因素同属于危险源。危险源由潜在危险性、存在条件和触发因素构成。

（2）重大危险源 重大危险源是指长期地或临时地生产、搬运、使用或储存危险物品，并且危险物品的数量等于或超过临界量的单元（指一个/套生产装置、设施或场所，或同属一个生产经营单位且边缘距离小于 500m 的几个/套生产装置、设施或场所）。

（3）危险源辨识 危险源辨识是指从组织的活动中识别出可能造成人员伤害或疾病、财产损失、环境破坏的危险或危害因素，并判定其可能导致的事故类别和导致事故发生的直接原因的过程。

6. 职业病、职业病危害因素

（1）职业病 职业病是指职工因受职业性有害因素的影响而引起的，由国家以法规形式规定并经国家指定的医疗机构确诊的疾病。目前，我国职业病共 10 类 132 种。

（2）职业病危害因素　职业病危害因素是指在生产过程中、劳动过程中和作业环境中存在的危害劳动者健康的、可能导致职业病的因素。

7. 职业安全卫生、劳动保护

（1）职业安全卫生　职业安全卫生是指以保障职工在职业活动过程中的安全与健康为目的的工作领域及在法律、技术、设备、组织制度和教育等方面所采取的相应措施。

（2）劳动保护　劳动保护等同于"职业安全卫生"，是"职业安全卫生"概念的习惯用语。

1.1.2　安全生产的要素和方针

1. 安全生产的要素

安全文化、安全法制、安全责任、安全科技、安全投入是保障安全生产的"五要素"。

2. 安全生产的方针

《中华人民共和国安全生产法》（以下简称《安全生产法》）第三条规定："安全生产工作应当以人为本，坚持安全发展，坚持安全第一、预防为主、综合治理的方针"。"安全第一、预防为主、综合治理"是现阶段我国安全生产管理方针（见图1-1）。

我国安全生产管理的主要含义：积极推进安全生产法规标准的建设，变行政管理为法制管理；理顺并完善安全生产管理体制；积极采取各种职业安全卫生技术措施；坚持安全生产的教育和知识、技能培训，提高安全意识和素质；不断进行安全管理改革，积极推行安全管理现代化；

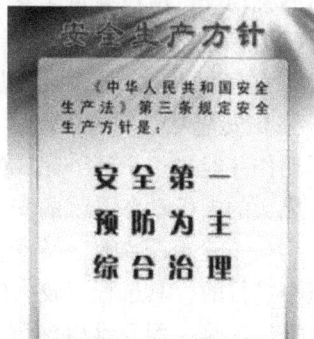

图1-1　安全生产工作的管理方针

重视伤亡事故调查、统计分析工作；认识安全生产的规律，加强安全科技研究。

1.1.3　安全生产监督管理体系

目前，我国实行的是国家监察、地方监管、企业负责的安全工作体制。在国家与行政管理部门之间实行的是综合监管和行业监管；在中央政府与地方政府之间实行的是国家监察与地方监管；在政府与企业之间实行的是政府监管与企业管理。

城市轨道交通运营安全由国家安全生产监督管理总局与交通运输部实行综合监管和行业监管；在政府与企业之间，由地方安监局与地方交通委员会进行政府监管，由企业进行内部安全管理。

1.1.4　对城市轨道交通安全的认识

1. 安全的普遍性

安全的普遍性包括：

（1）安全的系统性　像城市轨道交通这样的开放系统，安全既受内部因素的制约，又受外部环境的干扰。研究和解决安全问题应从系统观点出发，运用系统工程方法进行综合治理。

（2）安全的相对性　安全是相对的，系统发生事故的可能性始终存在，要树立预防事故、防患于未然的思想。

（3）安全的依附性　安全不能脱离具体的生产过程而独立存在，安全又是生产的基础和保障，正常有序的生产同系统的安全运行和管理是不可分割的。

（4）安全的间接效益性　安全投入所产生的经济效益和社会效益都是间接的、无形的和难以定量计算的。

（5）安全的长期性　安全问题不是一朝一夕的问题，是长期存在的，抓安全需要长期不懈、始终如一地努力才行。

（6）安全的艰巨性　高科技伴随高风险，随着科技的发展和系统的复杂，事故后果越加严重，安全工作的任务相当艰巨。

2. 安全的特殊性

安全的特殊性包括：

（1）安全的动态性　车辆在固定轨道上定向运动是城市轨道交通最显著的特点，没有车辆的移动，也就没有行车安全问题。

（2）事故后果的严重性　城市轨道交通行车密度大，并且速度较快，一旦发生事故，不仅造成巨大的财产损失和人员伤亡，造成的社会影响也难以估量。

（3）安全对管理的依赖性　城市轨道交通运输生产过程是由多部门、多工种联合作业、协同动作并经过多个环节完成的，涉及设备数量庞大、种类繁多，是复杂的人机动态系统。这样庞大的人机动态系统的安全运行离不开管理的协调作用。

（4）安全的复杂性　安全受外部环境的影响很大。城市轨道交通运输是在一个开放的环境中进行的，其过程有较大的空间位移和较长的时间延续，自然环境及社会环境均对运输安全构成影响，而且难以预测和控制。因此，城市轨道交通运输环境安全综合治理涉及面广、难度大，具有安全的复杂性。

3. 人员安全素质

人员安全素质是指人员所具有的影响安全工作的各种要素，主要包括：生理素质、心理素质、技术素质、思想素质和群体素质。

1.1.5　影响城市轨道交通安全的因素

1. 人的影响因素

对于人的影响因素，应从行车系统人员、客运服务人员、设备检修及维护人员、安全管理人员及系统外人员（如乘客）分别进行分析。对系统内人员从思想素质、技术业务素质、生理心理素质和群体素质等方面进行详细分析；对系统外人员从引发城市轨道交通突发事件的因素进行分析，如未遵守乘客守则、人为故意破坏及无应急技能等。

2. 设备的影响因素

对于设备的影响因素，可从具体设备和总体设备两方面进行分析。具体设备应从可靠性、先进性、操作性和维修方便性等方面衡量其设计的安全性，从运行时间、故障及维修保养方面确定其使用的安全性。总体设备则从设备的布局、配合性、作业能力和固定资产含量等方面分析设备的总体安全性。

3. 环境因素

对于环境因素，可从内部环境和外部环境分别进行分析。内部环境着重从作业环境（温度、湿度、照明、噪声和振动等）和内部社会环境进行分析，外部环境着重从自然环境

（地理、气候、季节和自然灾害等）和外部社会环境（政治、经济、技术、社会治安、家庭、法律和管理等）进行分析。自然灾害，如台风、水灾和地震等，都会对城市轨道交通运营安全构成极大威胁，防控不好就会造成严重破坏。外部社会环境，如社会治安（制造恐怖事件、故意破坏等）、人们的法律意识（安全守则的遵守、设备的爱护和正确使用）等，在很大程度上也对城市轨道交通运营安全造成影响。

4. 管理水平

一般而言，管理水平在一定程度上影响着城市轨道交通系统的安全水平。管理是对人、设备、环境的综合控制和协调。如果管理存在缺陷，同样会导致事故的发生。按照社会可接受的安全水平，可将系统状态分为正常状态、近事故状态和事故状态。无论处于哪种状态，都可将系统状态的数据反馈给管理系统，管理系统便可通过管理改变系统行为，并产生不同程度的安全接受水平和系统状态。系统状态数据还可用于改进系统安全管理方法，从而得到更为安全的系统，由此可看出管理的重要性。对管理因素而言，主要从组织管理、制度管理、技术管理、教育管理、信息管理和资金管理等方面进行分析。

1.1.6　城市轨道交通危险源及风险控制

1. 乘客不安全行为

1）乘客携带超长、超宽、超高、笨重物品进站，可能会刮坏设施，碰伤他人。控制措施：在车站出口、入口或通道内悬挂宣传图画；经常播放乘客携带超长、超宽、超高、笨重物品进站危害性方面内容的安全广播；车站工作人员加强巡视，发现后立即劝阻乘客进站。

2）乘客携带易燃、易爆、有毒危险品进站，可能引发火灾、爆炸和乘客窒息。控制措施：在车站出入口或通道内悬挂宣传图画；车站经常播放乘客携带易燃、易爆、有毒危险品进站可能引发火灾、爆炸事故或其他危害方面内容的安全广播；车站工作人员加强巡视，发现后立即劝阻乘客进站。一旦发现危险，立即启动"车站火灾、爆炸、出现疫情应急处理程序"。

3）乘客奔跑、打闹，可能会导致摔伤。控制措施：车站经常播放此方面内容的安全广播；车站工作人员加强巡视，发现后立即劝阻乘客。

4）电梯即将关闭时乘客抢上，可能被夹伤。控制措施：启动"车站乘客受伤应急处理程序"。

5）乘客吸烟，可能会引发火灾。控制措施：在车站出口、入口或通道内悬挂禁止吸烟的宣传图画和警示标志；播放相关方面内容的安全广播；车站工作人员加强巡视，发现后立即劝阻乘客。一旦发生火情，立即启动"车站火灾应急处理程序"。

6）乘客随意移动灭火器箱，可能会导致碰伤。控制措施：在灭火器箱上张贴标志条；车站工作人员加强巡视，发现后立即归位。

7）屏蔽门或车门即将关闭时乘客抢上抢下，可能会导致夹伤。控制措施：在屏蔽门或车门上张贴提示条；屏蔽门或车门关闭时，提示乘客不要上下车；车站加强广播。一旦发生意外，启动"车站乘客受伤应急处理程序"。

8）乘客倚靠、扶摸车门或站在车辆接缝处，可能会导致受伤。控制措施：在车门或车辆接缝处张贴一些温馨提示条；列车上进行安全广播，并在列车显示屏上播放，对乘客进行安全提示。一旦发生意外，立即启动"车站乘客受伤应急处理程序"。

9）乘客无故打开列车车门，会造成列车晚点。控制措施：一旦乘客无故打开列车车门，立即启动"人员打开列车车门应急处理程序"。

10）乘客无故按压站台紧急停车按钮，会使列车晚点。控制措施：在站台紧急停车按钮处张贴提示条；一旦紧急停车按钮被按下，立即启动"乘客按压站台紧急停车按钮应急处理程序"。

11）乘客无故按压车站控制室紧急停车按钮，会使列车晚点。控制措施：无关人员禁止进入车站控制室；发现后立即进行复位。

12）乘客无故按压自动扶梯紧急停止按钮，可能会使自动扶梯上的乘客摔伤。控制措施：在车站出入口或通道内悬挂宣传图画，在按钮处张贴警示条；车站经常播放此方面内容的安全广播；工作人员发现后，对按压乘客进行教育，重者按《地铁运营管理条例》进行处罚；启动"车站乘客受伤应急处理程序"。

13）乘客踏进站台与列车空隙内或物品掉进空隙内，可能会导致受伤或影响运营。控制措施：车站加强广播，提示乘客小心空隙；出现意外时启动"车站乘客受伤应急处理程序"或"物品掉落轨道应急处理程序"。

14）乘客手扶屏蔽门，可能会夹伤手指。控制措施：在屏蔽门上张贴提示条；车站加强广播。一旦发生乘客受伤情况，启动"车站乘客受伤应急处理程序"。

15）乘客无故打开屏蔽门进入轨道，可能会导致伤亡。控制措施：在屏蔽门上张贴一些温馨提示条；车站加强广播，提示乘客不要倚靠、扶摸屏蔽门；发生乘客无故打开屏蔽门进入轨道的情况，启动"乘客进入轨道应急处理程序"。

2. 车站突发事件及违章作业

1）车站突发大客流，分流疏散不及时，可能会导致人员伤亡。控制措施：车站经常了解周边环境及活动情况；启动"车站大客流应急处理程序"。

2）车站发现疫情，可能会导致车站停运。控制措施：车站经常了解周边及社会环境情况；启动"车站出现疫情应急处理程序"。

3）清洁卫生或雨雪天气时地面、台阶湿滑，人员可能会滑倒摔伤。控制措施：车站经常播放此方面内容的安全广播；放置"小心地滑"警示牌；启动"车站乘客受伤应急处理程序"。

4）站厅栏杆玻璃边缘或接缝处锋利、广告灯箱框边缘锋利有刺，可能会划伤人员手指。控制措施：将站厅栏杆玻璃边缘或接缝处、广告灯箱框边缘进行打磨处理；启动"车站乘客受伤应急处理程序"。

5）雷雨天气，水浸车站出入口，可能会导致车站停止运营。控制措施：启动"水浸出入口应急处理程序"。

6）闸机夹人，可能会导致人员受伤。控制措施：启动"车站闸机夹人应急处理程序"。

7）保洁工器具随意摆放，可能会碰伤人员。控制措施：车站人员加强监管，禁止随意摆放；在摆放处设立"小心地滑"警示牌；启动"车站乘客受伤应急处理程序"。

8）自动售票机（TVM）取票口乘客取票、TVM等机器漏电或售票处没有凹槽，乘客伸手取票款时可能会发生挤压手指、乘客触电或刮伤乘客手背的问题。控制措施：在TVM明显处张贴购票步骤与提示，将机器接地，车站售票人员给乘客以提示。一旦发生乘客受伤情况，启动"车站乘客受伤应急处理程序"。

3. 施工作业

1）擅自动火作业，可能引发火灾。控制措施：动火作业必须向行车调度员申请动火作业命令，施工前车站检查并核对是否具有动火作业命令，并对施工进行监控。一旦发生火情，立即启动"车站火灾应急处理程序"。

2）未征得同意，擅自进入轨行区施工，可能会造成人员伤亡。控制措施：在屏蔽门上张贴一些温馨提示条；严格执行《建设工程施工现场管理规定》中轨行区施工作业条款；对车站加强巡视，掌握施工动态；启动"人员进入隧道应急处理程序"。

3）隧道区间施工，防护设置不规范或未设防护，可能会造成人员伤亡。控制措施：严格执行《施工管理规定》中隧道区施工作业防护设置条款；对车站进行防护确认并加强巡视，掌握施工动态。

4）隧道区间施工，延期销点，可能会影响运营。控制措施：严格执行《施工管理规定》的销点条款；对车站进行监控；发现此种情况，立即上报控制中心。

5）隧道区间施工，人员、设备没有出清线路就销点，可能会发生刮坏列车或碰伤人员的事故。控制措施：严格执行《施工管理规定》的销点条款；对车站进行监控；发现此种情况，立即上报控制中心；启动"乘客进入隧道应急处理程序"。

4. 设备故障

1）屏蔽门故障（如破碎、打不开、关不上等），可能会使列车晚点。控制措施：启动"屏蔽门故障应急处理程序"。

2）垂直电梯故障打不开，乘客被困在垂直电梯里，可能会产生人员窒息。控制措施：启动"乘客被困垂直电梯应急处理程序"。

3）道岔故障，可能会造成列车晚点。控制措施：启动"道岔故障应急处理程序"。

4）车站信号设备故障，会影响正常行车，从而影响运营。控制措施：启动"信号设备故障应急处理程序"。

5）车辆故障，可能会使列车晚点，甚至对正常运营造成较大影响。控制措施：启动"车辆故障应急处理程序"。

6）轨道故障，会影响正常行车，甚至对正常运营造成较大影响。控制措施：启动"轨道故障应急处理程序"。

7）供电系统故障，会对正常运营造成较大影响。控制措施：启动"供电系统故障应急处理程序"。

1.1.7　人的不安全行为及防范措施

1. 不安全行为的主要表现

1）操作错误，忽视安全提示。
2）造成安全装置失效。
3）使用不安全设备。
4）以手代替工具操作。
5）物体存放不当。
6）冒险进入危险场所。
7）攀、坐不安全位置。
8）注意力不集中。
9）穿着不利于安全。

10）对必须使用的个人防护用品或用具忽视使用或使用不当。

11）对易燃、易爆等危险品处理错误。

2. 改变不安全行为的常用方法

（1）自我控制　经常进行自我暗示、自我提醒，对不安全行为进行自我控制和约束，自发地查找、改变不安全行为，控制事故的发生。

（2）跟踪控制　对已知的具有不安全行为的人员做好转化工作和对其行为进行跟踪控制。

（3）安全监护　对从事危险性较大的生产活动的人员，指定专人对其生产行为进行安全提醒和安全监督。

（4）安全检查　对从事生产实践活动人员的行为进行各种不同形式的安全检查，从而发现并改变其不安全行为，控制人为事故的发生。

（5）技术控制　运用安全技术手段控制不安全行为。

3. 人为事故的自我预防

1）自觉接受教育，不断提高安全意识，牢固树立安全思想。

2）努力学习生产技术和安全技术知识，不断提高安全素质和应变能力。

3）严格执行安全规章，不违章作业、不冒险蛮干。

4）做好个人使用的工具、设备和劳保用品的日常维护保养工作，使之保持完好状态并正确使用。

5）服从安全管理，敢于抵制违章指挥，确保生产任务的安全完成。

1.1.8　城市轨道交通安全管理的对策

1）加强对乘客和职工的安全教育和管理，牢固树立"安全第一"的思想。

2）建立健全安全法规，建立安全检查制度，做到安全生产有章可循、遵章执行。

3）建立安全培训制度，制订应急预案和建立应急救援体系，增强应急处置能力。

4）建立事故处理机制，落实责任追究制度。

5）开展安全文化建设与达标建设，夯实安全管理基础。

任务1.2　现代安全生产管理理论

学习目标

1. 知识目标
1）了解安全生产管理的发展和进步。
2）了解现代安全生产管理理论。
2. 能力目标
能够理解现代安全生产管理理论分析方法。

学习重点

安全科学理论发展的三个阶段；人类安全哲学的发展进程；事故致因理论；事故因果连锁理论；能量意外转移理论。

学习难点

轨迹交叉理论；人因事故模型。

1.2.1 安全生产管理发展和进步

1. 古代的安全防灾

早在五六千年前的半坡氏族就知道在自己居住的村落周围挖沟壕来抵御野兽的袭击。在公元七八世纪，我们的祖先就认识了毒气，并提出测知方法。1637 年，宋应星编著的《天工开物》一书中，详尽记载了处理煤矿内瓦斯和顶板的"安全技术"。防火技术是人类最早的安全技术之一。

古代人类的安全方略包括：居安要思危；长治能久安；有备才无患；防微才能杜渐；未雨也绸缪；亡羊须补牢；曲突且徙薪。

2. 人类安全法规的起源与发展

（1）人类最早的工业法规 根据有关专家的考证，人类最早的安全法规出自早期工业最发达的国家——英国，其代表法规就是英国的《工厂学徒的健康和道德法》（1802 年）。

（2）人类最早的交通安全法规 据考证，世界上最早的交通安全法规是美国交通学专家威廉·菲尔普斯·伊诺制定的《驾车的规则》。

（3）我国交通安全法规的演变 1943 年，由"民国政府内务部"统一制定了《陆上交通规则》，这可称为我国第一部正式的交通法。1955 年，我国颁布了《城市道路交通规则》，1988 年，国务院发布《中华人民共和国道路交通管理条例》。2003 年 10 月 28 日，第十届全国人民代表大会常务委员会第五次会议通过《中华人民共和国道路交通安全法》，2004 年 5 月 1 日起正式施行。

3. 近代安全科学技术的起源与发展

20 世纪 70 年代，安全科学问世。1990 年，"第一届世界安全科学大会"在前联邦德国科隆召开。目前，我国已成立了中国劳动保护科学技术学会、中国灾害防御协会、中国消防协会等与安全科学技术相关的研究团体，专门从事安全科学技术的院所达四十余所。目前，全国安全生产的法律法规和规章共有 100 多部，标准近 500 项。

1956 年 5 月 25 日，周恩来总理亲自主持制定了著名的"三大规程"：《工厂安全卫生规程》《建筑安装工程安全技术规程》《工人职员伤亡事故报告规程》。于 2002 年 6 月 29 日闭会的第九届全国人大常委会上，《安全生产法》获得表决通过，时任国家主席江泽民签署第 70 号主席令予以公布，该法于 2002 年 11 月 1 日正式实施。2003 年 3 月，安监局（安全生产监督管理局）成为国务院直属机构。

我国安全生产的工作思路即"三件大事""五个支撑体系""五项创新"。"三件大事"包括：第一，依据国家赋予的基本职能，进一步完善工作机制；第二，切实加强安全监管和安全监察执法队伍建设；第三，以贯彻《安全生产法》为契机，推动安全生产法制建设。"五个支撑体系"包括：安全生产法律体系、安全信息工程体系、安全技术保障体系、宣传教育培训体系、特大事故应急救援体系。"五项创新"包括：思维定式的创新、事故防范机制的创新、安全生产监管手段的创新、对非公有制企业安全监管方式的创新、安全生产科技的创新。

4. 安全科学理论发展的三个阶段

（1）经验阶段 从工业社会到20世纪50年代，主要发展了事故学理论。

（2）预测阶段 从20世纪50年代到20世纪80年代，发展了危险分析与风险控制理论。

（3）综合阶段 从20世纪90年代以来，现代安全科学原理正在不断发展和完善之中。

5. 人类安全哲学的发展进程

人类安全哲学的发展进程见表1-1。

表1-1　人类安全哲学的发展进程

阶段	时 代	技术特征	认 识 论	方 法 论
1	工业革命前	农牧业及手工业	听天由命	无能为力
2	17世纪至20世纪初	蒸汽机时代	局部安全	亡羊补牢，事后型
3	20世纪初至20世纪50年代	电气化时代	本质安全	预防型
4	20世纪50年代至20世纪90年代	宇航技术	系统安全	系统工程
5	20世纪90年代以来	信息化时代	大安全观	安全管理模式

1.2.2　现代安全生产管理理论

1. 事故致因理论

（1）事故致因理论的发展过程 20世纪50年代以前，一切以机器为中心，工人是机器的附属品。1939年，英国人法默（Farmer）提出了事故频发倾向的概念，基本观点是：从事同样的工作和在同样的工作环境下，某些人比其他人更易发生事故，这些人即为事故倾向者。1936年，美国人海因里希（W. H. Heinrich）提出了事故因果连锁理论，认为伤害事故的发生是一连串的事件按一定因果关系依次发生的结果。1949年，戈登（Gorden）提出了"流行病学方法"，即对于事故，一要考虑人的因素，二要考虑环境的因素，三要考虑引起事故的媒介。1961年，吉布森（Gibson）提出了能量释放论。1969年，瑟利（J. Surry）提出了瑟利模型，以人对信息的处理过程为基础描述了事故发生的因果关系。20世纪80年代初期，人们提出了轨迹交叉论，认为事故的发生不外乎是人的不安全行为和物的不安全状态两大因素综合作用的结果，即人、物两大系列时空运动轨迹的交叉点就是事故发生的所在。

（2）事故致因理论的概念 事故致因理论是从大量典型事故的本质原因分析中所提炼出的事故机理和事故模型。这些机理和模型反映了事故发生的规律，能够为事故原因的定性分析、定量分析，以及事故的预测预防和改进安全管理工作，从理论上提供科学的、完整的依据。

（3）研究事故致因理论的目的　研究事故致因理论的目的包括：

1）掌握事故发生的普遍规律。事故有火灾、爆炸、中毒、机械伤害、物体打击等多种类型和形式，要对每一种甚至每一起事故都能正确分析和研究，需要广泛而深厚的自然科学和社会科学知识功底，这对于一个安全科学工作者来说是很难做到的。然而，通过对事故普遍规律的熟练掌握运用，能够对事故的发生，明确其源自何方，应从何处下手进行分析、研究，揭示事故发生的本质，尽快了解其真相。

2）为正确的安全决策提供依据。通过对事故致因理论的研究，可以明确影响各系统安全状况的原因及主要原因是什么，可能会发生什么事故；也可以根据系统存在的各种危险因素数据、资料，评估事故发生的可能性及事故损失大小，从而推断事故风险度大小，为最终做出正确的安全决策提供依据。

3）提高企业安全管理水平。以事故致因理论为指导，依照事故发生的普遍规律，可以明确企业安全工作的薄弱环节，采取有针对性的安全措施，提高企业的整体安全水平。在具体系统的设计、制造、试验、使用、维护等各种过程中，可以以事故致因理论为依据，辨识、分析、评价系统的危险因素，提高系统的安全性。安全工作以事故致因理论为指导开展，可以起到事半功倍的效果。

2. 事故因果连锁理论

（1）事故因果类型　事故因果类型包括：

1）连锁型。一个因素促成下一个因素发生，下一个因素又促成再下一个因素发生，彼此互为因果，互相连锁导致事故发生，如图1-2所示。

2）多因致果型（集中型）。多种各自独立的原因在同一时间共同导致事故的发生，如图1-3所示。

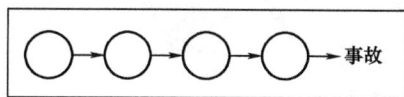

图1-2　连锁型

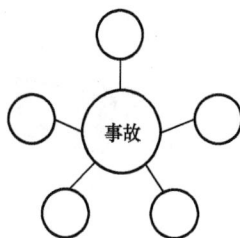

图1-3　多因致果型

3）复合型。某些因素连锁，某些因素集中，互相交叉，复合造成事故。

（2）海因里希因果连锁理论　美国工程师海因里希于1941年出版了《工业事故的预防》著作。他在这部著作中提出了著名的多米诺骨牌事故致因理论。他认为只要消除了人的不安全行为和物的不安全状态，安全就有保障。这一理论被广泛应用于生产实践中，产生了巨大而深远的影响。

海因里希提出的事故因果连锁过程包括如下五种因素（见图1-4）：

1）遗传及社会环境（M）。遗传及社会环境是造成人的缺点的原因。

2）人的缺点（P）。人的缺点即由于遗传和社会环境因素所造成的人的缺点。

3）人的不安全行为或物的不安全状态（H）。两者是造成事故的直接原因。

4）事故（D）。

5）伤害（A）。伤害即直接由事故产生的人身伤害。

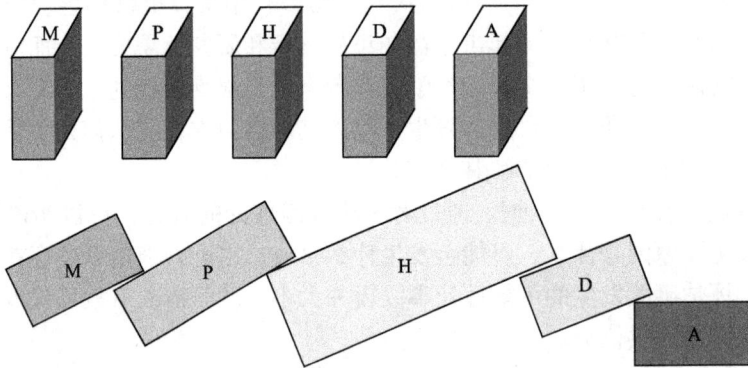

图1-4　多米诺骨牌事故连锁过程

海因里希因果连锁理论的积极意义在于：如果移去因果连锁中的任一块骨牌，则连锁被破坏，事故过程就会中止，如图1-5所示。海因里希认为，企业安全工作的重心就是要移去中间的骨牌——防止人的不安全行为或消除物的不安全状态，从而中断事故连锁的进程，避免伤害的发生。

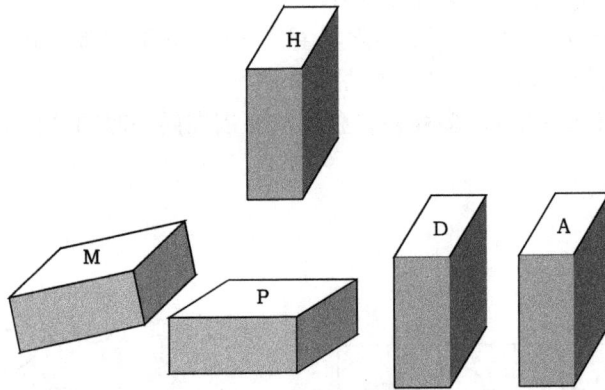

图1-5　事故连锁被打断

3. 能量意外转移理论

能量意外转移理论认为事故是一种不正常的或不希望的能量释放。人的不安全行为或物的不安全状态使得能量或危险物质失去了控制，是能量或危险物质释放的导火线，如图1-6所示。

能量意外转移理论的基本观点是：人类的生产活动和生活实践都离不开能量，能量在受控情况下可以做有用功，制造产品或提供服务；一旦失控，能量就会起到破坏作用，转移到人就造成人员伤亡，转移到物就造成财产损失。

如果意外释放的能量转移到人体，并且其能量超过了人体的承受能力，则人体将受到伤害。吉布森和哈登从能量的观点出发，指出：人受伤害的原因只能是某种能量向人体的转移，而事故则是一种能量的异常或意外的释放。

能量意外转移理论的另一个重要概念是：在一定条件下，某种形式的能量能否产生人员伤害，除了与能量的大小有关以外，还与人体接触能量的时间和频率、能量的集中程度、身体接触能量的部位等有关。

用能量意外转移的观点分析事故致因的基本方法是：首先确认某个系统内的所有能量源，然后确定可能遭受该能量伤害的人员，以及伤害的严重程度，进而确定阻止该类能量异常或意外转移的方法。

能量意外转移理论给出的事故三要素为：①失控的能量；②能量转移途径；③受害对象。

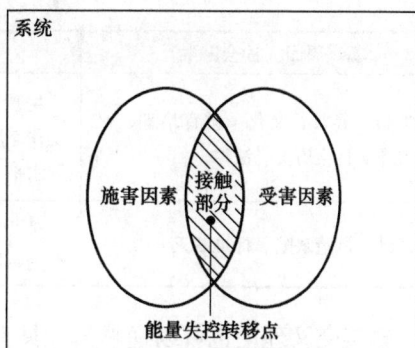

图 1-6   能量意外转移理论

根据事故的三要素采取的预防措施为：①限制能量；②用安全的能源代替不安全的能源，如用水力采煤代替爆破采煤，以及用液压动力代替电力等；③防止能量蓄积、逸散；④缓慢地释放能量；⑤在能量转移途径上进行隔离、设置屏障，屏障是一些防止人体与能量接触的物体，在时间和空间上将能量与人隔离；⑥信息屏蔽；⑦延缓或减弱能量的释放，如采用减振装置吸收冲击能量，以及使用防坠落安全网等；⑧开辟能量释放的途径，使能量转移不致损害人或物；⑨保护能量转移的受害对象；⑩脱离能量转移的受害范围；⑪提高可能受能量转移的危害者的自我保护能力；⑫防止能量转移造成的损失扩大；⑬防止能量蓄积，如通过良好接地消除静电蓄积，以及采用通风系统控制易燃易爆气体的浓度等；⑭设置警示标志。

4. 轨迹交叉理论

（1）轨迹交叉理论的基本思想   伤害事故是许多相互联系的事件顺序发展的结果。这些事件概括起来不外乎人和物（包括环境）两大发展系列。当人的不安全行为和物的不安全状态在各自发展过程中（轨迹），在一定时间、空间发生了接触（交叉），能量转移于人体时，伤害事故就会发生。而人的不安全行为和物的不安全状态之所以产生和发展，又是受多种因素作用的结果。

轨迹交叉理论事故模型如图 1-7 所示。

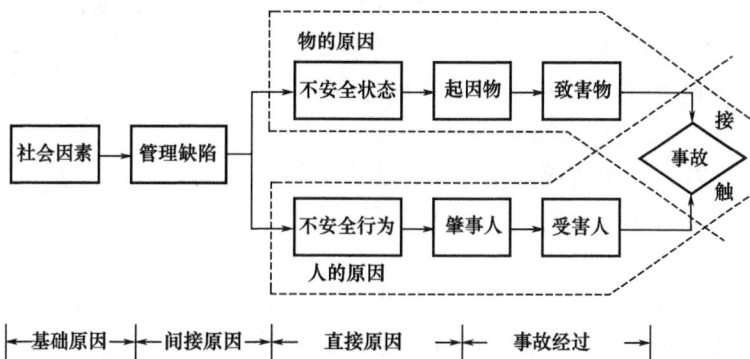

图 1-7   轨迹交叉理论事故模型

事故发生的深层次原因见表 1-2。

表1-2 事故发生的深层次原因

基础原因（社会因素）	间接原因（管理缺陷）	直 接 原 因
遗传、经济、文化、教育培训、民族习惯、社会历史、法律	生理和心理状况、知识技能情况、工作态度、规章制度、人际关系、领导水平	人的不安全状态
设计、制造缺陷、标准缺乏	维护保养不当、保管不良、故障、使用错误	物的不安全状态

轨迹交叉理论也可以理解为：具有危害能量的物体（或人）的运动轨迹与人（或物体）的运动轨迹在某一时刻交叉时就会发生事故。当然，两种运动轨迹均位于三维空间，如图1-8所示。

（2）依据该理论的预防与控制事故的措施 依据该理论的预防与控制事故的措施包括：

1）防止人、物发生时空交叉。

2）控制人的不安全行为。控制人的不安全行为的措施主要有：职业适应性选择；创造良好的工作环境；加强教育与培训，提高职工的安全素质；健全管理体制，严格执行管理制度。

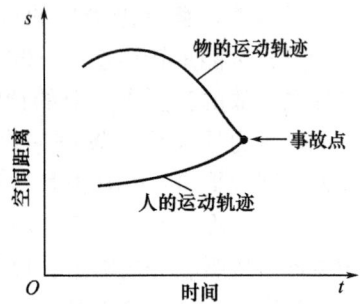

图1-8 两种运动轨迹

3）控制物的不安全状态。控制物的不安全状态主要从设计、制（建）造、使用、维修等方面消除不安全因素，创造本质安全条件。

5. 人因事故模型

人因事故模型主要是从人的因素考虑、研究事故致因的理论。在事故致因中人的因素具有重要的作用，正如轨迹交叉理论所指出的，尽管事故是由于人的不安全行为和物的不安全状态共同造成的，但起主导作用的始终是人的因素，因为物是人创造的，环境是人能够改变的。所以，在研究事故致因理论时，必须着重对人的因素进行深入研究。这就出现了事故致因理论的另一个分支，人因事故模型。

（1）威格里沃思人因事故模型 威格里沃思人因事故模型概述如下：

1）威格里沃思人因事故模型的表述。人在从事某种活动时会接受来自系统和外界的各种刺激（信息），凭视觉、听觉、触觉、嗅觉等感受这些刺激，通过大脑判断系统是否正常，并做出适当反应：或正确处理，不发生失误，没有危险发生；或发生失误，使系统不能正常运行，轻则造成系统故障，造成无伤亡事故，重则造成能量的意外释放，波及到人就会发生伤亡事故。

死亡事故的发生取决于机会因素，即发生伤亡事故的概率。而这种伤亡事故和无伤亡事故又给人以强烈的刺激，促使人们对原来的错误行为进行反思，使其树立安全观念，增强安全意识，主动地去掌握安全知识、安全技能，以驾驭系统，提高其安全性，如图1-9所示。

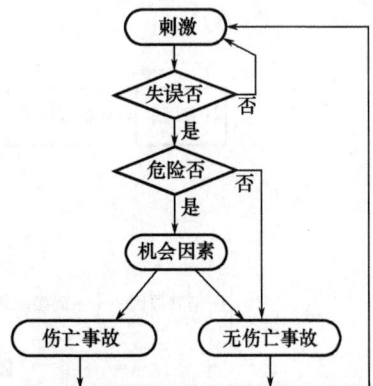

图1-9 威格里沃思人因事故模型

2）威格里沃思人因事故模型预防事故的应用。应用这种事故模型防止伤亡事故时，首先，要熟悉并掌握来自系统及外界的各种刺激，能够正确辨识系统存在的各种危险因素，如声、光、温度、压力、颜色、烟雾等都意味着什么，什么样的信息表示系统正常，而什么样的信息表示系统不正常，以及系统发生过什么事故，是什么原因造成的，事故前有哪些征兆等。这就要求行为者有熟练的危险因素辨识能力，特别是对行为者无刺激，或者刺激力很弱的危险因素，要使其刺激作用加强，使其能够为行为者所辨识。其次，要熟练掌握对各种刺激做出正确反应的方法，防止失误发生。因为事故从发现苗头到发生以至结束，时间往往很短，如果没有熟练掌握形成条件反射的反应能力，那么，事故来不及控制就已经发生了。这就要求行为者具备很强的事故紧急处理能力。

3）模型对于应急演练的指导。企业应该应用此模型指导紧急事故演练，把危险操作过程中可能出现的各种事故情况都纳入演练内容，使行为者牢记遇到各种情况应当如何处理，以及怎样才能把事故消灭在萌芽状态。这样就可以避免一些不必要的事故损失。

例如，压力容器超压时紧急卸压；初期着火时的紧急灭火；毒气泄漏时的紧急处理；中毒、窒息、触电情况发生时的急救等。如果事先能够熟悉这些情况，行为者在许多事故发生时就不会束手无策，许多事故就不会产生那么严重的后果。

对于会因危险辨识失误，反应错误而不可避免地发展为可能造成人员伤亡的危险因素，则应当从工艺技术、设备结构上考虑防止事故的最后一道防线，如连锁、紧急开关、自动灭火、触电保护等，同时注重工艺改造、设备更新等，使事故的发生朝无伤亡的方向发展。

（2）瑟利模型　瑟利模型是对威格里沃思人因事故模型的具体化，如图1-10所示。这种模型把事故过程分为两个阶段，即危险出现和危险释放两个阶段，这两个阶段各自包括一组类似的、人的信息处理过程，即知觉、认识过程和生理反应。第一阶段需要辨识的是人会不会面临危险；第二阶段需要辨识的是危险会不会造成伤害或损害。

在危险出现阶段，如果人的信息处理过程的每个环节都正确，危险就能被消除或得到控制；反之，只要任何一个环节出现问题，就会使行为者直接面临危险。

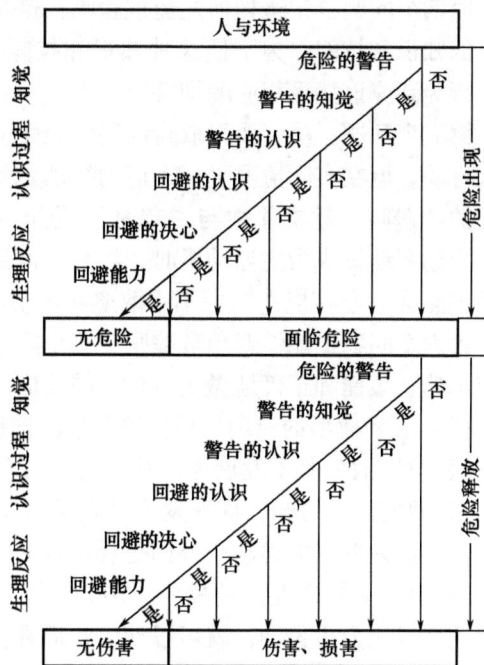

图1-10　瑟利模型

在危险释放阶段，如果人的信息处理过程的各个环节都是正确的，则虽然面临着已经显现出来的危险，但仍然可以避免危险释放出来，不会带来伤害或损害；反之，只要任何一个环节出错，危险就会转化成伤害或损害。

由图1-10可以看出，两个阶段具有相类似的信息处理过程，每个过程均可被分解成六个方面的问题。下面以危险出现阶段为例，分别介绍这六个方面问题的含义。

第一个问题：对危险的出现有警告吗？这里警告的意思是指工作环境中是否存在安全运行状态和危险状态之间可被感觉到的差异。如果危险没有带来可被感知的差异，则会使人直接面临该危险。在实际生产中，危险即使存在，也并不一定直接显现出来。这一问题给我们的启示就是要让不明显的危险状态充分显示出来，这往往要采用一定的技术手段和方法来实现。

第二个问题：感觉到了这个警告吗？这个问题有两个方面的含义：一是人的感觉能力如何，如果人的感觉能力差，或者注意力在别处，那么即使有足够明显的警告信号，也可能未被察觉；二是环境对警告信号的"干扰"如何，如果干扰严重，则可能妨碍对危险信息的察觉和接受。根据这个问题得到的启示是：感觉能力存在个体差异，提高感觉能力要依靠经验和训练，同时训练也可以提高行为者抗干扰的能力；在干扰严重的场合，要采用能避开干扰的警告方式（如在噪声大的场所使用光信号或与噪声频率差别较大的声信号）或加大警告信号的强度。

第三个问题：认识到了这个警告吗？这个问题的含义是行为者在感觉到警告之后，是否理解了警告所包含的意义，即行为者将警告信息与自己头脑中已有的知识进行对比，从而识别出危险的存在。

第四个问题：知道如何避免危险吗？这个问题的含义是行为者是否具备避免危险的行为响应的知识和技能。为了使这种知识和技能变得完善和系统，从而更有利于采取正确的行动，行为者应该接受相应的训练。

第五个问题：决定要采取行动吗？表面上看，这个问题毋庸置疑，既然有危险，当然要采取行动。但在实际情况下，人们的行动是受各种动机中的主导动机驱使的，采取行动回避风险的"避险"动机往往与"趋利"动机（如省时、省力、多挣钱和享乐等）交织在一起。当趋利动机成为主导动机时，尽管认识到危险的存在，并且也知道如何避免危险，但行为者仍然会"心存侥幸"而不采取避险行动。

第六个问题：能够避免危险吗？这个问题的含义是行为者在做出采取行动的决定后，是否能迅速、敏捷和正确地做出行动上的反应。

（3）瑟利模型的应用　根据这种事故模型防止事故，一是要防止"危险出现"，二是当"危险释放"时使其不发展为"伤害、损害事故"。

1）要使危险可知，即能发出"危险的警告"，特别是那些不易被发现的潜在危险。例如，反应器内部压力过高，外面是看不到的，可以通过压力表在外面显示给人以警告。

2）要使人知道发出的警告。例如，压力表显示是无声无光的，人的注意力是有限的，如果辅之以压力报警器，就可以使人知道警告。

3）要使人能够确认警告的内容是什么。例如，采用不同形式的声、光信号标明什么是超压报警，什么是其他报警。

4）要使人明确：危险出现时应采取什么措施可以避免，防止危险发展为伤亡事故。例如，行为者应当知道，当压力上升接近超压时，应立即停止投料中止反应，加大冷却水流量；超压时应及时撤料等。这就要求行为者熟练掌握操作技能，特别是紧急状态下的处理技能。

5）要采取各种措施，提高行为者的责任意识和安全意识，精心操作，及时采取恰当措施，避免事故的发生。

小　结

　　本项目主要讲了：安全管理的基本概念；安全管理的方针；安全生产五要素及其相互关系；城市轨道交通危险源及风险控制；安全科学理论发展的三个阶段；人类安全哲学的发展进程；事故致因理论；事故因果连锁理论；能量意外转移理论；轨迹交叉理论；人因事故模型等。

思考与练习

1. 什么是安全、安全生产和安全管理？
2. 试述安全与安全性在概念上的主要区别。
3. 什么是安全事故？
4. 什么是危险、风险（危险性）和危险源？
5. 危险物质越多事故风险越大吗？
6. 简述事故与事故后果之间的关系。
7. 简述安全、危险和事故之间的关系。
8. 简述事故的偶然性。
9. 简述事故隐患与危险的联系与区别。
10. 安全管理的方针是什么？
11. 如何恰当运用安全管理手段？
12. 简述现代安全生产管理理论的种类。
13. 浅谈工程安全管理的发展趋势。
14. 根据海因里希因果连锁理论，说明未遂事故研究的必要性和可行性。
15. 简述城市轨道交通运营安全的特性。
16. 简述城市轨道交通危险源及风险控制。
17. 列出四种中文、一种外文安全方面的专业杂志的名称。

安 全 文 化

任务2.1　安全文化概述

学习目标

1. 知识目标
1) 掌握安全文化的相关概念。
2) 掌握安全文化的分类。
2. 能力目标
1) 能够理解广义和狭义的安全文化。
2) 能够理解安全文化的意义。

学习重点

安全文化相关概念；安全文化的分类。

学习难点

安全文化的意义。

知识导入

1986年4月26日，切尔诺贝利（Chernobyl）核能发电厂4号核反应堆发生严重泄漏及爆炸事故，大约有1650km²的土地被辐射。后续的爆炸引发了大火并散发出大量高辐射物质到大气层中，大面积区域遭到核辐射的污染。这次灾难所释放出的辐射线剂量是广岛原子弹的400倍以上。事故导致30人当场死亡，上万人由于放射性物质的长期影响而致命或患有重病，至今仍有被核辐射影响而导致畸形胎儿的出生。这是一起严重的核事故。

针对切尔诺贝利事故，国际核安全咨询组（INSAG）在 1986 年的 INSAG-1（后更新为 INSAG-7）报告中提到"苏联核安全体制存在重大的安全文化问题"。这是安全文化的概念第一次被提出。1991 年的 INSAG-4 报告即给出了安全文化的定义：安全文化是存在于单位和个人中的种种素质和态度的总和。

2.1.1 安全文化的相关概念

1. 安全与文化

安全是指不受威胁、伤害，没有危险、损失，人的自身与所处的环境和资源和谐相处互相不损伤，同时没有受损伤的隐患，是免除了不可接受的损害风险的状态。安全是人类在生产生活的过程中将系统的运行状态对人类生命、财产和其他可能的损害控制在可接受水平以下的状态。

文化泛指人类在长期的生产与生活中创造出的能够被传承的历史、地理、风土人情、传统习俗、生活方式、文学艺术、行为规范、思维方式和价值观念等。文化凝结于物质之中又游离于物质之外，是社会历史发展的积累和沉淀，是人类进行交流普遍认可的意识形态。

2. 安全文化

安全文化的概念最早见于 1986 年国际核安全咨询组（INSAG）针对苏联的乌克兰共和国切尔诺贝利事故的调查报告 INSAG-1，报告中写道"苏联核安全体制存在重大的安全文化问题"。1991 年的 INSAG-4 报告将安全文化定义为：安全文化是存在于单位和个人中的种种素质和态度的总和。

安全文化是文化的一种，也是人类文明的汇聚和沉淀，包含安全理念、安全意识及其指导的安全行为，常见的有行为安全、系统安全、工艺安全等。安全文化是人类在生存、发展过程中，在生产、生活及其他实践领域，建立与资源、环境相协调的安全、可靠、和谐的系统，从而保障人类的身心、财产安全，使其能安全、舒适地从事一切活动并通过预防、避让、控制和消除的方式使事故和灾难的损害在可接受的范围以内。

安全文化对于建筑、交通等建设规模大、工程周期长和技术含量高的行业的重要性尤为突出。隐患可以预防，事故可以控制。安全文化的核心是以人为本，将安全责任落实到工程全员，通过培养工程人员的安全理念和安全行为规范，营造安全文化氛围，从而实现工程项目的安全生产长效机制。

2.1.2 安全文化的分类

1. 狭义

狭义的安全文化包含安全策略、安全系统、安全知识、安全工艺等，在生产、生活实践中，对现有技术和管理条件有指导性地进行改进和完善，从而建立更适宜人类生活、工作的系统和环境，预防事故发生，保障生活质量。

2. 广义

安全文化有更深层的内涵，广义的安全文化包含安全价值观、安全修养、安全素质和安全情感等，通过"文治教化"的形式，提高企业、建设项目人员的安全修养，使其具有现代社会所要求的安全行为。

2.1.3　安全文化的意义

在安全生产中，人们往往采取各种安全技术措施和安全管理手段预防事故的发生，但实践中发现，完全依靠技术和管理是不够的，科技手段不能实现物的本质安全化，设施设备的危险无法根本避免，因此，需要用安全文化手段予以补充。

安全管理的有效性主要依靠管理者的监督和被管理者的反馈。限于人力和物力，管理者无法做到随时、随地对每一个细节进行密切监督，从而管理上会产生疏漏；同时，被管理者受利益、省时和省力等私心影响，在缺乏管理监督的情况下，往往会无视安全规章制度，产生不安全行为，加上不是每一次不安全行为都会导致事故发生，从而不安全行为会进一步在个体上强化并影响到周围的其他人。大量不安全行为的产生必然会引发安全事故。

安全文化的意义在于运用文化的手段，弥补安全技术措施和安全管理手段不能杜绝不安全行为的缺陷。安全文化的作用是通过对人的观念、道德、伦理、态度、情感和品行等深层次人文因素的强化，利用领导、教育、宣传、奖惩和创建群体氛围等手段，不断提高人的安全素质和安全意识，改进安全行为，从而使人们从被动服从安全管理转变为主动按照安全要求采取行动，从"要我安全"转变成"我要安全"。

任务2.2　安全文化在安全生产工作中的地位和作用

学习目标

1. 知识目标
1）掌握安全文化在安全生产工作中的地位。
2）掌握安全文化在安全生产工作中的作用。
2. 能力目标
能够理解安全文化对于安全生产工作的意义。

学习重点

安全文化在安全生产工作中的地位和作用。

学习难点

安全文化在安全生产工作中的意义。

　　安全文化在切尔诺贝利核电站事故中被提出后，为的就是解决核安全问题，安全文化的发展史成为事故致因理论的发展史。

　　20 世纪初期，随着工业革命的兴起，工业机械开始被大规模推广、应用，早期的机械在设计中并不考虑操作的安全问题，所以，伴随而来的是更多的工业安全事故，在这种情况下产生了事故频发倾向论，其是指个别人容易发生事故的、稳定的、个人的内在倾向，根据这种理论，预防事故就是要找出这样的事故频发倾向者并开除即可。

　　其后，安全工程师海因里希调查了大量的工业事故，统计得出：工业事故发生的直接原因 98% 可以归纳为人的不安全行为（88%）和物的不安全状态（10%），并提出事故因果连锁论。

　　切尔诺贝利核电站事故震惊全世界，纵然采取了"纵深防护"防护策略，系统本质安全程度非常高的核电站仍然会发生事故，对此，INSAG 提出了以安全文化为基础的安全管理原则，随后安全文化理念的发展不再局限于核安全领域。工业安全领域在发展安全文化过程中意识到预防工业事故必须加强企业的安全文化建设。

2.2.1　安全文化在安全生产工作中的地位

　　把安全文化的概念引入安全生产工作中，提高全员安全意识和安全理念，积极创建和谐稳定的生产环境，对保障安全生产具有重要意义。

　　安全文化是安全生产的灵魂，安全文化建设是要让全体劳动者具有现代安全意识、科学安全思维、正确的安全价值观和安全行为，正确处理安全与效益、安全与发展的关系，确立"安全就是效益"的科学价值观，继而全面提升全体劳动者的安全素质。安全文化建设对于预防事故、降低事故损害和提高企业安全生产能力具有基础性意义和战略性意义，是建立安全生产环境的需要，也是构建和谐社会的需要。

2.2.2　安全文化在安全生产工作中的作用

1. 引导生产安全化、和谐化发展

　　安全文化建设的核心是"以人为本"，重要任务是宣传科学的安全生产知识，提高全员安全技术水平和安全防范能力，从而培养员工的安全理念和安全价值观，引导企业健康和谐地向前发展。

2. 提高企业凝聚力

　　安全文化的内涵既包含安全教育、安全管理和安全法制，也包含安全技术、安全工程和安全环境建设等，文化的渗透会让员工把企业的安全形象、安全目标和安全效益同个人理想、家庭利益紧密结合起来，使之对安全的认识、追求和把握同企业趋向一致。

3. 规范全员行为准则

　　安全文化中的价值理念、法规制度和管理办法会促进员工对安全准则的认同，进而形成自我规范、自我约束的局面，安全行为就会从被动、消极的状态变成自觉、积极的行动，企业和员工真正认识到安全生产的意义。

任务2.3 安全文化建设

学习目标

1. 知识目标
1) 掌握安全文化建设的现状。
2) 掌握安全文化建设的原则。
2. 能力目标
能够学习和探索安全文化建设的措施。

学习重点

安全文化建设的现状；安全文化建设的原则。

学习难点

安全文化建设的措施。

"伟大的机构不是管理出来的，而是领导出来的。"这是 IBM 前总裁郭士纳（Louis Gerstner）在《谁说大象不能跳舞》中说的一句话。这句话切实揭示了企业文化的真谛：优秀的文化不是"管理"之功，而是"领导"之功。《执行》一书的作者拉里（Larry Bossidy）和拉姆（Ram Charan）说：执行力不足而产生的"企业病"在众多企业中均有体现，具体特征是内部运作效率低下，影响重要领导者对重要工作的关注和思考；管理和技术人员能力发挥不够，产生依赖思想；部门、车间及部门之间缺乏顺畅沟通，导致有的计划难以执行到位；诸多虎头蛇尾、雷声大雨点小的现象，更常常令决策者和管理者力不从心；制度制定是起草者想如何，而不是应该如何，从而造成制度的执行先天不足。

加强企业安全文化建设，建立企业员工共同参与的安全文化体系，有利于形成良好的企业文化，从而创造更好的企业环境。

2.3.1 安全文化建设的现状

"十一五"和"十二五"期间，党中央、国务院出台了一系列关于加强安全生产工作的决策部署，安全文化建设工作稳步推进。以人为本、安全发展的理念逐渐深入人心，全民安全意识明显增强。安全社区、安全文化示范企业和安全保障型城市创建等取得新进展；安全生产报刊、图书、网络、音像及文艺创作等不断创新，丰富了群众的安全文化生活，促进了安全文化产业的发展，全社会形成了有利于重视和加强安全生产工作的良好环境。

但是，受诸多因素所限，安全文化建设与人民群众对安全生产的迫切希望、与不断发展的安全生产形势相比仍然存在一定差距，主要包括：

1）以人为本、安全发展的理念在一些地区和单位没有牢固树立。我国经历了几十年计划经济体制，进入市场经济体制以后，一些企业领导者没有真正确立以人为本的思想，安全管理欠缺，法制观念淡薄，导致安全事故频发。

2）安全文化建设体系不完善。安全文化建设的核心是提高企业的安全文化素质，促使企业从技术、科学、管理及人的生理、心理等方面全面认识安全的本质，最终实现安全操作与安全运行。而有些企业在安全文化建设上缺乏对安全文化的正确把握，把安全文化建设简单理解为开展几次安全文艺活动，满足于写几条安全标语，概括几条安全口号，使安全文化建设流于形式。

3）安全文化建设投入不足，基础薄弱，激励机制不健全。目前，许多企业的安全文化建设的相关政策和资金投入有限，与人力资源、制度设计存在脱节现象，导致理念难以转化成行为，难以产生持久的效果。

2.3.2 安全文化建设的原则

1）坚持以习近平新时代中国特色社会主义思想为指导。安全文化是人类文化的重要组成部分，其发生、发展的轨迹都与科学技术的进步和人类对安全生产认识的提高协调一致。在我国建设社会主义市场经济的当下，应当大力弘扬、培育现代安全文化，将被动型、经验型的安全观转化为系统性、科学性的安全观。同时，借鉴其他国家先进的安全文化理论和方法，不断完善自我。

2）坚持以人为本的理念。以人为本是安全文化的核心理念。安全管理的根本目的是为了人的安全，因此，安全文化建设要坚持以实现人的价值、保障人的生命安全与健康为宗旨，创造一个落实"安全第一"的良好氛围，形成一个互相监督、互相制约和互相指导的安全管理体系。

3）坚持与安全技术、安全管理工作紧密结合，与推广、应用和开发现代安全科学技术紧密结合。突出实效，注重特色，强化安全生产基层基础，推进安全文化理论创新发展。

4）坚持围绕中心，服务大局，将安全文化建设与精神文明建设、思想道德建设、思想政治工作紧密结合。统筹兼顾，整体推进，发挥安全文化对安全法制、安全责任、安全科技和安全投入等诸要素的引领作用。

2.3.3 安全文化建设的措施

1）加强安全生产形势政策宣传，强化全社会安全发展理念。大力宣传党中央、国务院关于加强安全生产工作的方针政策和决策部署，高度重视安全文化建设对安全生产工作的推动和保障作用，形成有利于推动安全生产工作的文化氛围。

2）大力发展安全文化产业，促进安全文化繁荣发展。拓宽安全文化建设投入渠道，形成政府、部门、企业和社会共同支持的多元化投入机制，为安全文化事业发展提供必要的经费保障，确保安全文化研究、教育和传播活动有效进行。

3）开展安全文化理论研究，创新安全文化建设。发挥安全生产科研机构和高等院校的作用，利用安全生产理论研究资源，针对安全生产重点、热点和难点问题设立研究课题，加强安全文化理论研究，形成以安全发展为核心、各具特色的安全文化建设理论体系。建立安全文化建设成果表彰、宣传推广机制，积极开展地区、行业领域和企业间的安全文化建设学术交流，切实做好理论成果转化应用。

4）普及安全知识，提高全民安全素质。面向全社会开展形式多样的安全知识普及活动，推进安全知识进机关、进企业、进学校、进社区、进乡村和进家庭，提高全民安全意识和安全素质。

5）完善宣传教育体系，扩大安全文化建设效果。建立完善的有关宣教机构上下沟通的联动机制，形成政府、部门、行业和企业各方共同参与的安全生产宣教思想文化体系，推动安全生产宣教工作的社会化进程。

6）扩大国际交流合作。加强安全文化建设领域国际交流与合作，积极向世界各国展示我国先进的安全文化建设成效，学习并借鉴国外安全文化建设的经验与做法，提高安全文化建设水平。

小　结

本项目主要讲了安全文化的相关概念、安全文化的分类、安全文化的意义；安全文化在安全生产工作中的地位和作用；安全文化建设的现状、安全文化建设原则和安全文化建设的措施等。

思考与练习

1. 什么是安全文化？
2. 安全文化广义和狭义的定义是什么？
3. 简述安全文化建设在安全生产工作中的意义。
4. 简述我国安全文化建设的现状。
5. 安全文化建设要坚持哪些原则？
6. 举例说明安全文化建设的措施有哪些。

项目 3

安全标志

任务 3.1　安全色和对比色

学习目标

1. 知识目标
1）掌握安全色与对比色的相关概念。
2）掌握安全色与对比色的颜色表征。
3）掌握安全色的研究意义。
2. 能力目标
1）能够识别各种安全色的含义和用途。
2）能够识别各种对比色的含义和用途。

学习重点

安全色与对比色的相关概念。

学习难点

安全色与对比色的颜色表征。

澳大利亚最大的汽车保险公司——NRMA 公司的研究员针对汽车颜色与交通事故发生频率之间的关系进行了一番研究，结果表明：撞车等交通事故的发生与汽车颜色的显眼度有着密切的联系，深色及容易与道路环境相混合的黑色、金色、绿色、蓝色等颜色的汽车发生交通事故的概率远高于明亮的嫩黄色、米色、奶色和白色汽车。这是为什么呢？

研究表明，在雾天、雨天或每天清晨、傍晚时分，黄色汽车和浅绿色汽车最容易被人发现，被发现的距离比一般的深色汽车要远 3 倍左右。因此，颜色浅淡或鲜艳不仅使汽车外形轮廓看上去增大了，使汽车有较好的可视性，而且使反向开来的汽车驾驶人精神振奋和精力集中，因此有利于行车安全。

新西兰奥克兰大学的休·弗内斯（Sue Furness）教授在对1000多辆各色小汽车进行调研后发现，银白色是最佳选择，出车祸的概率最小，而且即使出事，驾驶人受伤的程度也相对较轻，在车祸中遭受重伤的概率比开白色汽车的少50%。相比之下，开白色、黄色、灰色、红色、蓝色车的驾驶人受伤的概率大致相同，而黑色、褐色、绿色车最容易发生交通事故，驾车人受伤的机会是开白色、黄色、灰色、红色、蓝色车的2倍。银白色汽车为何比其他颜色汽车安全的原因目前还不得知，休·弗内斯推测这可能与银白色对光线的反射率较高，易于识别有关。休·弗内斯建议提高银白色汽车上路行驶的比例，以减少交通事故。颜色对于安全的影响开始引起人们的注意。

3.1.1 安全色的相关概念

1. 安全色

传递安全信息含义的颜色称为安全色，包括红、蓝、黄、绿四种颜色。

根据《安全色》（GB 2893—2008）的规定，安全色适用于公共场所、生产经营单位和交通运输、建筑、仓储等行业及消防等领域所使用的信号和标志的表面色。不适用于灯光信号和航海、内河航运及其他目的而使用的颜色。

2. 对比色

使安全色更加醒目的反衬色称为对比色，包括黑、白两种颜色。

3. 安全标记

采用安全色和（或）对比色传递安全信息，或者使某个对象或地点变得醒目的标记称为安全标记。

4. 色域

能够满足一定条件的颜色集合在色品图或色空间内的范围称色域。

5. 亮度

在发光面、被照射面或光传播断面上的某点，从包括该点的微小面元在某方向微小立体面内的光通量除以微小面元的正投影面积与该微小立体角乘积所得的商为亮度。

6. 亮度因数

在规定的照明和观测条件下，非自发光体表面上某一点的给定方向的亮度 L_{vs} 与同一条件下完全反射或完全透射的漫射体的亮度 L_{vn} 之比为亮度因数。亮度因数以 β_v 表示。

$$\beta_v = \frac{L_{vs}}{L_{vn}}$$

7. 亮度对比度

对比色亮度 L_1 与安全色亮度 L_2 的比值称为亮度对比度，其中 L_1 大于 L_2。亮度对比度以 k 表示。

$$k = \frac{L_1}{L_2}$$

8. 逆反射

反射光线从靠近入射光线的反方向返回的反射为逆反射。当入射光线的方向在较大范围内变化时，仍能保持这种性质。

9. 光强度系数

逆反射在观测方向的发光强度 I 除以投向逆反射体且落在垂直于入射方向的平面的光照度 $E_\perp$ 之商为光强度系数。

$$R = \frac{I}{E_\perp}$$

式中　R——光强度系数，单位为 cd/lx；

　　　I——发光强度，单位为 cd；

　　　$E_\perp$——垂直方向照度，单位为 lx。

10. 逆反射系数

逆反射面的逆反射光强度系数 R 除以它的面积 A 之商称为逆反射系数。

$$R' = \frac{R}{A} = \frac{I}{E_\perp A}$$

$$I = Ed^2$$

式中　R'——逆反射系数，单位为 $\text{cd}/(\text{lx} \cdot \text{m}^2)$；

　　　R——光强度系数，单位为 cd/lx；

　　　A——试样被测面积，单位为 m^2；

　　　I——发光强度，单位为 cd；

　　　$E_\perp$——垂直方向照度，单位为 lx；

　　　E——照度，单位为 lx；

　　　d——照明光源至接受方向的距离，单位为 m。

3.1.2　安全色的颜色表征

1. 安全色

国际标准化组织（ISO）和很多国家都对安全色的使用有严格规定。我国也制定了安全色国家标准，规定用红、黄、蓝、绿四种颜色作为全国通用的安全色。四种安全色的含义和用途如下：

（1）红色　传递禁止、停止、危险或提示消防设备、设施的信息，如禁止标志、交通禁令标志、消防设备、停止按钮和停车、制动装置的操纵把手、仪表刻度盘上的极限位置刻度、机器转动部件的裸露部分、液化石油气槽车的条带及文字，以及危险信号旗等。

（2）蓝色　传递必须遵守规定的指令性信息，如指令标志、交通指示标志等。

（3）黄色　传递注意、警告的信息，如警告标志、交通警告标志、道路交通路面标志、皮带轮及其防护罩的内壁、砂轮机罩的内壁、楼梯的第一级和最后一级的踏步前沿、防护栏杆及警告信号旗等。

（4）绿色　传递安全的提示性信息，如表示通行、机器启动按钮、安全信号旗等。

2. 对比色

黑、白两种颜色一般作为安全色的对比色，主要用作上述各种安全色的背景色，如安全标志牌上的底色一般采用白色或黑色。

安全色与对比色同时使用时，应按表3-1的规定搭配使用。

表 3-1　安全色的对比色

安 全 色	对 比 色
红色	白色
蓝色	白色
黄色	黑色
绿色	白色

（1）黑色　黑色用于安全标志的文字、图形符号和警告标志的几何边框。

（2）白色　白色用于安全标志中红、蓝、绿的背景色，也可用于安全标志的文字和图形符号。

3. 安全色与对比色的相间条纹

相间条纹为等宽条纹，倾斜约 45°。

（1）红色与白色相间条纹　表示禁止或提示消防设备、设施位置的安全标记。

（2）黄色与黑色相间条纹　表示危险位置的安全标记。

（3）蓝色与白色相间条纹　表示指令的安全标记，传递必须遵守规定的信息。

（4）绿色与白色相间条纹　表示安全环境的安全标记。

3.1.3　安全色的研究意义

安全色是通过醒目的色彩刺激表达禁止、警告、指令和提示等含义，让人们对周围存在不安全因素的环境、设备引起注意，提高人们对不安全因素的警惕。

规范安全色的定义和使用能够使人们在紧急时刻迅速发现或分辨安全标志，并借助统一的安全色定义识别危险部位，对威胁安全和健康的物体和环境及时采取防范、控制设施，防止事故、危害的发生，保护生命和财产安全。

任务 3.2　安 全 标 志

学习目标

1. 知识目标
1）掌握安全标志的相关概念。
2）掌握安全标志的类型。
2. 能力目标
能够识别常见安全标志的类型和含义。

学习重点

安全标志的相关概念。

学习难点

常见安全标志的类型及含义。

根据《安全标志及其使用导则》（GB 2894—2008），国家规定了四类传递安全信息的安全标志：禁止标志表示不准或制止人们的某种行为；警告标志使人们注意可能发生的危险；指令标志表示必须遵守，用来强制或限制人们的行为；提示标志示意目标地点或方向。在民爆行业正确使用安全标志可以使人员能够及时得到提醒，以防止事故、危害发生及人员伤亡，避免造成不必要的麻烦。

3.2.1　安全标志的相关概念

1. 安全标志
用以表达特定安全信息的标志称为安全标志，由图形符号、安全色、几何形状（边框）或文字构成。

2. 安全色
传递安全信息含义的颜色称为安全色，包括红、蓝、黄、绿四种颜色。

3. 禁止标志
禁止人们不安全行为的图形标志称为禁止标志。

4. 警告标志
提醒人们对周围环境引起注意，以避免可能发生危险的图形标志称为警告标志。

5. 指令标志
强制人们必须做出某种动作或采用防范措施的图形标志称为指令标志。

6. 提示标志
向人们提供某种信息（如标明安全设施或场所等）的图形标志称为指示标志。

7. 说明标志
向人们提供特定提示信息（标明安全分类或防护措施等）的标记称为说明标志，由几何图形边框和文字构成。

8. 环境信息标志
所提供的信息涉及较大区域的图形标志称为环境信息标志。标志种类代号：H。

9. 局部信息标志
所提供的信息只涉及某地点，甚至某个设备或部件的图形标志称为局部信息标志。标志种类代号：J。

3.2.2　安全标志的类型

安全标志分为禁止标志、警告标志、指令标志和提示标志四大类型。

1. 禁止标志
1）禁止标志的基本形式是带斜杠的圆边框，如图 3-1 所示。

2）禁止标志基本形式的参数：

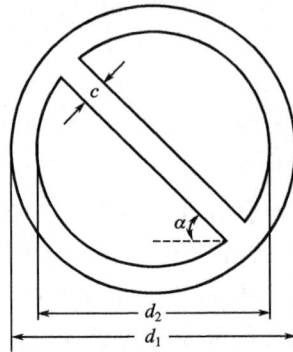

图 3-1　禁止标志的基本形式

外径 $d_1 = 0.025L$。

内径 $d_2 = 0.800d_1$。

斜杠宽 $c = 0.080d_1$。

斜杠与水平线的夹角 $\alpha = 45°$。

L 为观察距离（见附录 A）。

3）禁止标志示例见表 3-2。

表 3-2　禁止标志

编号	图形标志	名　称	标志种类	设置范围和地点
1		禁止吸烟 (No Smoking)	H	有甲、乙、丙类火灾危险物质的场所和禁止吸烟的公共场所等，如木工车间、油漆车间、沥青车间、纺织厂、印染厂等
2		禁止烟火 (No Burning)	H	有甲、乙、丙类火灾危险物质的场所，如面粉厂、煤粉厂、焦化厂、施工工地等
3		禁止带火种 (No Kindling)	H	有甲类火灾危险物质及其他禁止带火种的各种危险场所，如炼油厂、乙炔厂、液化石油气站、煤矿井内、林区、草原等

2. 警告标志

1）警告标志的基本形式是正三角形边框，如图 3-2 所示。

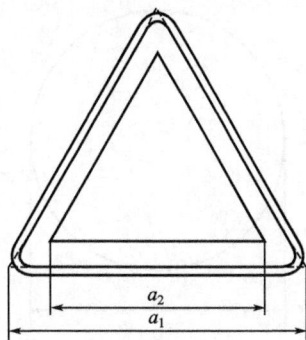

图 3-2 警告标志的基本形式

2）警告标志基本形式的参数：

外边 $a_1 = 0.034L$。

内边 $a_2 = 0.700a_1$。

边框外角圆弧半径 $r = 0.080a_2$。

L 为观察距离（见附录 A）。

3）警告标志示例见表 3-3。

表 3-3 警告标志

编号	图 形 标 志	名 称	标 志 种 类	设置范围和地点
1		注意安全 （Warning Danger）	H，J	易造成人员伤害的场所及设备等
2		当心火灾 （Warning Fire）	H，J	易发生火灾的危险场所，如可燃性物质的生产、储运、使用等地点
3		当心爆炸 （Warning Explosion）	H，J	易发生爆炸危险的场所，如易燃易爆物质的生产、储运、使用或受压容器等地点

3. 指令标志

1）指令标志的基本形式是圆形边框，如图3-3所示。

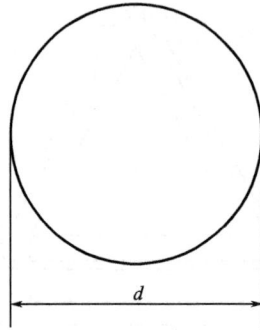

图3-3 指令标志的基本形式

2）指令标志基本形式的参数：

直径 $d = 0.025L$。

L 为观察距离（见附录 A）。

3）指令标志示例见表3-4。

表3-4 指令标志

编号	图形标志	名 称	标志种类	设置范围和地点
1		必须戴防护眼镜（Must Wear Protective Goggles）	J，H	对眼睛有伤害的各种作业场所和施工场所
2		必须戴防毒面具（Must Wear Gas Defence Mask）	H	具有对人体有害的气体、气溶胶、烟尘等作业场所，如有毒物散发的地点或处理有毒物造成的事故现场
3		必须戴防尘口罩（Must Wear Dustproof Mask）	H	具有粉尘的作业场所，如纺织清花车间、粉状物料拌料车间及矿山凿岩处等

4. 提示标志

1）提示标志的基本形式是正方形边框，如图 3-4 所示。

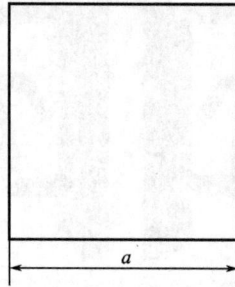

a

图 3-4　提示标志的基本形式

2）提示标志基本形式的参数：

边长 $a = 0.025L$。

L 为观察距离（见附录 A）。

3）提示标志示例见表 3-5。

表 3-5　提示标志

编号	图 形 标 志	名　　称	标 志 种 类	设置范围和地点
1		紧急出口（Emergent Exit）	J	便于安全疏散的紧急出口处，与方向箭头结合设在通向紧急出口的通道、楼梯口等处
2		避险处（Haven）	J	铁路桥、公路桥、矿井及隧道内躲避危险的地点

4）提示标志在提示目标的位置时要加方向辅助标志。按实际需要指示左向时，辅助标志应放在图形标志的左方；指示右向时，则应放在图形标志的右方，如图 3-5 所示。

图3-5　应用方向辅助标志示例

5. 文字辅助标志

1）文字辅助标志的基本形式是矩形边框。

2）文字辅助标志有横写和竖写两种形式。

横写时，文字辅助标志写在标志的下方，可以和标志连在一起，也可以分开。禁止标志、指令标志为白色字；警告标志为黑色字。禁止标志、指令标志衬底色为标志的颜色，警告标志衬底色为白色，如图 3-6 所示。

竖写时，文字辅助标志写在标志杆的上部。禁止标志、警告标志、指令标志和提示标志均为白色衬底、黑色字。

图 3-6　横写的文字辅助标志

标志杆下部色带的颜色应和标志的颜色相一致，如图 3-7 所示。

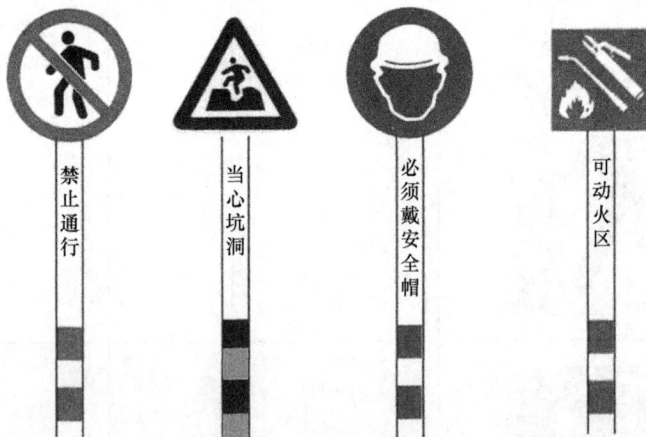

图3-7　竖写在标志杆上部的文字辅助标志

3）文字字体均为黑体字。

6. 激光辐射窗口标志和说明标志

激光辐射窗口标志和说明标志应配合"当心激光"警告标志使用，说明标志包括激光产品辐射分类说明标志和激光辐射场所安全说明标志。

小　结

本项目主要讲述了安全色与对比色的相关概念、安全色与对比色的颜色表征、安全色的意义；常见安全标志的类型和含义等。

思考与练习

1. 什么是安全色？安全色包含哪些颜色？
2. 什么是对比色？对比色包含哪些颜色？
3. 简述安全色与对比色的颜色表征。
4. 安全色与对比色的相间条纹有哪些类型？
5. 安全标志的类型有哪些？
6. 常见的禁止标志有哪些？常见的警告标志有哪些？常见的指令标志有哪些？常见的提示标志有哪些？

项目 4

安全法律法规

任务 4.1 安全法规概述

学习目标

1. 知识目标
1) 了解安全生产法规的发展过程。
2) 了解安全法律法规的概念。
3) 了解安全生产法律体系。
2. 能力目标
1) 能够理解安全法律法规。
2) 能够理解安全生产法律体系。

学习重点

安全法律法规；安全生产法律体系。

学习难点

安全生产法律体系。

4.1.1 安全生产法规的发展

我国十分重视安全生产工作，安全生产法规的建立健全是在安全生产管理工作中逐渐积累的。安全生产方针和管理体制的初创时期为 1949 年至 1965 年。1949 年第一次全国煤矿工作会议上提出"煤矿生产、安全第一"。1952 年第二次全国劳动保护工作会议明确了"安全第一"的方针和"管生产必须管安全"的原则。1954 年我国第一部宪法中把加强劳动保护、改善劳动条件作为国家的基本政策确定下来。此后，国务院先后颁布实施了"三大规程"

和"五项规定"等行政法规，初步建立了由劳动部门综合监管、行业部门具体管理的安全生产工作体制，劳动者的安全状况从根本上得到了改善。"三大规程"是指《工厂安全卫生规程》《建筑安装工程安全技术规程》和《工人职员伤亡事故报告规程》。"五项规定"是指国务院于 1963 年颁布的《关于加强企业生产中安全工作的几项规定》中明确的落实安全生产责任制、落实安全技术措施计划、加强安全生产教育、加强安全生产的定期检查、严肃伤亡事故的调查和处理的规定。

安全生产管理工作的恢复和创新发展时期为 1978 年至 2003 年。具体经历了恢复和整顿提高阶段（1978—1991 年），相继出台实施了《矿山安全监察条例》和《企业职工伤亡事故报告和处理规定》等法规，成立了全国安全生产委员会。适应社会主义市场经济体制阶段（1992—2002 年），相继颁布了《矿山安全法》《劳动法》，以及工伤保险、重特大伤亡事故报告调查、重大事故隐患管理等多项法规，决定实行"企业负责、行业管理、国家监察、群众监督"的安全生产管理体制。2001 年，组建了国家安全生产监督管理局，负责全国范围内的安全生产监督管理工作。2002 年 6 月 29 日通过并颁布了《中华人民共和国安全生产法》（以下简称《安全生产法》），自 2002 年 11 月 1 日起施行，以法律的形式对安全生产工作的宗旨、方针和政策做了进一步的规范，使安全生产工作沿着法制化、规范化的轨道发展。创新发展阶段（2003 年至今），党中央坚持"以人为本"，在法制、体制、机制和投入等方面采取一系列措施加强安全生产工作，先后成立了国务院安全生产委员会、国家安全生产监督管理总局和国家安全生产应急救援指挥中心，并于 2009 年 8 月和 2014 年 8 月两次修订《安全生产法》，以适应新的经济发展阶段安全管理工作的需要。

4.1.2　安全法律法规的概念

安全法律法规是指国家机关为加强安全生产监督管理，落实安全生产技术措施，保护人民群众生命和财产安全，防止和减少安全生产事故，促进经济发展，按照一定的法律程序制定并颁布实施的法律法规。

安全法律法规的主要任务是调整在生产经营活动中相关组织之间及其从业人员之间在安全生产方面的权利和义务的关系，保护有关人员的人身和财产安全。

安全法律法规具有国家强制性。国家安全生产监督管理总局是国务院负责全国安全生产监督管理的最高行政机关。全国范围内一切生产经营单位、行政机关、社会团体和从业人员及相关各方都必须严格遵守，认真执行一系列安全法律法规。对违反安全法律法规的行为，造成重大后果的，要追究法律责任，并根据情节轻重分别给予行政处分、经济处罚，直至追究刑事责任。

4.1.3　安全生产法律体系

安全生产法律体系是指我国全部现行的、不同的法律规范形成的有机联系的统一整体，是一个包含多种法律形式和法律层次的综合性系统。根据法律地位和效力不同，安全生产法律体系分为法律、法规、规章和法定安全生产标准四个层级共七个门类。

法律是安全生产法律体系中的上位法，居于整个体系的第一层级，共包含两个门类。第一门类是《宪法》，它是安全生产法律体系框架的最高层级。第二门类是安全生产方面的其他法律，包括：安全生产法律的基础法，即《安全生产法》；安全生产方面的专门法律，主要有《消防法》《道路交通安全法》《海上交通安全法》《矿山安全法》；安全生产方面的相关法律，即安全生产专门法律以外的其他涵盖有安全生产内容的法律，主要有《劳动法》《职业病防治法》《工会法》《矿产资源法》《铁路法》《公路法》《民用航空法》《港口法》《建筑法》《煤炭法》《电力法》等。

法规是安全生产法律体系的第二层级，分为安全生产行政法规和地方性安全生产法规两个门类。安全生产行政法规是国务院组织制定并批准颁布的有关安全生产方面的规定、条例，如《国务院关于特大安全事故行政责任追究的规定》《危险化学品安全管理条例》《安全生产许可证条例》等。地方性安全生产法规为地方人民代表大会及其常委会和地方政府制定的安全生产规范性文件，它是由法律授权制定的，是对国家安全生产法律、法规的补充和完善，如目前我国有 27 个省（自治区、直辖市）制定了《劳动保护条例》或《劳动安全卫生条例》等，还有个别省（自治区、直辖市）未制定。

规章是安全生产法律体系的第三层级，分为部门安全生产规章和地方政府安全生产规章两个门类，是国务院有关部门和地方政府为加强安全生产工作，依照安全生产法律、行政法规的授权而制定颁布的规范性文件。

法定安全生产标准是安全生产法律体系的第四层级，主要是指强制性安全生产标准，分为国家标准和行业标准，对生产经营单位具有同样的约束力，它是安全生产法律体系中的一个重要组成部分，也是安全生产管理的基础和监督执法工作的重要技术依据。法定安全生产标准大致分为：设计规范类；安全生产设备、工具类；生产工艺安全卫生类；防护用品类。

任务 4.2 安全生产法

学习目标

1. 知识目标
1）掌握《安全生产法》规定的安全法律责任。
2）了解《安全生产法》的主要内容。
2. 能力目标
1）能够理解《安全生产法》规定的安全法律责任。
2）能够理解安全生产法的意义。

学习重点

《安全生产法》的法律地位；《安全生产法》的主要内容。

学习难点

《安全生产法》的主要内容

《安全生产法》是 2002 年 6 月 29 日经第九届全国人民代表大会常务委员会第二十八次会议审议通过，自 2002 年 11 月 1 日起施行的，它的颁布是我国安全生产法治建设的重要里程碑。《全国人民代表大会常务委员会关于修改部分法律的决定》（2009 年 8 月 27 日发布，2009 年 8 月 27 日实施）对《安全生产法》进行了修订。《全国人民代表大会常务委员会关于修改〈中华人民共和国安全生产法〉的决定》（中华人民共和国第十二届全国人民代表大会常务委员会第十次会议于 2014 年 8 月 31 日通过，自 2014 年 12 月 1 日起施行）对《安全生产法》再次做了修改，并以中华人民共和国第 13 号主席令予以公布。

4.2.1　《安全生产法》立法的必要性

以法律的形式确立和规范安全生产和监督管理工作，是保护人民生命财产安全的必要手段。《安全生产法》的贯彻实施有利于依法规范各类生产经营单位的安全生产工作；有利于加强各级人民政府对安全生产的领导；有利于加强各级安全生产监督管理部门和有关部门对安全生产的监督管理和依法行政；有利于保障职工劳动安全的权利和提高从业人员的素质；有利于依法制裁各种安全生产违法行为，防止和减少生产安全事故，促进经济发展。

4.2.2　《安全生产法》的法律地位和立法目的

《安全生产法》是我国安全生产法规方面的第一部综合性基本法律，是各类生产经营单位及其从业人员实现安全生产所必须遵守的行为规范，是各级人民政府和各有关部门进行监督管理和行政执法的法律依据，是制裁各种安全生产违法犯罪行为的法律武器。

安全生产法的立法目的就是法律所要解决的基本问题。《安全生产法》第一条明确规定了其立法目的，即"为了加强安全生产工作，防止和减少生产安全事故，保障人民群众生命和财产安全，促进经济社会持续健康发展，制定本法。"

4.2.3　《安全生产法》的适用范围

《安全生产法》是所有生产经营单位安全生产普遍使用的基本法律。《安全生产法》第二条对其适用范围做出了明确的规定，即"在中华人民共和国领域内从事生产经营活动的单位（以下统称生产经营单位）的安全生产及其监督管理，适用本法；有关法律、行政法规对消防安全和道路交通安全、铁路交通安全、水上交通安全、民用航空安全以及核与辐射安全、特种设备安全另有规定的，适用其规定。"

4.2.4　《安全生产法》的主要内容

最新修订的《安全生产法》共分七章一百一十三条。主要内容有：

1. 安全生产管理的方针和运行机制

《安全生产法》第三条规定："安全生产工作应当以人为本，坚持安全发展，坚持安全第一、预防为主、综合治理的方针。"

《安全生产法》规定了保障安全生产的国家总体运行机制。《安全生产法》第三条规定："强化和落实生产经营单位的主体责任，建立生产经营单位负责、职工参与、政府监管、行业自律和社会监督的机制。"

2. 政府监管和指导责任

各级政府机关通过立法、执法、监督管理等手段，对安全生产工作进行监管和指导。《安全生产法》第八条规定："国务院和县级以上地方各级人民政府应当根据国民经济和社会发展规划制定安全生产规划，并组织实施。安全生产规划应当与城乡规划相衔接。国务院和县级以上地方各级人民政府应当加强对安全生产工作的领导，支持、督促各有关部门依法履行安全生产监督管理职责，建立健全安全生产工作协调机制，及时协调、解决安全生产监督管理中存在的重大问题。乡、镇人民政府以及街道办事处、开发区管理机构等地方人民政府的派出机关应当按照职责，加强对本行政区域内生产经营单位安全生产状况的监督检查，协助上级人民政府有关部门依法履行安全生产监督管理职责。"第九条规定："国务院安全生产监督管理部门依照本法，对全国安全生产工作实施综合监督管理；县级以上地方各级人民政府安全生产监督管理部门依照本法，对本行政区域内安全生产工作实施综合监督管理。国务院有关部门依照本法和其他有关法律、行政法规的规定，在各自的职责范围内对有关行业、领域的安全生产工作实施监督管理；县级以上地方各级人民政府有关部门依照本法和其他有关法律、法规的规定，在各自的职责范围内对有关行业、领域的安全生产工作实施监督管理。安全生产监督管理部门和对有关行业、领域的安全生产工作实施监督管理的部门，统称负有安全生产监督管理职责的部门。"

3. 生产经营单位和生产经营单位主要负责人的安全责任

生产经营单位是安全生产管理的主体责任方，包含生产经营单位的安全责任和主要负责人的安全责任。

关于生产经营单位的安全责任，《安全生产法》第四条规定："生产经营单位必须遵守本法和其他有关安全生产的法律、法规，加强安全生产管理，建立、健全安全生产责任制和安全生产规章制度，改善安全生产条件，推进安全生产标准化建设，提高安全生产水平，确保安全生产。"第十七条规定："生产经营单位应当具备本法和有关法律、行政法规和国家标准或者行业标准规定的安全生产条件；不具备安全生产条件的，不得从事生产经营活动。"

关于单位主要负责人的安全责任，《安全生产法》第五条规定："生产经营单位的主要负责人对本单位的安全生产工作全面负责。"第十八条规定了生产经营单位的主要负责人对本单位安全生产工作负有的七项职责：

1）建立、健全本单位安全生产责任制。
2）组织制定本单位安全生产规章制度和操作规程。
3）组织制定并实施本单位安全生产教育和培训计划。
4）保证本单位安全生产投入的有效实施。
5）督促、检查本单位的安全生产工作，及时消除生产安全事故隐患。
6）组织制定并实施本单位的生产安全事故应急救援预案。
7）及时、如实报告生产安全事故。

4. 从业人员的安全生产权利和义务

《安全生产法》规定了企业员工的"八项权益"和"三项义务"。"八项权益"分别是知情权，建议权，批评、检举、控告权，拒绝权，紧急避险权，依法赔偿权，获得劳保用品的权利，获得安全生产教育和培训的权利。"三项义务"分别是自律遵规的义务、自觉学习安全生产知识的义务、危险报告的义务。

（1）从业人员的权利　从业人员的权利具体包括：

1）知情权。从业人员有权了解其作业场所和工作岗位存在的危险因素，以及防范措施和事故预防措施。

2）建议权。从业人员有权对本单位的安全生产工作提出建议。

3）批评、检举、控告权。从业人员有权对本单位的安全生产管理工作中存在的问题提出批评、检举和控告。

4）紧急避险权。从业人员发现危及人身安全的紧急情况时，有权停止作业或在采取可能的应急措施以后撤离作业场所。

5）拒绝权。从业人员有权拒绝违章作业指挥和强令冒险作业。

6）赔偿权。从业人员有依法向本单位提出赔偿的权利。

7）获得劳保用品的权利。从业人员有获得符合国家标准或行业标准的劳动保护用品的权利。

8）获得安全生产教育和培训的权利。从业人员有获得安全生产教育和培训的权利。

（2）从业人员的义务　从业人员的义务具体包括：

1）自律遵规的义务。《安全生产法》第五十四条规定："从业人员在作业过程中，应当严格遵守本单位的安全生产规章制度和操作规程，服从管理，正确佩戴和使用劳动防护用品。"

2）自觉学习安全生产知识的义务。《安全生产法》第五十五条规定："从业人员应当接受安全生产教育和培训，掌握本职工作所需的安全生产知识，提高安全生产技能，增强事故预防和应急处理能力。"

3）危险报告的义务。《安全生产法》第五十六条规定："从业人员发现事故隐患或者其他不安全因素，应当立即向现场安全生产管理人员或者本单位负责人报告；接到报告的人员应当及时予以处理。"

5. 社会监督与参与

社会监督与参与包括工会监督、舆论监督、社会监督和公民个人监督。

（1）工会监督　工会是代表从业人员对生产经营单位的安全生产进行监督、维护从业人员合法权益的群众性组织，是协助生产经营单位加强安全管理的助手，是政府监督管理的重要补充。《安全生产法》第七条规定："工会依法对安全生产工作进行监督。生产经营单位的工会依法组织职工参加本单位安全生产工作的民主管理和民主监督，维护职工在安全生产方面的合法权益。生产经营单位制定或者修改有关安全生产的规章制度，应当听取工会的意见。"

《安全生产法》第五十七条明确规定了工会参加安全管理和监督的权利："工会有权对建设项目的安全设施与主体工程同时设计、同时施工、同时投入生产和使用进行监督，提出意见。工会对生产经营单位违反安全生产法律、法规，侵犯从业人员合法权益的行为，有权要求纠正；发现生产经营单位违章指挥、强令冒险作业或者发现事故隐患时，有权提出解决的建议，生产经营单位应当及时研究答复；发现危及从业人员生命安全的情况时，有权向生产经营单位建议组织从业人员撤离危险场所，生产经营单位必须立即做出处理。工会有权依法参加事故调查，向有关部门提出处理意见，并要求追究有关人员的责任。"

（2）舆论监督 《安全生产法》第七十四条规定："新闻、出版、广播、电影、电视等单位有进行安全生产公益宣传教育的义务，有对违反安全生产法律、法规的行为进行舆论监督的权利。"

（3）社会监督 基层居民群众组织和其他社会团体有权对安全生产工作进行监督，各级行政安全监督管理单位应予以支持与鼓励。《安全生产法》第七十二条规定："居民委员会、村民委员会发现其所在区域内的生产经营单位存在事故隐患或者安全生产违法行为时，应当向当地人民政府或者有关部门报告。"第七十条规定："负有安全生产监督管理职责的部门应当建立举报制度，公开举报电话、信箱或者电子邮件地址，受理有关安全生产的举报；受理的举报事项经调查核实后，应当形成书面材料；需要落实整改措施的，报经有关负责人签字并督促落实。"第七十三条规定："县级以上各级人民政府及其有关部门对报告重大事故隐患或者举报安全生产违法行为的有功人员，给予奖励。具体奖励办法由国务院安全生产监督管理部门会同国务院财政部门制定。"

（4）公民个人监督 《安全生产法》第七十一条规定："任何单位或者个人对事故隐患或者安全生产违法行为，均有权向负有安全生产监督管理职责的部门报告或者举报。"

6. 我国现阶段实行的国家安全生产监管体制

《安全生产法》明确了我国现阶段实行的国家安全生产监管体制，即国家安全生产综合监督管理与各级政府有关职能部门（公安消防、公安交通、煤矿监察、建筑、交通运输、质量技术监督、工商行政管理等）专项监管相结合的体制。

《安全生产法》第九条规定："国务院安全生产监督管理部门依照本法，对全国安全生产工作实施综合监督管理；县级以上地方各级人民政府安全生产监督管理部门依照本法，对本行政区域内安全生产工作实施综合监督管理。

"国务院有关部门依照本法和其他有关法律、行政法规的规定，在各自的职责范围内对有关行业、领域的安全生产工作实施监督管理；县级以上地方各级人民政府有关部门依照本法和其他有关法律、法规的规定，在各自的职责范围内对有关行业、领域的安全生产工作实施监督管理。

"安全生产监督管理部门和对有关行业、领域的安全生产工作实施监督管理的部门，统称负有安全生产监督管理职责的部门。"

《安全生产法》第六十二条规定："安全生产监督管理部门和其他负有安全生产监督管理职责的部门依法开展安全生产行政执法工作，对生产经营单位执行有关安全生产的法律、法规和国家标准或者行业标准的情况进行监督检查，行使以下职权：

"1）进入生产经营单位进行检查，调阅有关资料，向有关单位和人员了解情况。

"2）对检查中发现的安全生产违法行为，当场予以纠正或者要求限期改正；对依法应当给予行政处罚的行为，依照本法和其他有关法律、行政法规的规定做出行政处罚决定。

"3）对检查中发现的事故隐患，应当责令立即排除；重大事故隐患排除前或者排除过程中无法保证安全的，应当责令从危险区域内撤出作业人员，责令暂时停产停业或者停止使用相关设施、设备；重大事故隐患排除后，经审查同意，方可恢复生产经营和使用。

"4）对有根据认为不符合保障安全生产的国家标准或者行业标准的设施、设备、器材以及违法生产、储存、使用、经营、运输的危险物品予以查封或者扣押，对违法生产、储存、使用、经营危险物品的作业场所予以查封，并依法做出处理决定。"

7. 我国安全生产法律制度

《安全生产法》确定了我国安全生产的七项基本法律制度：

1）安全生产监督管理制度。

2）生产经营单位安全保障制度。

3）从业人员安全生产权利义务制度。

4）生产经营单位负责人安全责任制度。

5）安全中介服务制度。

6）安全生产责任追究制度。《安全生产法》第十四条规定："国家实行生产安全事故责任追究制度，依照本法和有关法律、法规的规定，追究生产安全事故责任人员的法律责任。"

7）事故应急救援和处理制度。

8. 我国安全生产的政策体系

《安全生产法》指明了实现我国安全生产的三大政策体系。

（1）事前预防对策体系　要求生产经营单位建立安全生产责任制，坚持"三同时"原则，即建设项目的安全设施与主体工程同时设计、同时施工、同时投入生产，保证安全机构及专业人员，落实安全投入，进行安全培训，实行危险源管理，进行项目安全评价，推行安全设备管理，落实现场安全管理，严格交叉作业管理，实施高危作业安全管理，保证承包租赁安全管理，落实工伤保险等。同时加强政府监管，发动社会监督，推行中介技术支持等。

（2）事中应急救援体系　《安全生产法》第七十七条规定："县级以上地方各级人民政府应当组织有关部门制定本行政区域内生产安全事故应急救援预案，建立应急救援体系。"第七十八条规定："生产经营单位应当制定本单位生产安全事故应急救援预案，与所在地县级以上地方人民政府组织制定的生产安全事故应急救援预案相衔接，并定期组织演练。"第七十九条规定："危险物品的生产、经营、储存单位以及矿山、金属冶炼、城市轨道交通运营、建筑施工单位应当建立应急救援组织；生产经营规模较小的，可以不建立应急救援组织，但应当指定兼职的应急救援人员。"

（3）事后处理对策体系　《安全生产法》第八十条规定："生产经营单位发生生产安全事故后，事故现场有关人员应当立即报告本单位负责人。单位负责人接到事故报告后，应当迅速采取有效措施，组织抢救，防止事故扩大，减少人员伤亡和财产损失，并按照国家有关规定立即如实报告当地负有安全生产监督管理职责的部门，不得隐瞒不报、谎报或者迟报，不得故意破坏事故现场、毁灭有关证据"。第八十一条规定："负有安全生产监督管理职责的部门接到事故报告后，应当立即按照国家有关规定上报事故情况。负有安全生产监督管理职责的部门和有关地方人民政府对事故情况不得隐瞒不报、谎报或者迟报。"

9. 安全生产违法行为的处罚

（1）对行政监督管理人员有降级、撤职的行政处罚　《安全生产法》第八十七条规定："负有安全生产监督管理职责的部门的工作人员，有下列行为之一的，给予降级或者撤职的处分；构成犯罪的，依照刑法有关规定追究刑事责任：

"1）对不符合法定安全生产条件的涉及安全生产的事项予以批准或者验收通过的。

"2）发现未依法取得批准、验收的单位擅自从事有关活动或者接到举报后不予取缔或者不依法予以处理的。

"3）对已经依法取得批准的单位不履行监督管理职责，发现其不再具备安全生产条件而不撤销原批准或者发现安全生产违法行为不予查处的。

"4）在监督检查中发现重大事故隐患，不依法及时处理的。

"负有安全生产监督管理职责的部门的工作人员有前款规定以外的滥用职权、玩忽职守、徇私舞弊行为的，依法给予处分；构成犯罪的，依照刑法有关规定追究刑事责任。"

（2）对政府监督管理部门有责令改正、责令退还违法收取的费用的处罚　《安全生产法》第八十八条规定："负有安全生产监督管理职责的部门，要求被审查、验收的单位购买其指定的安全设备、器材或者其他产品的，在对安全生产事项的审查、验收中收取费用的，由其上级机关或者监察机关责令改正，责令退还收取的费用；情节严重的，对直接负责的主管人员和其他直接责任人员依法给予处分。"

（3）对中介机构有罚款、第三方损失连带赔偿、撤销机构资格的处罚　《安全生产法》第八十九条规定："承担安全评价、认证、检测、检验工作的机构，出具虚假证明的，没收违法所得；违法所得在十万元以上的，并处违法所得二倍以上五倍以下的罚款；没有违法所得或者违法所得不足十万元的，单处或者并处十万元以上二十万元以下的罚款；对其直接负责的主管人员和其他直接责任人员处二万元以上五万元以下的罚款；给他人造成损害的，与生产经营单位承担连带赔偿责任；构成犯罪的，依照刑法有关规定追究刑事责任。对有前款违法行为的机构，吊销其相应资质。"

（4）对生产经营单位有责令限期改正、停产停业整顿、经济罚款、责令停止建设、关闭企业、吊销有关证照、连带赔偿等处罚　《安全生产法》第九十四条规定："生产经营单位有下列行为之一的，责令限期改正，可以处五万元以下的罚款；逾期未改正的，责令停产停业整顿，并处五万元以上十万元以下的罚款，对其直接负责的主管人员和其他直接责任人员处一万元以上二万元以下的罚款：

"1）未按照规定设置安全生产管理机构或者配备安全生产管理人员的。

"2）危险物品的生产、经营、储存单位以及矿山、金属冶炼、建筑施工、道路运输单位的主要负责人和安全生产管理人员未按照规定经考核合格的。

"3）未按照规定对从业人员、被派遣劳动者、实习学生进行安全生产教育和培训，或者未按照规定如实告知有关的安全生产事项的。

"4）未如实记录安全生产教育和培训情况的。

"5）未将事故隐患排查治理情况如实记录或者未向从业人员通报的。

"6）未按照规定制定生产安全事故应急救援预案或者未定期组织演练的。

"7）特种作业人员未按照规定经专门的安全作业培训并取得相应资格，上岗作业的。"

（5）对生产经营单位负责人有行政处分、个人经济罚款、限期不得担任生产经营单位的主要负责人、降职、撤职、处15日以下拘留等处罚　《安全生产法》第九十一条规定："生产经营单位的主要负责人未履行本法规定的安全生产管理职责的，责令限期改正；逾期未改正的，处二万元以上五万元以下的罚款，责令生产经营单位停产停业整顿。

"生产经营单位的主要负责人有前款违法行为，导致发生生产安全事故的，给予撤职处分；构成犯罪的，依照刑法有关规定追究刑事责任。

"生产经营单位的主要负责人依照前款规定受刑事处罚或者撤职处分的，自刑罚执行完毕或者受处分之日起，五年内不得担任任何生产经营单位的主要负责人；对重大、特别重大生产安全事故负有责任的，终身不得担任本行业生产经营单位的主要负责人。"

（6）对从业人员有批评教育、依照有关规章制度给予处分的处罚　《安全生产法》第九十三条规定："生产经营单位的安全生产管理人员未履行本法规定的安全生产管理职责的，责令限期改正；导致发生生产安全事故的，暂停或者撤销其与安全生产有关的资格；构成犯罪的，依照刑法有关规定追究刑事责任。"

（7）无论任何人，造成严重后果，构成犯罪的，依照刑法有关规定追究刑事责任。

4.2.5　《安全生产法》的意义

《安全生产法》第一次明确规定了从业人员安全生产的法定义务和责任，它的出台具有重要的意义。首先，它是安全生产领域落实依法治国方略的需要。其次，它是加强安全生产监督管理的需要。第三，它是保护人民群众生命和财产安全的需要。第四，它是预防和减少事故的需要。第五，它是制裁安全生产违法犯罪的需要。

任务4.3　生产安全事故报告和调查处理条例

学习目标

1. 知识目标
1）掌握事故报告与处理流程。
2）掌握生产事故等级划分。
3）了解《生产安全事故报告和调查处理条例》的主要内容
2. 能力目标
会进行事故分级。

学习重点

生产事故等级划分；条例的主要内容。

学习难点

条例的主要内容。

为了规范生产安全事故的报告和调查处理，落实生产安全事故责任追究制度，防止和减少生产安全事故，根据《中华人民共和国安全生产法》和有关法律，制定本条例。

2007年3月28日国务院第172次常务会议通过《生产安全事故报告和调查处理条例》（以下简称《条例》），自2007年6月1日起施行，条例共六章四十六条。

4.3.1 条例的立法目的和依据

《条例》第一条规定："为了规范生产安全事故的报告和调查处理，落实生产安全事故责任追究制度，防止和减少生产安全事故，根据《中华人民共和国安全生产法》和有关法律，制定本条例。"

4.3.2 条例的适用范围

《条例》第二条规定："生产经营活动中发生的造成人身伤亡或者直接经济损失的生产安全事故的报告和调查处理，适用本条例；环境污染事故、核设施事故、国防科研生产事故的报告和调查处理不适用本条例。"

4.3.3 生产事故等级划分

《条例》第三条规定："根据生产安全事故（以下简称事故）造成的人员伤亡或者直接经济损失，事故一般分为以下等级：

"1）特别重大事故，是指造成 30 人以上死亡，或者 100 人以上重伤（包括急性工业中毒，下同），或者 1 亿元以上直接经济损失的事故。

"2）重大事故，是指造成 10 人以上 30 人以下死亡，或者 50 人以上 100 人以下重伤，或者 5000 万元以上 1 亿元以下直接经济损失的事故。

"3）较大事故，是指造成 3 人以上 10 人以下死亡，或者 10 人以上 50 人以下重伤，或者 1000 万元以上 5000 万元以下直接经济损失的事故。

"4）一般事故，是指造成 3 人以下死亡，或者 10 人以下重伤，或者 1000 万元以下直接经济损失的事故。

"国务院安全生产监督管理部门可以会同国务院有关部门，制定事故等级划分的补充性规定。

"本条第一款所称的'以上'包括本数，所称的'以下'不包括本数。"

4.3.4 条例的主要内容

1. 事故的报告

（1）总体要求 《条例》第四条指出了事故报告的总体要求："事故报告应当及时、准确、完整，任何单位和个人对事故不得迟报、漏报、谎报或者瞒报。"这一规定是根据实践中事故报告存在的主要问题做出的，具有很强的现实针对性。

（2）事故现场有关人员和单位负责人报告事故的规定 《条例》第九条规定："事故发生后，事故现场有关人员应当立即向本单位负责人报告；单位负责人接到报告后，应当于 1h 内向事故发生地县级以上人民政府安全生产监督管理部门和负有安全生产监督管理职责的有关部门报告。

"情况紧急时，事故现场有关人员可以直接向事故发生地县级以上人民政府安全生产监督管理部门和负有安全生产监督管理职责的有关部门报告。"

（3）安全生产监督管理部门和负有安全生产监督管理职责的有关部门对事故的报告 《条例》第十条规定："安全生产监督管理部门和负有安全生产监督管理职责的有关部

门接到事故报告后，应当依照下列规定上报事故情况，并通知公安机关、劳动保障行政部门、工会和人民检察院：

"1）特别重大事故、重大事故逐级上报至国务院安全生产监督管理部门和负有安全生产监督管理职责的有关部门。

"2）较大事故逐级上报至省、自治区、直辖市人民政府安全生产监督管理部门和负有安全生产监督管理职责的有关部门。

"3）一般事故上报至设区的市级人民政府安全生产监督管理部门和负有安全生产监督管理职责的有关部门。

"安全生产监督管理部门和负有安全生产监督管理职责的有关部门依照前款规定上报事故情况，应当同时报告本级人民政府。国务院安全生产监督管理部门和负有安全生产监督管理职责的有关部门以及省级人民政府接到发生特别重大事故、重大事故的报告后，应当立即报告国务院。

"必要时，安全生产监督管理部门和负有安全生产监督管理职责的有关部门可以越级上报事故情况。"

（4）事故报告的内容　《条例》第十二条规定："报告事故应当包括下列内容：

"1）事故发生单位概况。

"2）事故发生的时间、地点以及事故现场情况。

"3）事故的简要经过。

"4）事故已经造成或者可能造成的伤亡数（包括下落不明的人数）和初步估计的直接经济损失。

"5）已经采取的措施。

"6）其他应当报告的情况。"

2. 事故的调查

（1）安全事故的调查权　《条例》第十九条规定："特别重大事故由国务院或者国务院授权有关部门组织事故调查组进行调查。重大事故、较大事故、一般事故分别由事故发生地省级人民政府、设区的市级人民政府、县级人民政府负责调查。省级人民政府、设区的市级人民政府、县级人民政府可以直接组织事故调查组进行调查，也可以授权或者委托有关部门组织事故调查组进行调查。未造成人员伤亡的一般事故，县级人民政府也可以委托事故发生单位组织事故调查组进行调查。"

关于提级调查和变更事故的调查权，《条例》第二十条规定："上级人民政府认为必要时，可以调查由下级人民政府负责调查的事故。自事故发生之日起30日内（道路交通事故、火灾事故自发生之日起7日内），因事故伤亡人数变化导致事故等级发生变化，依照本条例规定应当由上级人民政府负责调查的，上级人民政府可以另行组织事故调查组进行调查。"

（2）安全事故的调查组　关于事故调查组的组成，《条例》第二十二条规定："事故调查组的组成应当遵循精简、效能的原则。根据事故的具体情况，事故调查组由有关人民政府、安全生产监督管理部门、负有安全生产监督管理职责的有关部门、监察机关、公安机关以及工会派人组成，并应当邀请人民检察院派人参加。事故调查组可以聘请有关专家参与调查。"

关于事故调查组组长的确定，《条例》第二十四条规定："事故调查组组长由负责事故调查的人民政府指定。事故调查组组长主持事故调查组的工作。"

关于事故调查组的职责，《条例》第二十五条规定："事故调查组履行下列职责：

"1）查明事故发生的经过、原因、人员伤亡情况及直接经济损失。

"2）认定事故的性质和事故责任。

"3）提出对事故责任者的处理建议。

"4）总结事故教训，提出防范和整改措施。

"5）提交事故调查报告。"

(3) 事故的调查时限 《条例》第二十九条规定："事故调查组应当自事故发生之日起60 日内提交事故调查报告；特殊情况下，经负责事故调查的人民政府批准，提交事故调查报告的期限可以适当延长，但延长的期限最长不超过 60 日。"

(4) 事故的调查报告 《条例》第三十条规定："事故调查报告应当包括下列内容：

"1）事故发生单位概况。

"2）事故发生经过和事故救援情况。

"3）事故造成的人员伤亡和直接经济损失。

"4）事故发生的原因和事故性质。

"5）事故责任的认定以及对事故责任者的处理建议。

"6）事故防范和整改措施。

"事故调查报告应当附具有关证据材料。事故调查组成员应当在事故调查报告上签名。"

《条例》第三十一条规定："事故调查报告报送负责事故调查的人民政府后，事故调查工作即告结束。事故调查的有关资料应当归档保存。"

3. 事故的处理

(1) 事故调查报告的批复 事故调查组在上报调查报告后，负责事故调查的人民政府要及时对调查报告进行批复。《条例》第三十二条规定："重大事故、较大事故、一般事故，负责事故调查的人民政府应当自收到事故调查报告之日起 15 日内做出批复；特别重大事故，30 日内做出批复，特殊情况下，批复时间可以适当延长，但延长的时间最长不超过 30 日。有关机关应当按照人民政府的批复，依照法律、行政法规规定的权限和程序，对事故发生单位和有关人员进行行政处罚，对负有事故责任的国家工作人员进行处分。事故发生单位应当按照负责事故调查的人民政府的批复，对本单位负有事故责任的人员进行处理。负有事故责任的人员涉嫌犯罪的，依法追究刑事责任。"

(2) 事故的防范和整改 《条例》第三十三条规定："事故发生单位应当认真吸取事故教训，落实防范和整改措施，防止事故再次发生。防范和整改措施的落实情况应当接受工会和职工的监督。安全生产监督管理部门和负有安全生产监督管理职责的有关部门应当对事故发生单位落实防范和整改措施的情况进行监督检查。"

4. 事故的责任追究

(1) 事故发生单位的法律责任 《条例》第三十六条规定："事故发生单位及其有关人员有下列行为之一的，对事故发生单位处 100 万元以上 500 万元以下的罚款；对主要负责人、直接负责的主管人员和其他直接责任人员处上一年年收入 60% 至 100% 的罚款；属于国家工作人员的，并依法给予处分；构成违反治安管理行为的，由公安机关依法给予治安管理处罚；构成犯罪的，依法追究刑事责任：

"1）谎报或者瞒报事故的。

"2）伪造或者故意破坏事故现场的。

"3）转移、隐匿资金、财产，或者销毁有关证据、资料的。

"4）拒绝接受调查或者拒绝提供有关情况和资料的。

"5）在事故调查中作伪证或者指使他人作伪证的。

"6）事故发生后逃匿的。"

（2）事故发生单位主要负责人的法律责任　《条例》第三十八条规定："事故发生单位主要负责人未依法履行安全生产管理职责，导致事故发生的，依照下列规定处以罚款；属于国家工作人员的，并依法给予处分；构成犯罪的，依法追究刑事责任：

"1）发生一般事故的，处上一年年收入 30% 的罚款。

"2）发生较大事故的，处上一年年收入 40% 的罚款。

"3）发生重大事故的，处上一年年收入 60% 的罚款。

"4）发生特别重大事故的，处上一年年收入 80% 的罚款。"

（3）事故有关地方人民政府、有关部门及其人员的法律责任　《条例》第三十九条规定："有关地方人民政府、安全生产监督管理部门和负有安全生产监督管理职责的有关部门有下列行为之一的，对直接负责的主管人员和其他直接责任人员依法给予处分；构成犯罪的，依法追究刑事责任：

"1）不立即组织事故抢救的。

"2）迟报、漏报、谎报或者瞒报事故的。

"3）阻碍、干涉事故调查工作的。

"4）在事故调查中作伪证或者指使他人作伪证的。"

（4）参与事故调查的人员的法律责任　《条例》第四十一条规定："参与事故调查的人员在事故调查中有下列行为之一的，依法给予处分；构成犯罪的，依法追究刑事责任：

"1）对事故调查工作不负责任，致使事故调查工作有重大疏漏的。

"2）包庇、袒护负有事故责任的人员或者借机打击报复的。"

任务 4.4　《刑法》中有关安全的条款

学习目标

1. 知识目标

1）了解《刑法》中有关安全的条款。

2）了解重大飞行事故罪、铁路运营安全事故罪、交通肇事罪，以及危险驾驶罪等内容。

2. 能力目标

能分析《刑法》中有关安全的条款内容。

学习重点

《刑法》中有关安全的条款的相关概念。

学习难点

分析《刑法》中有关安全的条款内容。

严重的生产安全事故会造成人民群众生命财产损失和恶劣的社会影响，构成犯罪的，人民法院要追究相关单位和人员的刑事责任。《中华人民共和国刑法》（以下简称《刑法》）规定了相应的刑事责任。

4.4.1 重大飞行事故罪

《刑法》第一百三十一条规定："航空人员违反规章制度，致使发生重大飞行事故，造成严重后果的，处三年以下有期徒刑或者拘役；造成飞机坠毁或者人员死亡的，处三年以上七年以下有期徒刑。"

4.4.2 铁路运营安全事故罪

《刑法》第一百三十二条规定："铁路职工违反规章制度，致使发生铁路运营安全事故，造成严重后果的，处三年以下有期徒刑或者拘役；造成特别严重后果的，处三年以上七年以下有期徒刑。"

4.4.3 交通肇事罪和危险驾驶罪

《刑法》第一百三十三条规定："违反交通运输管理法规，因而发生重大事故，致人重伤、死亡或者使公私财产遭受重大损失的，处三年以下有期徒刑或者拘役；交通运输肇事后逃逸或者有其他特别恶劣情节的，处三年以上七年以下有期徒刑；因逃逸致人死亡的，处七年以上有期徒刑。"

《刑法》第一百三十三条之一规定："在道路上驾驶机动车，有下列情形之一的，处拘役，并处罚金：

"1）追逐竞驶，情节恶劣的。

"2）醉酒驾驶机动车的。

"3）从事校车业务或者旅客运输，严重超过额定乘员载客，或者严重超过规定时速行驶的。

"4）违反危险化学品安全管理规定运输危险化学品，危及公共安全的。

"机动车所有人、管理人对前款第三项、第四项行为负有直接责任的，依照前款的规定处罚。

"有前两款行为，同时构成其他犯罪的，依照处罚较重的规定定罪处罚。"

4.4.4 重大责任事故罪和强令违章冒险作业罪

《刑法》第一百三十四条规定："在生产、作业中违反有关安全管理的规定，因而发生重大伤亡事故或者造成其他严重后果的，处三年以下有期徒刑或者拘役；情节特别恶劣的，处三年以上七年以下有期徒刑。

"强令他人违章冒险作业，因而发生重大伤亡事故或者造成其他严重后果的，处五年以下有期徒刑或者拘役；情节特别恶劣的，处五年以上有期徒刑。"

4.4.5 重大劳动安全事故罪和大型群众性活动重大安全事故罪

《刑法》第一百三十五条规定："安全生产设施或者安全生产条件不符合国家规定，因而发生重大伤亡事故或者造成其他严重后果的，对直接负责的主管人员和其他直接责任人员，处三年以下有期徒刑或者拘役；情节特别恶劣的，处三年以上七年以下有期徒刑。"

《刑法》第一百三十五条之一规定："举办大型群众性活动违反安全管理规定，因而发生重大伤亡事故或者造成其他严重后果的，对直接负责的主管人员和其他直接责任人员，处三年以下有期徒刑或者拘役；情节特别恶劣的，处三年以上七年以下有期徒刑。"

4.4.6 危险物品肇事罪

《刑法》第一百三十六条规定："违反爆炸性、易燃性、放射性、毒害性、腐蚀性物品的管理规定，在生产、储存、运输、使用中发生重大事故，造成严重后果的，处三年以下有期徒刑或者拘役；后果特别严重的，处三年以上七年以下有期徒刑。"

4.4.7 工程重大安全事故罪

《刑法》第一百三十七条规定："建设单位、设计单位、施工单位、工程监理单位违反国家规定，降低工程质量标准，造成重大安全事故的，对直接责任人员，处五年以下有期徒刑或者拘役，并处罚金；后果特别严重的，处五年以上十年以下有期徒刑，并处罚金。"

4.4.8 教育设施重大安全事故罪

《刑法》第一百三十八条规定："明知校舍或者教育教学设施有危险，而不采取措施或者不及时报告，致使发生重大伤亡事故的，对直接责任人员，处三年以下有期徒刑或者拘役；后果特别严重的，处三年以上七年以下有期徒刑。"

4.4.9 消防责任事故罪和不报、谎报安全事故罪

《刑法》第一百三十九条规定："违反消防管理法规，经消防监督机构通知采取改正措施而拒绝执行，造成严重后果的，对直接责任人员，处三年以下有期徒刑或者拘役；后果特别严重的，处三年以上七年以下有期徒刑。"

《刑法》第一百三十九条之一规定："在安全事故发生后，负有报告职责的人员不报或者谎报事故情况，贻误事故抢救，情节严重的，处三年以下有期徒刑或者拘役；情节特别严重的，处三年以上七年以下有期徒刑。"

任务 4.5 安全生产相关法律法规

学习目标

1. 知识目标
1）了解安全生产相关法律法规。
2）了解《消防法》《道路交通安全法》《劳动法》《工伤保险条例》等内容。
2. 能力目标
能分析安全生产相关的法律法规内容。

学习重点

安全生产相关法律法规的有关内容。

学习难点

会应用安全生产相关法律法规的内容。

4.5.1 《消防法》

《中华人民共和国消防法》（以下简称《消防法》）由中华人民共和国第十一届全国人民代表大会常务委员会第五次会议于 2008 年 10 月 28 日修订通过，自 2009 年 5 月 1 日起施行（1998 年 4 月 29 日第九届全国人民代表大会常务委员会第二次会议通过，2008 年 10 月 28 日第十一届全国人民代表大会常务委员会第五次会议修订）。

1. 立法目的

为了预防火灾和减少火灾危害，加强应急救援工作，保护人身、财产安全，维护公共安全，制定本法。

2. 消防工作的方针、原则和制度

消防工作贯彻预防为主、防消结合的方针，按照政府统一领导、部门依法监管、单位全面负责、公民积极参与的原则，实行消防安全责任制，建立健全社会化的消防工作网络。

3. 《消防法》的主要内容

（1）火灾预防 火灾预防的主要内容包括：

1）要将消防规划纳入城市总体规划，加强对消防工作的科学研究以及推广、使用先进的消防技术、消防装备。

消防规划是城市总体规划的重要组成部分。消防规划是否合理，是衡量一个城市总体规划是否合理的标志之一。在城市总体规划时，根据城市当地常年的风向、气候、地形等因素，将生产、储存、装卸易燃、易爆危险物品的工厂、仓库、码头及易燃易爆气体和液体的充装站、供应站、调压站等场所建立在城市的边缘或者相对安全的地带，主要是上述这些单位与铁路、公路、居民区的防火间距达到城市防火规范要求。合理的消防安全布局有利于提高城市防火和灭火能力，防止和减少火灾的危害，同时也符合"预防为主"的原则，是现代化城市发展的必然要求。

消防以城市为重点，城市建设的发展，高层建筑、大型百货商场、超市的涌现，以及一些化工企业的建立和新型建筑装饰材料的广泛应用，向我们的消防工作提出了新的要求，有必要在引进国外先进消防技术的同时，加强我国消防科学技术的研究、开发和利用，将一些先进的灭火材料运用到消防工作实践中，推广、使用先进的消防技术，逐步运用科学的理论和现代化的技术、设备，改变我国消防科学研究和消防器材生产落后的状况，为保卫社会主义经济建设和人民生命财产安全做出贡献。

2）易燃易爆危险物品安全位置的设置。生产、储存和装卸易燃易爆危险物品的工厂、仓库和专用车站、码头，应当符合消防技术标准。易燃易爆气体和液体的充装站、供应站、调压站应当设置在符合消防安全要求的位置，并符合防火防爆要求。易燃易爆危险物品易发生火灾，并且发生火灾后难以扑灭，造成的人员伤亡和财产损失往往是巨大的。按照"预防为主，防消结合"的方针，生产、储存和装卸易燃易爆危险物品的工厂、仓库和专用车站、码头，必须设置在城市的边缘和相对独立的安全地带，并与人员密集的公共建筑保持规定的防火安全距离，以预防火灾的发生和保障人民群众生命财产的安全，以及城市经济的稳定发展。

3）建筑工程的消防安全。建设工程的消防设计、施工必须符合国家工程建设消防技术标准。建设、设计、施工、工程监理等单位依法对建设工程的消防设计、施工质量负责。按照国家工程建设消防技术标准需要进行消防设计的建设工程，除本法第十一条另有规定的外，建设单位应当自依法取得施工许可之日起七个工作日内，将消防设计文件报公安机关消防机构备案，公安机关消防机构应当进行抽查。国务院公安部门规定的大型的人员密集场所和其他特殊建设工程，建设单位应当将消防设计文件报送公安机关消防机构审核。公安机关消防机构依法对审核的结果负责。依法应当经公安机关消防机构进行消防设计审核的建设工程，未经依法审核或者审核不合格的，负责审批该工程施工许可的部门不得给予施工许可，建设单位、施工单位不得施工；其他建设工程取得施工许可后经依法抽查不合格的，应当停止施工。依法应当进行消防验收的建设工程，未经消防验收或者消防验收不合格的，禁止投入使用；其他建设工程经依法抽查不合格的，应当停止使用。建设工程消防设计审核、消防验收、备案和抽查的具体办法，由国务院公安部门规定。

建筑构件、建筑材料和室内装修、装饰材料的防火性能必须符合国家标准；没有国家标准的，必须符合行业标准。人员密集场所室内装修、装饰，应当按照消防技术标准的要求，使用不燃、难燃材料。

4）公众聚集场所和群众性活动的消防安全。公众聚集场所在投入使用、营业前，建设单位或者使用单位应当向场所所在地的县级以上地方人民政府公安机关消防机构申请消防安全检查。公安机关消防机构应当自受理申请之日起十个工作日内，根据消防技术标准和管理规定，对该场所进行消防安全检查。未经消防安全检查或者经检查不符合消防安全要求的，不得投入使用、营业。

举办大型群众性活动，承办人应当依法向公安机关申请安全许可，制定灭火和应急疏散预案并组织演练，明确消防安全责任分工，确定消防安全管理人员，保持消防设施和消防器材配置齐全、完好有效，保证疏散通道、安全出口、疏散指示标志、应急照明和消防车通道符合消防技术标准和管理规定。

5）有关单位的消防安全职责。机关、团体、企业、事业等单位应当履行下列消防安全职责：

① 落实消防安全责任制，制定本单位的消防安全制度、消防安全操作规程，制定灭火和应急疏散预案。

② 按照国家标准、行业标准配置消防设施、器材，设置消防安全标志，并定期组织检验、维修，确保完好有效。

③ 对建筑消防设施每年至少进行一次全面检测，确保完好有效，检测记录应当完整准确，存档备查。

④ 保障疏散通道、安全出口、消防车通道畅通，保证防火防烟分区、防火间距符合消防技术标准。

⑤ 组织防火检查，及时消除火灾隐患。

⑥ 组织进行有针对性的消防演练。

⑦ 法律、法规规定的其他消防安全职责。

6）消防重点单位的安全职责。县级以上地方人民政府公安机关消防机构应当将发生火灾可能性较大以及发生火灾可能造成重大的人身伤亡或者财产损失的单位，确定为本行政区域内的消防安全重点单位，并由公安机关报本级人民政府备案。消防安全重点单位除应当履行本法第十六条规定的职责外，还应当履行下列消防安全职责：

① 确定消防安全管理人，组织实施本单位的消防安全管理工作。

② 建立消防档案，确定消防安全重点部位，设置防火标志，实行严格管理。

③ 实行每日防火巡查，并建立巡查记录。

④ 对职工进行岗前消防安全培训，定期组织消防安全培训和消防演练。

7）易燃易爆危险物品及火灾、爆炸等危险场所的安全管理。生产、储存、运输、销售、使用、销毁易燃易爆危险品，必须执行消防技术标准和管理规定。进入生产、储存易燃易爆危险品的场所，必须执行消防安全规定。禁止非法携带易燃易爆危险品进入公共场所或者乘坐公共交通工具。

8）消防产品。消防产品必须符合国家标准；没有国家标准的，必须符合行业标准。禁止生产、销售或者使用不合格的消防产品以及国家明令淘汰的消防产品。

依法实行强制性产品认证的消防产品，由具有法定资质的认证机构按照国家标准、行业标准的强制性要求认证合格后，方可生产、销售、使用。实行强制性产品认证的消防产品目录，由国务院产品质量监督部门会同国务院公安部门制定并公布。新研制的尚未制定国家标准、行业标准的消防产品，应当按照国务院产品质量监督部门会同国务院公安部门规定的办法，经技术鉴定符合消防安全要求的，方可生产、销售、使用。依照本条规定经强制性产品认证合格或者技术鉴定合格的消防产品，国务院公安部门消防机构应当予以公布。

电器产品、燃气用具的产品标准，应当符合消防安全的要求。电器产品、燃气用具的安装、使用及其线路、管路的设计、敷设、维护保养、检测，必须符合消防技术标准和管理规定。

9）消防设施、器材。任何单位、个人不得损坏、挪用或者擅自拆除、停用消防设施、器材，不得埋压、圈占、遮挡消火栓或者占用防火间距，不得占用、堵塞、封闭疏散通道、安全出口、消防车通道。人员密集场所的门窗不得设置影响逃生和灭火救援的障碍物。负责公共消防设施维护管理的单位，应当保持消防供水、消防通信、消防车通道等公共消防设施的完好有效。在修建道路以及停电、停水、截断通信线路时有可能影响消防队灭火救援的，有关单位必须事先通知当地公安机关消防机构。

（2）消防组织　消防组织的主要内容包括：

1）加强消防组织建设。各级人民政府应当加强消防组织建设，根据经济社会发展的需要，建立多种形式的消防组织，加强消防技术人才培养，增强火灾预防、扑救和应急救援的能力。

2）公安消防队、专职消防队。县级以上地方人民政府应当按照国家规定建立公安消防队、专职消防队，并按照国家标准配备消防装备，承担火灾扑救工作。公安消防队、专职消防队按照国家规定承担重大灾害事故和其他以抢救人员生命为主的应急救援工作。

下列单位应当建立单位专职消防队，承担本单位的火灾扑救工作：

① 大型核设施单位、大型发电厂、民用机场、主要港口。

② 生产、储存易燃易爆危险品的大型企业。

③ 储备可燃的重要物资的大型仓库、基地。

④ 第一项、第二项、第三项规定以外的火灾危险性较大、距离公安消防队较远的其他大型企业。

⑤ 距离公安消防队较远、被列为全国重点文物保护单位的古建筑群的管理单位。

专职消防队的建立，应当符合国家有关规定，并报当地公安机关消防机构验收。

专职消防队的队员依法享受社会保险和福利待遇。

3）志愿消防队。乡镇人民政府应当根据当地经济发展和消防工作的需要，建立专职消防队、志愿消防队，承担火灾扑救工作。机关、团体、企业、事业等单位以及村民委员会、居民委员会根据需要，建立志愿消防队等多种形式的消防组织，开展群众性自防自救工作。

（3）灭火救援　灭火救援的主要内容包括：

1）灭火应急预案。县级以上地方人民政府应当组织有关部门针对本行政区域内的火灾特点制定应急预案，建立应急反应和处置机制，为火灾扑救和应急救援工作提供人员、装备等保障。

2）公民的消防义务。任何人发现火灾都应当立即报警。任何单位、个人都应当无偿为报警提供便利，不得阻拦报警。严禁谎报火警。人员密集场所发生火灾，该场所的现场工作人员应当立即组织、引导在场人员疏散。任何单位发生火灾，必须立即组织力量扑救。邻近单位应当给予支援。消防队接到火警，必须立即赶赴火灾现场，救助遇险人员，排除险情，扑灭火灾。

3）灭火的组织指挥。公安机关消防机构统一组织和指挥火灾现场扑救，应当优先保障遇险人员的生命安全。火灾现场总指挥根据扑救火灾的需要，有权决定下列事项：

① 使用各种水源。

② 截断电力、可燃气体和可燃液体的输送，限制用火用电。

③ 划定警戒区，实行局部交通管制。

④ 利用邻近建筑物和有关设施。

⑤ 为了抢救人员和重要物资，防止火势蔓延，拆除或者破损毗邻火灾现场的建筑物、构筑物或者设施等。

⑥ 调动供水、供电、供气、通信、医疗救护、交通运输、环境保护等有关单位协助灭火救援。

根据扑救火灾的紧急需要，有关地方人民政府应当组织人员、调集所需物资支援灭火。

4）火灾调查。公安机关消防机构有权根据需要封闭火灾现场，负责调查火灾原因，统计火灾损失。火灾扑灭后，发生火灾的单位和相关人员应当按照公安机关消防机构的要求保护现场，接受事故调查，如实提供与火灾有关的情况。公安机关消防机构根据火灾现场勘验、调查情况和有关的检验、鉴定意见，及时制作火灾事故认定书，作为处理火灾事故的证据。

（4）法律责任　法律责任的主要内容包括：

1）建筑工程。工程建设有关单位违反本法规定，有下列行为之一的，责令停止施工、停止使用或者停产停业，并处三万元以上三十万元以下罚款：

① 依法应当经公安机关消防机构进行消防设计审核的建设工程，未经依法审核或者审核不合格，擅自施工的。

② 消防设计经公安机关消防机构依法抽查不合格，不停止施工的。

③ 依法应当进行消防验收的建设工程，未经消防验收或者消防验收不合格，擅自投入使用的。

④ 建设工程投入使用后经公安机关消防机构依法抽查不合格，不停止使用的。

⑤ 公众聚集场所未经消防安全检查或者经检查不符合消防安全要求，擅自投入使用、营业的。

建设单位未依照本法规定将消防设计文件报公安机关消防机构备案，或者在竣工后未依照本法规定报公安机关消防机构备案的，责令限期改正，处五千元以下罚款。

2）机关、团体、企业、事业等单位。社会各类单位违反本法有关规定的，责令限期改正；逾期不改正的，对其直接负责的主管人员和其他直接责任人员依法给予处分或者给予警告处罚。

3）人员密集场所。人员密集场所发生火灾，该场所的现场工作人员不履行组织、引导在场人员疏散的义务，情节严重，尚不构成犯罪的，处五日以上十日以下拘留。

4）消防产品质量认证、消防设施检测等消防技术服务机构。服务机构出具虚假文件的，责令改正，处五万元以上十万元以下罚款，并对直接负责的主管人员和其他直接责任人员处一万元以上五万元以下罚款；有违法所得的，并处没收违法所得；给他人造成损失的，依法承担赔偿责任；情节严重的，由原许可机关依法责令停止执业或者吊销相应资质、资格。

5）处罚及追究责任的权限。本法规定的行政处罚，除本法另有规定的外，由公安机关消防机构决定；其中拘留处罚由县级以上公安机关依照《中华人民共和国治安管理处罚法》的有关规定决定。公安机关消防机构需要传唤消防安全违法行为人的，依照《中华人民共和国治安管理处罚法》的有关规定执行。被责令停止施工、停止使用、停产停业的，应当在整改后向公安机关消防机构报告，经公安机关消防机构检查合格，方可恢复施工、使用、生产、经营。当事人逾期不执行停产停业、停止使用、停止施工决定的，由做出决定的公安机关消防机构强制执行。责令停产停业，对经济和社会生活影响较大的，由公安机关消防机构提出意见，并由公安机关报请本级人民政府依法决定。本级人民政府组织公安机关等部门实施。

6）公安机关消防机构的工作人员违法的法律责任。公安机关消防机构的工作人员滥用职权、玩忽职守、徇私舞弊，有下列行为之一，尚不构成犯罪的，依法给予处分：

① 对不符合消防安全要求的消防设计文件、建设工程、场所准予审核合格、消防验收合格、消防安全检查合格的。

② 无故拖延消防设计审核、消防验收、消防安全检查，不在法定期限内履行职责的。

③ 发现火灾隐患不及时通知有关单位或者个人整改的。

④ 利用职务为用户、建设单位指定或者变相指定消防产品的品牌、销售单位或者消防技术服务机构、消防设施施工单位的。

⑤ 将消防车、消防艇以及消防器材、装备和设施用于与消防和应急救援无关的事项的。

⑥ 其他滥用职权、玩忽职守、徇私舞弊的行为。

7）行政主管部门的工作人员的法律责任。建设、产品质量监督、工商行政管理等其他有关行政主管部门的工作人员在消防工作中滥用职权、玩忽职守、徇私舞弊，尚不构成犯罪的，依法给予处分。违反本法规定，构成犯罪的，依法追究刑事责任。

4.5.2 《道路交通安全法》

新修订的《中华人民共和国道路交通安全法》（以下简称《道路交通安全法》）于2011年4月22日第十一届全国人民代表大会常务委员会第二十次会议通过，2011年4月22日中华人民共和国主席令第四十七号公布，自2011年5月1日起施行（2003年10月28日第十届全国人民代表大会常务委员会第五次会议通过，根据2007年12月29日第十届全国人民代表大会常务委员会第三十一次会议《关于修改〈中华人民共和国道路交通安全法〉的决定》第一次修正；根据2011年4月22日第十一届全国人民代表大会常务委员会第二十次会议《关于修改〈中华人民共和国道路交通安全法〉的决定》第二次修正）。

1. 立法目的

为了维护道路交通秩序，预防和减少交通事故，保护人身安全，保护公民、法人和其他组织的财产安全及其他合法权益，提高通行效率，制定本法。

维护道路交通秩序可以说是整个道路交通安全法的总的出发点。交通运输是关系国民经济发展的一项重要方面。道路交通则是交通运输体系中的重要组成部分。通过依法管理，维护一个良好的道路交通秩序，对于国民经济和社会主义现代化建设事业的顺利进行具有十分重要的意义。

2. 适用范围

中华人民共和国境内的车辆驾驶人、行人、乘车人以及与道路交通活动有关的单位和个人，都应当遵守本法。

3. 道路交通安全工作应当遵循的基本原则和目标

根据本法规定，道路交通安全工作应当遵循的基本原则有两个：一是依法管理；二是方便群众。而道路交通安全工作的目标，归根结底就是要通过依法管理，保证道路交通有序、安全、畅通。

4. 各级人民政府在道路交通安全管理方面的职责

各级人民政府应当保障道路交通安全管理工作与经济建设和社会发展相适应。县级以上地方各级人民政府应当适应道路交通发展的需要，依据道路交通安全法律、法规和国家有关政策，制定道路交通安全管理规划，并组织实施。

道路交通管理工作应当和道路交通运输一样，必须与国民经济和社会发展相适应。各级人民政府在大力发展经济的同时，应当高度重视道路交通安全管理工作，从经济建设和社会发展的全局需要出发，对道路交通安全管理工作进行科学决策，加大对道路交通安全管理的投入，不断提高道路交通安全管理水平，保证道路交通安全管理工作与经济和社会协调发展。

5. 交通安全管理体制

国务院公安部门负责全国道路交通安全管理工作。县级以上地方各级人民政府公安机关交通管理部门负责本行政区域内的道路交通安全管理工作。县级以上各级人民政府交通、建设管理部门依据各自职责，负责有关的道路交通工作。我国道路交通安全管理工作的主管部门是国务院公安部门和县级以上地方各级人民政府公安机关交通管理部门。

6.《道路交通安全法》的主要内容

（1）车辆和驾驶人　有关车辆和驾驶人的内容包括：

1）车辆管理制度。国家对机动车实行登记制度。机动车经公安机关交通管理部门登记后，方可上道路行驶。尚未登记的机动车，需要临时上道路行驶的，应当取得临时通行牌证。

对机动车实行登记制度是做好道路交通安全管理工作的需要，为有关部门制定相关政策提供基础性资料，是国家与机动车有关各项管理制度得以贯彻实施的重要保证，是推行机动车第三者责任强制保险制度、机动车环境保护制度、与机动车有关的税费征稽等的依托，有助于打击走私、盗窃、抢劫、抢夺机动车的犯罪活动。

国家对机动车实行安全技术检验制度。登记后上道路行驶的机动车，应当依照法律、行政法规的规定，根据车辆用途、载客载货数量、使用年限等不同情况，定期进行安全技术检验。对提供机动车行驶证和机动车第三者责任强制保险单的，机动车安全技术检验机构应当予以检验，任何单位不得附加其他条件。对符合机动车国家安全技术标准的，公安机关交通管理部门应当发给检验合格标志。

国家实行机动车强制报废制度。根据机动车的安全技术状况和不同用途，规定不同的报废标准。应当报废的机动车必须及时办理注销登记。达到报废标准的机动车不得上道路行驶。报废的大型客、货车及其他营运车辆应当在公安机关交通管理部门的监督下解体。

国家实行机动车第三者责任强制保险制度。设立道路交通事故社会救助基金，具体办法由国务院规定。

2）机动车驾驶人。驾驶机动车，应当依法取得机动车驾驶证。申请机动车驾驶证，应当符合国务院公安部门规定的驾驶许可条件；经考试合格后，由公安机关交通管理部门发给相应类别的机动车驾驶证。

机动车的驾驶培训实行社会化，由交通主管部门对驾驶培训学校、驾驶培训班实行资格管理，其中专门的拖拉机驾驶培训学校、驾驶培训班由农业（农业机械）主管部门实行资格管理。驾驶培训学校、驾驶培训班应当严格按照国家有关规定，对学员进行道路交通安全法律、法规、驾驶技能的培训，确保培训质量。任何国家机关以及驾驶培训和考试主管部门不得举办或者参与举办驾驶培训学校、驾驶培训班。

驾驶人驾驶机动车上道路行驶前，应当对机动车的安全技术性能进行认真检查；不得驾驶安全设施不全或者机件不符合技术标准等具有安全隐患的机动车。

机动车驾驶人应当遵守道路交通安全法律、法规的规定，按照操作规范安全驾驶、文明驾驶。

公安机关交通管理部门依照法律、行政法规的规定，定期对机动车驾驶证实施审验。

公安机关交通管理部门对机动车驾驶人违反道路交通安全法律、法规的行为，除依法给予行政处罚外，实行累积记分制度。公安机关交通管理部门对累积记分达到规定分值的机动车驾驶人，扣留机动车驾驶证，对其进行道路交通安全法律、法规教育，重新考试；考试合格的，发还其机动车驾驶证。对遵守道路交通安全法律、法规，在一年内无累积记分的机动车驾驶人，可以延长机动车驾驶证的审验期。具体办法由国务院公安部门规定。

（2）道路通行条件 有关道路通行条件的内容包括：

1）道路交通信号及信号灯。全国实行统一的道路交通信号。交通信号包括交通信号灯、交通标志、交通标线和交通警察的指挥。

交通信号灯、交通标志、交通标线的设置应当符合道路交通安全、畅通的要求和国家标准，并保持清晰、醒目、准确、完好。

根据通行需要，应当及时增设、调换、更新道路交通信号。增设、调换、更新限制性的道路交通信号，应当提前向社会公告，广泛进行宣传。

交通信号灯由红灯、绿灯、黄灯组成。红灯表示禁止通行，绿灯表示准许通行，黄灯表示警示。

2）道路、停车场和道路配套设施的建设。道路、停车场和道路配套设施的规划、设计、建设，应当符合道路交通安全、畅通的要求，并根据交通需求及时调整。

（3）道路通行规定 有关道路通行的内容包括：

1）通行规则和原则。机动车、非机动车实行右侧通行，这也是根据我国的实际情况和多年来的习惯做法决定的。规定机动车和非机动车通行的原则，主要是从交通有序、畅通和交通安全的角度考虑的。

根据道路条件和通行需要，道路划分为机动车道、非机动车道和人行道的，机动车、非机动车、行人实行分道通行。没有划分机动车道、非机动车道和人行道的，机动车在道路中间通行，非机动车和行人在道路两侧通行。

2）机动车行驶速度。机动车上道路行驶，不得超过限速标志标明的最高时速。在没有限速标志的路段，应当保持安全车速。夜间行驶或者在容易发生危险的路段行驶，以及遇有沙尘、冰雹、雨、雪、雾、结冰等气象条件时，应当降低行驶速度。

3）机动车载物。机动车载物应当符合核定的载质量，严禁超载；载物的长、宽、高不得违反装载要求，不得遗洒、飘散载运物。机动车运载超限的不可解体的物品，影响交通安全的，应当按照公安机关交通管理部门指定的时间、路线、速度行驶，悬挂明显标志。在公路上运载超限的不可解体的物品，应当依照《公路法》的规定执行。机动车运载爆炸物品、易燃易爆化学物品及剧毒、放射性等危险物品，应当经公安机关批准后，按指定的时间、路线、速度行驶，悬挂警示标志并采取必要的安全措施。

4）机动车载人。机动车载人不得超过核定的人数，客运机动车不得违反规定载货。机动车行驶证上都标有该辆机动车核定的载人数量，如果超出这个数量，机动车就会负荷过重，造成车身不稳，拐弯时失去平衡发生翻车事故。在遇到前方有紧急情况出现时，也会影响制动的效果。我国地广人多，交通运输任务繁重，但也不能因为一时需要而不顾自己和他人的安全。因此，本条重申这一内容，并将其上升为人人都应自觉遵守的法律是十分必要的。

5）高速公路的特别规定。行人、非机动车、拖拉机、轮式专用机械车、铰接式客车、全挂拖斗车及其他设计最高时速低于70km的机动车，不得进入高速公路。高速公路限速标志标明的最高时速不得超过120km。机动车在高速公路上发生故障时，应当依照本法第五十二条的有关规定办理；但是，警告标志应当设置在故障车来车方向150m以外，车上人员应当迅速转移到右侧路肩上或者应急车道内，并且迅速报警。机动车在高速公路上发生故障或者交通事故，无法正常行驶的，应当由救援车、清障车拖曳、牵引。任何单位、个人不得在高速公路上拦截检查行驶的车辆，公安机关的人民警察依法执行紧急公务除外。

（4）交通事故处理　有关交通事故处理的内容包括：

1）交通事故当事人的处置和处理。在道路上发生交通事故，车辆驾驶人应当立即停车，保护现场；造成人身伤亡的，车辆驾驶人应当立即抢救受伤人员，并迅速报告执勤的交通警察或者公安机关交通管理部门。因抢救受伤人员变动现场的，应当标明位置。乘车人、过往车辆驾驶人、过往行人应当予以协助。在道路上发生交通事故，未造成人身伤亡，当事人对事实及成因无争议的，可以即行撤离现场，恢复交通，自行协商处理损害赔偿事宜；不即行撤离现场的，应当迅速报告执勤的交通警察或者公安机关交通管理部门。在道路上发生交通事故，仅造成轻微财产损失，并且基本事实清楚的，当事人应当先撤离现场再进行协商处理。

2）举报交通事故逃逸的规定。车辆发生交通事故后逃逸的，事故现场目击人员和其他知情人员应当向公安机关交通管理部门或者交通警察举报。举报属实的，公安机关交通管理部门应当给予奖励。

3）公安机关交通管理部门对交通事故的处理与责任认定。公安机关交通管理部门接到交通事故报警后，应当立即派交通警察赶赴现场，先组织抢救受伤人员，并采取措施，尽快恢复交通。交通警察应当对交通事故现场进行勘验、检查，收集证据；因收集证据的需要，可以扣留事故车辆，但是应当妥善保管，以备核查。对当事人的生理、精神状况等专业性较强的检验，公安机关交通管理部门应当委托专门机构进行鉴定。鉴定结论应当由鉴定人签名。

公安机关交通管理部门应当根据交通事故现场勘验、检查、调查情况和有关的检验、鉴定结论，及时制作交通事故认定书，作为处理交通事故的证据。交通事故认定书应当载明交通事故的基本事实、成因和当事人的责任，并送达当事人。

4）交通事故损害赔偿。对交通事故损害赔偿的争议，当事人可以请求公安机关交通管理部门调解，也可以直接向人民法院提起民事诉讼。经公安机关交通管理部门调解，当事人未达成协议或者调解书生效后不履行的，当事人可以向人民法院提起民事诉讼。

（5）法律责任　有关法律责任包括：

1）道路交通安全违法行为纠正和处罚原则。公安机关交通管理部门及其交通警察对道路交通安全违法行为应当及时纠正。公安机关交通管理部门及其交通警察应当依据事实和本法的有关规定对道路交通安全违法行为予以处罚。对于情节轻微，未影响道路通行的，指出违法行为，给予口头警告后放行。

2）道路交通安全违法行为的处罚种类。对道路交通安全违法行为的处罚种类包括：警告、罚款、暂扣或者吊销机动车驾驶证、拘留。

3）酒后驾车的处罚。

① 饮酒后驾驶机动车的，处暂扣六个月机动车驾驶证，并处一千元以上二千元以下罚款。因饮酒后驾驶机动车被处罚，再次饮酒后驾驶机动车的，处十日以下拘留，并处一千元以上二千元以下罚款，吊销机动车驾驶证。

② 醉酒驾驶机动车的，由公安机关交通管理部门约束至酒醒，吊销机动车驾驶证，依法追究刑事责任；五年内不得重新取得机动车驾驶证。

③ 饮酒后驾驶营运机动车的，处十五日拘留，并处五千元罚款，吊销机动车驾驶证，五年内不得重新取得机动车驾驶证。

④ 醉酒驾驶营运机动车的，由公安机关交通管理部门约束至酒醒，吊销机动车驾驶证，依法追究刑事责任；十年内不得重新取得机动车驾驶证，重新取得机动车驾驶证后，不得驾驶营运机动车。

⑤ 饮酒后或者醉酒驾驶机动车发生重大交通事故，构成犯罪的，依法追究刑事责任，并由公安机关交通管理部门吊销机动车驾驶证，终生不得重新取得机动车驾驶证。

4）交通肇事犯罪行为以及造成交通事故后逃逸的处罚。违反道路交通安全法律、法规的规定，发生重大交通事故，构成犯罪的，依法追究刑事责任，并由公安机关交通管理部门吊销机动车驾驶证。造成交通事故后逃逸的，由公安机关交通管理部门吊销机动车驾驶证，并且终生不得重新取得机动车驾驶证。

5）暂扣或者吊销机动车驾驶证的处罚程序。执行职务的交通警察认为应当对道路交通违法行为人给予暂扣或者吊销机动车驾驶证处罚的，可以先予扣留机动车驾驶证，并在24h内将案件移交公安机关交通管理部门处理。道路交通违法行为人应当在十五日内到公安机关交通管理部门接受处理。无正当理由逾期未接受处理的，吊销机动车驾驶证。公安机关交通管理部门暂扣或者吊销机动车驾驶证的，应当出具行政处罚决定书。

6）交通警察及公安机关交通管理部门的违法行为处罚。交通警察有下列行为之一的，依法给予行政处分：

① 为不符合法定条件的机动车发放机动车登记证书、号牌、行驶证、检验合格标志的。

② 批准不符合法定条件的机动车安装、使用警车、消防车、救护车、工程救险车的警报器、标志灯具，喷涂标志图案的。

③ 为不符合驾驶许可条件、未经考试或者考试不合格人员发放机动车驾驶证的。

④ 不执行罚款决定与罚款收缴分离制度或者不按规定将依法收取的费用、收缴的罚款及没收的违法所得全部上缴国库的。

⑤ 举办或者参与举办驾驶学校或者驾驶培训班、机动车修理厂或者收费停车场等经营活动的。

⑥ 利用职务上的便利收受他人财物或者谋取其他利益的。

⑦ 违法扣留车辆、机动车行驶证、驾驶证、车辆号牌的。

⑧ 使用依法扣留的车辆的。

⑨ 当场收取罚款不开具罚款收据或者不如实填写罚款额的。

⑩ 徇私舞弊，不公正处理交通事故的。

⑪ 故意刁难，拖延办理机动车牌证的。

⑫ 非执行紧急任务时使用警报器、标志灯具的。

⑬ 违反规定拦截、检查正常行驶的车辆的。

⑭ 非执行紧急公务时拦截搭乘机动车的。

⑮ 不履行法定职责的。

公安机关交通管理部门有前款所列行为之一的，对直接负责的主管人员和其他直接责任人员给予相应的行政处分。

4.5.3 《劳动法》

《中华人民共和国劳动法》（以下简称《劳动法》）于 1994 年 7 月 5 日第八届全国人民代表大会常务委员会第八次会议通过，1994 年 7 月 5 日中华人民共和国主席令第二十八号公布，自 1995 年 1 月 1 日起施行。

《劳动法》的立法目的是为了保护劳动者的合法权益，调整劳动关系，建立和维护适应社会主义市场经济的劳动制度，促进经济发展和社会进步，根据宪法而制定。适用范围是在中华人民共和国境内的企业、个体经济组织（以下统称用人单位）和与之形成劳动关系的劳动者。国家机关、事业组织、社会团体和与之建立劳动合同关系的劳动者，依照本法执行。

1. 劳动者的权利和义务

（1）劳动者的权利　劳动者享有平等就业和选择职业的权利、取得劳动报酬的权利、休息休假的权利、获得劳动安全卫生保护的权利、接受职业技能培训的权利、享受社会保险和福利的权利、提请劳动争议处理的权利以及法律规定的其他劳动权利。

（2）劳动者的义务　劳动者应当完成劳动任务，提高职业技能，执行劳动安全卫生规程，遵守劳动纪律和职业道德。

2. 促进就业

1）国家通过促进经济和社会发展，创造就业条件，扩大就业机会。国家鼓励企业、事业组织、社会团体在法律、行政法规规定的范围内兴办产业或者拓展经营，增加就业。

2）国家支持劳动者自愿组织起来就业和从事个体经营实现就业。

3）劳动者就业，不因民族、种族、性别、宗教信仰不同而受歧视。

4）妇女享有与男子平等的就业权利。在录用职工时，除国家规定的不适合妇女的工种或者岗位外，不得以性别为由拒绝录用妇女或者提高对妇女的录用标准。

3. 劳动合同

劳动合同是劳动者与用人单位确立劳动关系、明确双方权利和义务的协议。建立劳动关系应当订立劳动合同。

（1）劳动合同订立的原则　劳动合同订立的原则包括：

1）合法原则。合法是劳动合同有效的前提条件。所谓合法就是劳动合同的形式和内容必须符合法律、法规的规定。

2）公平原则。公平原则是指劳动合同的内容应当公平、合理，就是在符合法律规定的前提下，劳动合同双方公正、合理地确立双方的权利和义务。

公平原则是社会公德的体现，将公平原则作为劳动合同订立的原则，可以防止劳动合同当事人，尤其是用人单位滥用优势地位，损害劳动者的权利，有利于平衡劳动合同双方当事人的利益，有利于建立和谐稳定的劳动关系。

3）平等自愿。平等自愿原则包括两层含义，一是平等原则，二是自愿原则。所谓平等原则就是劳动者和用人单位在订立劳动合同时在法律地位上是平等的，没有高低、从属之分，不存在命令和服从、管理和被管理关系。这里讲的平等，是法律上的平等，形式上的平等。自愿原则是指订立劳动合同完全是出于劳动者和用人单位双方的真实意志，是双方协商一致达成的，任何一方不得把自己的意志强加给另一方。

4）协商一致。协商一致就是用人单位和劳动者要对合同的内容达成一致意见。现实中劳动合同往往由用人单位提供格式合同文本，劳动者只需要签字就行了。格式合同文本对用人单位的权利规定得比较多，比较清楚，对劳动者的权利规定得少，规定得模糊。这样的劳动合同就很难说是协商一致的结果。因此，在使用格式合同时，劳动者要认真研究合同条文，对自己不利的要据理力争。

5）诚实信用。诚实信用就是在订立劳动合同时要诚实，讲信用。如在订立劳动合同时，双方都不得有欺诈行为。诚实信用是合同法的一项基本原则，也是劳动合同法的一项基本原则，它也是一项社会道德原则。

（2）劳动合同的效力　劳动合同的效力就是劳动合同对当事人的约束力。劳动合同依法订立后即具有法律效力，用人单位与劳动者应当履行劳动合同规定的义务。劳动合同依法订立，就受法律保护。非依法律规定或者征得对方同意，任何一方不得擅自变更或者解除劳动合同，否则就要承担法律责任。具体劳动合同的生效时间，当事人可以在劳动合同中约定，没有约定的，应当自双方签字之日起生效。

（3）劳动合同的内容　劳动合同应当以书面形式订立，并具备以下条款：

1）劳动合同期限。

2）工作内容。

3）劳动保护和劳动条件。

4）劳动报酬。

5）劳动纪律。

6）劳动合同终止的条件。

7）违反劳动合同的责任。

劳动合同除前款规定的必备条款外，当事人可以协商约定其他内容。

（4）劳动合同的期限　劳动合同的期限分为有固定期限、无固定期限和以完成一定的工作为期限。

劳动者在同一用人单位连续工作满十年以上，当事人双方同意续延劳动合同的，如果劳动者提出订立无固定期限的劳动合同，应当订立无固定期限的劳动合同。

4. 女职工和未成年工特殊保护

《劳动法》明确规定，国家对女职工和未成年工实行特殊劳动保护。

（1）女职工保护　禁止安排女职工从事矿山井下、国家规定的第四级体力劳动强度的劳动和其他禁忌从事的劳动。不得安排女职工在经期从事高处、低温、冷水作业和国家规定的第三级体力劳动强度的劳动。不得安排女职工在怀孕期间从事国家规定的第三级体力劳动强度的劳动和孕期禁忌从事的劳动。对怀孕七个月以上的女职工，不得安排其延长工作时间和夜班劳动。女职工生育享受不少于九十天的产假。不得安排女职工在哺乳未满一周岁的婴儿期间从事国家规定的第三级体力劳动强度的劳动和哺乳期禁忌从事的其他劳动，不得安排其延长工作时间和夜班劳动。

（2）未成年工保护　未成年工是指年满16周岁不满18周岁的劳动者。不得安排未成年工从事矿山井下、有毒有害、国家规定的第四级体力劳动强度的劳动和其他禁忌从事的劳动。用人单位应当对未成年工定期进行健康检查。

5. 法律责任

（1）用人单位违反规定的法律责任　用人单位制定的劳动规章制度违反法律、法规规定的，由劳动行政部门给予警告，责令改正；对劳动者造成损害的，应当承担赔偿责任。用人单位违反本法规定，延长劳动者工作时间的，由劳动行政部门给予警告，责令改正，并可以处以罚款。

用人单位的劳动安全设施和劳动卫生条件不符合国家规定或者未向劳动者提供必要的劳动防护用品和劳动保护设施的，由劳动行政部门或者有关部门责令改正，可以处以罚款；情节严重的，提请县级以上人民政府决定责令停产整顿；对事故隐患不采取措施，致使发生重大事故，造成劳动者生命和财产损失的，对责任人员比照刑法第一百八十七条的规定追究刑事责任。

用人单位强令劳动者违章冒险作业，发生重大伤亡事故，造成严重后果的，对责任人员依法追究刑事责任。用人单位非法招用未满十六周岁的未成年人的，由劳动行政部门责令改正，处以罚款；情节严重的，由工商行政管理部门吊销营业执照。用人单位违反本法对女职工和未成年工的保护规定，侵害其合法权益的，由劳动行政部门责令改正，处以罚款；对女职工或者未成年工造成损害的，应当承担赔偿责任。

（2）劳动者违反规定的法律责任　劳动者违反本法规定的条件解除劳动合同或者违反劳动合同中约定的保密事项，对用人单位造成经济损失的，应当依法承担赔偿责任。

（3）劳动行政部门及国家工作人员违反规定的法律责任　劳动行政部门或者有关部门的工作人员滥用职权、玩忽职守、徇私舞弊，构成犯罪的，依法追究刑事责任；不构成犯罪的，给予行政处分。国家工作人员和社会保险基金经办机构的工作人员挪用社会保险基金，构成犯罪的，依法追究刑事责任。违反本法规定侵害劳动者合法权益，其他法律、法规已规定处罚的，依照该法律、行政法规的规定处罚。

4.5.4 《工伤保险条例》

《工伤保险条例》于2003年4月16日由国务院第5次常务会议讨论通过，自2004年1月1日起施行。《国务院关于修改〈工伤保险条例〉的决定》于2010年12月8日由国务院第136次常务会议通过，自2011年1月1日起施行。

1. 立法目的

（1）保障工伤职工的救治权与经济补偿权　工伤职工在遭受事故伤害或者患职业病以后，首先的权利是要得到及时、有效的抢救。在这方面所发生的运输、住院、检查诊断、治疗等费用，都要得到足额的保障，使受伤职工的伤害程度尽快得到有效的控制。其次，等到职工的病情稳定以后，便要按照法定的程序进行评残，确定伤残的等级，以便安排相应的一次性的和长期性的经济补偿。给工伤职工以救治和补偿，是工伤保险制度最初的目的，在目前仍然是工伤保险制度的核心。

（2）促进工伤预防与职业康复　以往的工伤保险制度一般只侧重对工伤职工的救治与赔偿，对工伤的预防与职业的康复重视不够。经过一百多年的发展，各国的工伤保险制度已经慢慢地形成了预防、治疗、康复三合一或者三结合的结构模式，对工伤的预防及工伤职工的职业、生活、社会、心理等康复的关注程度在不断提高。在工伤保险费率的确定上，通过行业差别费率，特别是实行单位的费率浮动，可以促使单位搞好工伤事故的预防，以降低生产成本。对工伤职工的救济，也不光停留在医疗上，而是将更多的精力放在职业能力的康复上，使社会资源获得最大的效益。

（3）分散用人单位的工伤风险　尽管随着科学技术的进步，对工伤的预防水平已越来越高，但工伤事故的发生仍在所难免。工伤保险制度建立初期，也是由于很多的单位在工伤事故发生以后往往元气大伤，根本无法赔偿每一个工伤职工，更谈不上进一步的发展。为了分散各个雇主的风险，有必要由各个雇主都提前凑钱形成一个互助式的基金，以增强每一个雇主的抗工伤事故风险的能力。现代的工伤保险制度仍然具有分散雇主责任的功能，并且随着时代的进步，在分散风险方面的机制已经越来越先进。在现代工伤保险制度中，通过实行行业差别费率制和单位的费率浮动制，进一步分散了行业与单位的风险。

2. 适用范围

中华人民共和国境内的企业、事业单位、社会团体、民办非企业单位、基金会、律师事务所、会计师事务所等组织和有雇工的个体工商户（以下统称用人单位）应当依照本条例规定参加工伤保险，为本单位全部职工或者雇工（以下称职工）缴纳工伤保险费。

中华人民共和国境内的企业、事业单位、社会团体、民办非企业单位、基金会、律师事务所、会计师事务所等组织的职工和个体工商户的雇工，均有依照本条例的规定享受工伤保险待遇的权利。

企业包括在中国境内的所有形式的企业，按照所有制划分，有国有企业、集体所有制企业、私营企业、外资企业；按照所在地域划分，有城镇企业、乡镇企业、境外企业；按照企业的组织结构划分，有公司、合伙、个人独资企业等。

个体工商户是指雇佣2~7名学徒或者帮工、在工商行政管理部门进行登记的自然人。按照社会保险的普遍性原则，社会组织的各类人员都应当参加工伤保险制度，以保护最广大职工的合法权益。

3. 工伤保险基金

工伤保险基金是社会保险基金中的一种，由依法参加工伤保险的用人单位缴纳的工伤保险费、工伤保险基金的利息和依法纳入工伤保险基金的其他资金构成。

工伤保险基金主要有以下特点：一是强制性，即工伤保险费是国家以法律规定的形式向规定范围内的用人单位征收的一种社会保险费。具有缴费义务的单位必须按照法律的规定履行缴费义务，否则就是一种违法行为，用人单位要按照法律的规定承担相应的法律责任。二是共济性，即用人单位按规定缴纳工伤保险费后，不管该单位是否发生工伤，发生多大程度和范围的工伤，都应按照法律的规定由基金支付相应的工伤保险待遇。缴费单位不能因为没有发生工伤，而要求返还缴纳的工伤保险费。社会保险经办机构也不应因单位发生的工伤多、支付的基金数额大，而要求该单位追加缴纳工伤保险费，只能在确定用人单位下一轮费率时适当考虑其工伤保险基金支付情况。三是专用性。国家根据社会保险事业的需要，事先规定工伤保险费的缴费对象、缴费基数和费率的基本原则。在征收时，不因缴费义务人的具体情况而随意调整。在工伤保险基金的使用上实行专款专用，任何人不得挪用。

4. 工伤认定

（1）在工作时间和工作场所内，因工作原因受到事故伤害的　在工作时间和工作场所内因工作原因受到事故伤害是最为普遍的工伤情形。这里的"工作时间"是指法律规定的或者单位要求职工工作的时间。按照有关法律和行政法规规定，劳动者每日工作时间不超过8h，平均每周工作时间不超过40h，同时也对加班加点作了限定。

（2）工作时间前后在工作场所内，从事与工作有关的预备性或者收尾性工作受到事故伤害的　职工为完成工作，在工作时间前后，有时需要做一些与工作有关的预备性或者收尾性工作。这段时间虽然不是职工的工作时间，但是，在这段时间内从事的预备性或者收尾性工作是与工作有直接关系的，因此，条例规定这种情形也应认定为工伤。

（3）在工作时间和工作场所内，因履行工作职责受到暴力等意外伤害的　"因履行工作职责受到暴力等意外伤害的"有两层含义：一层是指职工因履行工作职责，使某些人的不合理的或违法的目的没有达到，这些人出于报复而对该职工进行的暴力人身伤害。例如，某大型商场内，两窃贼正在偷窃一顾客的钱包，商场的保安人员看到这种情形，立即加以制止，窃贼恼羞成怒，拔出刀子猛刺保安，保安因此受到严重伤害。该保安受到的伤害，就属于因履行工作职责而受到的暴力伤害。另一层是指在工作时间和工作场所内，职工因履行工作职责受到的意外伤害，如地震、厂区失火、车间房屋倒塌及由于单位其他设施不安全而造成的伤害等。

（4）患职业病的　2016年根据《中华人民共和国职业病防治法》的有关规定，将原《职业病目录》修改为《职业病分类和目录》。职业病是指企业、事业单位和个体经济组织等用人单位的劳动者在职业活动中，因接触粉尘、放射性物质和其他有毒、有害因素而引起的疾病。根据《职业病分类和目录》调整的原则和职业病的遴选原则，修订后的《职业病分类和目录》由原来的115种职业病调整为132种（含4项开放性条款）。其中，新增18种，对2项开放性条款进行了整合。另外，《职业病分类和目录》对16种职业病的名称进行了调整。调整后仍然将职业病分为10类，其中3类的分类名称做了调整：一是将原"尘肺"与"其他职业病"中的呼吸系统疾病合并为"职业性尘肺病及其他呼吸系统疾病"；二是将原"职业中毒"修改为"职业性化学中毒"；三是将"生物因素所致职业病"修改为"职业性传染病"。此外，《职业病分类和目录》还对职业性皮肤病、耳鼻喉口腔疾病、职业性传染病等做了相应调整。

本次《职业病分类和目录》调整倾向生产一线作业人员。例如，煤炭、冶金、有色金属、化工、林业、建材、机械加工行业作业人员，另外，还涉及低温作业人员、医疗卫生人员和人民警察等。

（5）因工外出期间，由于工作原因受到伤害或者发生事故下落不明的　实际工作中，职工除了在本单位内工作外，由于工作需要，有时还必须到本单位以外去工作，这时如果职工由于工作原因受到事故伤害，按照工伤保险的基本精神，也应该认定为工伤。同时，考虑到职工因工外出期间，如果遇到事故下落不明的，很难确定职工是在事故中死亡了，还是由于事故暂时无法与单位取得联系。本着尽量维护职工合法权益的基本精神，本条例规定，只要是在因工外出期间，发生事故造成职工下落不明的，就应该认定为工伤。这里的"因工外出"，是指职工不在本单位的工作范围内，由于工作需要被领导指派到本单位以外工作，或者为了更好地完成工作，自己到本单位以外从事与本职工作有关的工作。这里的"外出"包括两层含义：一是指到本单位以外，但是还在本地范围内；二是指不仅离开了本单位，并且到外地去了。"由于工作原因受到伤害"，是指由于工作原因直接或间接造成的伤害，包括事故伤害、暴力伤害和其他形式的伤害。这里的"事故"，包括安全事故、意外事故以及自然灾害等各种形式的事故。

（6）在上下班途中，受到机动车事故伤害的　"上下班途中"包括职工按正常工作时间上下班的途中，以及职工加班加点后上下班的途中。

（7）法律、行政法规规定应当认定为工伤的其他情形。

5. 劳动能力鉴定

（1）工伤职工进行劳动能力鉴定，应该在经过治疗，伤情处于相对稳定状态后进行　这样规定，是因为职工发生工伤后，只有经过一段时间的治疗，使伤情处于相对稳定的状态，才便于劳动能力鉴定机构聘请医疗专家对其伤情进行鉴定。

（2）工伤职工必须存在残疾，主要表现在身体上的残疾　例如，身体的某一器官造成损伤，或者造成肢体残疾等。

（3）工伤职工的残疾须对工作、生活产生了直接的影响，伤残程度已经影响到职工本人的劳动能力　例如，职工工伤后，由于身体造成的伤残不能从事工伤前的工作，只能从事劳动强度相对较低，以及岗位工资、奖金相对少的工作，有的甚至不得不退出生产、工作岗位。这种情况需通过进行劳动能力鉴定，评定伤残等级，依法领取工伤保险待遇。

（4）劳动能力鉴定步骤　设区的市级劳动能力鉴定委员会进行劳动能力鉴定，分为以下几个步骤：

1）组成专家组。专家组由从医疗卫生专家库中随机抽取3名或者5名相关专家组成。"随机抽取"是指按照自由组合的原则从专家库中抽取专家，防止申请人或者与劳动能力鉴定有利害关系的人提前与医疗专家沟通，影响劳动能力鉴定结论的公正性。专家组由3名或者5名相关专家组成，主要是考虑到对于劳动能力鉴定的意见，专家之间可能存在分歧，在这种情况下，规定奇数的成员，可以按照少数服从多数的原则，由占多数的专家决定鉴定意见。

2）提出鉴定意见。专家组根据医疗专业知识和劳动能力的评残标准做出医疗鉴定。专家组的鉴定意见是劳动能力鉴定委员会做出劳动能力鉴定结论的理论依据。另外，专家组在做出相对复杂的劳动能力鉴定，需要借助医疗机构的医疗设备和其他设施时，设区的市级劳动能力鉴定委员会可以委托从事工伤医疗救治、康复等工作的医疗机构协助进行有关的诊断。

3）做出劳动能力鉴定结论。劳动能力鉴定委员会根据专家组的鉴定意见，确定伤残职工的劳动功能障碍程度和生活护理依赖程度，做出劳动能力鉴定结论。劳动能力鉴定结论是工伤职工享受工伤保险待遇的依据，工伤保险经办机构根据劳动能力鉴定委员会做出的劳动能力鉴定结论，按照工伤职工的伤残等级支付相应的工伤保险待遇。

6. 工伤保险待遇

工伤职工进行治疗，享受工伤医疗待遇，这是一项基本的待遇。按照本条例规定，工伤医疗待遇包括：①治疗工伤所需的挂号费、医疗费、药费和住院费等费用符合工伤保险诊疗项目目录、工伤保险药品目录、工伤保险住院服务标准的，从工伤保险基金中支付；②工伤职工治疗工伤需要住院的，由所在单位按照因公出差伙食补助标准的70%发给住院伙食补助费；经批准转统筹地区以外就医疗治疗的，所需交通、食宿费用由所在单位按照本单位职工因公出差标准报销；③工伤职工需要停止工作接受治疗的，享受停工留薪期待遇，停工留薪期满后，需要继续治疗的，继续享受①、②项工伤医疗待遇。此外，本条例还规定，工伤职工治疗非工伤引发的疾病，不享受工伤医疗待遇，按照基本医疗保险办法处理。

小　　结

本项目主要讲了安全法规概述、《安全生产法》的主要内容、《生产安全事故报告和调查处理条例》的主要内容、《刑法》中有关安全的条款及安全生产相关法律法规等内容。

思考与练习

1. 简述安全生产法律体系。
2. 《安全生产法》的立法目的是什么？
3. 事故报告包含哪些内容？
4. 简述《劳动法》中规定的劳动者的权利和义务。
5. 试述《生产安全事故报告和调查处理条例》中关于事故等级的划分。

项目 5

员工安全保障

任务5.1 安全教育与培训

《中华人民共和国安全生产法》第二十五条规定："生产经营单位应当对从业人员进行安全生产教育和培训，保证从业人员具备必要的安全生产知识，熟悉有关的安全生产规章制度和安全操作规程，掌握本岗位的安全操作技能，了解事故应急处理措施，知悉自身在安全生产方面的权利和义务。未经安全生产教育和培训合格的从业人员，不得上岗作业。"第五十五条规定："从业人员应当接受安全生产教育和培训，掌握本职工作所需的安全生产知识，提高安全生产技能，增强事故预防和应急处理能力。"

5.1.1 安全教育与培训的重要性

对职工进行必要的安全教育与培训，是让职工了解和掌握安全法律法规，提高职工安全技术素质，增强职工安全意识的主要途径，是保证安全生产，做好安全工作的基础。大量事实证明，任何安全事故都是由于人的不安全行为或物的不安全状态造成的，而物的不安全状态也往往是由于人的因素造成的。由此可见，避免安全事故的发生，实现安全生产的关键是人。因此，企业必须通过教育与培训等手段，加强全体职工的安全生产意识，提高安全生产管理及操作水平，增强自我防护能力，这样才能保证生产的顺利进行。

5.1.2 安全教育与培训的主要内容

1. 安全生产思想教育

通过学习国家有关法律法规，掌握安全生产的方针政策，提高全体管理人员和操作人员的政策水平，充分认识安全生产的重要性。

2. 安全知识教育

全体职工都必须接受安全知识教育，掌握必备的安全生产基本知识。安全知识教育的内容包括：本企业的生产状况；施工生产工艺；施工方法；施工作业的危险区域、危险部位；各种不安全因素；安全防护的基本知识及各种安全技术规范。

3. 安全操作技能教育

安全操作技能教育要结合专业、工种和岗位的特点，使职工熟练掌握操作规程、安全防护等基本知识，掌握安全生产所必需的基本操作技能。对于管理人员和特殊工种作业人员，要经过专门培训，通过考试合格取得岗位证书后，持证上岗。

除了以上几方面的安全教育外，企业还要充分利用过去发生的重大安全事故案例及给社会、家庭造成的损失，对职工进行安全意识教育。利用已发生或未遂的安全事故，对职工进行不定期的安全教育，分析事故原因，探讨预防对策。

任务 5.2 劳 动 保 护

学习目标

1. 知识目标
1）了解劳动保护的重要性。
2）了解劳动保护的主要内容。
3）了解劳动防护用品的概念和类型。
2. 能力目标
1）能够描述劳动保护的重要性。
2）能够描述劳动保护的主要内容。
3）能够列举劳动防护用品的类型。

学习重点

劳动保护的重要性；劳动保护的主要内容；劳动防护用品。

学习难点

劳动保护内容。

《中华人民共和国安全生产法》第四十二条规定："生产经营单位必须为从业人员提供符合国家标准或者行业标准的劳动防护用品，并监督、教育从业人员按照使用规则佩戴、使用。"第五十四条规定："从业人员在作业过程中，应当严格遵守本单位的安全生产规章制度和操作规程，服从管理，正确佩戴和使用劳动防护用品。"

5.2.1　劳动保护的重要性

劳动保护是国家和单位为保护劳动者在劳动生产过程中的安全和健康所采取的立法、组织和技术措施的总称。

劳动保护的目的是为劳动者创造安全、卫生和舒适的劳动工作条件，消除和预防劳动生产过程中可能发生的劳动保护伤亡、职业病和急性职业中毒，保障劳动者以健康的劳动力参加社会生产，促进劳动生产率的提高，保证社会主义现代化建设顺利进行。

劳动保护是我国的一项基本政策，不仅包含着重要的政治意义，又有着深刻的经济意义。保护和发展生产力，最重要的是要保护劳动者，保护他们在生产过程中的安全和健康。因此，搞好劳动保护和提高劳动生产率、发展生产力是一致的。

5.2.2　劳动保护的主要内容

1. 劳动安全保护

为了保障劳动者的劳动安全，防止和消除劳动者在劳动和生产过程中的伤亡事故，防止生产设备遭到破坏，我国《劳动法》和其他相关法律、法规制定了劳动安全技术规程。主要包括：机器设备的安全；电气设备的安全；锅炉、压力容器的安全；建筑工程的安全；交通道路的安全等。企业必须按照这些安全技术规程使各种生产设备达到安全标准，切实保护劳动者的劳动安全。

2. 劳动卫生保护

为了保护劳动者在劳动生产过程中的身体健康，避免有毒、有害物质的危害，防止、消除职业中毒和职业病，我国制定了有关劳动卫生方面的法律、法规。这些法律、法规都制定了相应的劳动卫生规程，主要包括以下内容：防止粉尘危害；防止有毒、有害物质的危害；防止噪声和强光的刺激；防暑降温和防冻取暖；通风和照明；个人保护用品的供给。企业必须按照这些劳动卫生规程达到劳动卫生标准，切实保护劳动者的身体健康。

5.2.3　劳动防护用品

劳动防护用品是指劳动者在劳动过程中为免遭或减轻事故伤害或职业危害所配备的防护

装备。

劳动防护用品分为一般劳动防护用品和特种劳动防护用品。特种劳动防护用品实行生产许可证制度。

劳动防护用品按照防护部位可分为：

（1）安全帽类　安全帽类是用于保护头部，防撞击、挤压伤害的护具，主要有塑料安全帽、橡胶安全帽、玻璃安全帽、胶纸安全帽、防寒安全帽和竹藤安全帽。

（2）呼吸护具类　呼吸护具类是预防尘肺和职业病的重要防护品。呼吸护具按用途分为防尘、防毒、供养三类；按作用原理分为过滤式、隔绝式两类。

（3）眼防护具　眼防护具用以保护作业人员的眼睛、面部，防止外来伤害，分为焊接用眼防护具、炉窑用眼护具、防冲击眼护具、微波防护具、激光防护镜及防 X 射线、防化学、防尘等眼护具。

（4）听力护具　听力护具主要有耳塞、耳罩和帽盔三类。

（5）防护鞋　防护鞋用于保护足部免受伤害。目前主要产品有防砸鞋、绝缘鞋、防静电鞋、耐酸碱鞋、耐油鞋、防滑鞋等。

（6）防护手套　防护手套用于手部保护，主要有耐酸碱手套、电工绝缘手套、电焊手套、防 X 射线手套、石棉手套等。

（7）防护服　防护服用于保护职工免受劳动环境中的物理、化学因素的伤害，分为特殊防护服和一般作业服两类。

（8）防坠落用具　防坠落用具用于防止坠落事故发生，主要有安全带、安全绳和安全网。

（9）护肤用品　护肤用品用于外露皮肤的保护。

（10）面罩、面屏　面罩、面屏用于保护脸部的保护，有防护屏、防护面屏等。

小　结

本项目主要讲述了员工安全教育与培训的重要性、安全教育与培训的主要内容、劳动保护的重要性、劳动保护的主要内容及劳动保护用品的类型，希望通过学习能够加强学员的安全防范意识。

思考与练习

1. 为什么要对职工进行安全教育与培训？
2. 安全教育与培训的主要内容有哪些？
3. 什么是劳动保护？劳动保护的目的是什么？
4. 劳动安全保护主要包括什么？
5. 劳动卫生保护主要包括什么？
6. 什么是劳动防护用品？主要包括哪些类型？

项目 6

安全事故报告与调查处理

任务 6.1　常见安全事故

学习目标

1. 知识目标
了解城市轨道交通事故主要类型。
2. 能力目标
能够理解城市轨道交通常见安全事故的概念。

学习重点

城市轨道交通常见安全事故。

学习难点

城市轨道交通常见安全事故分析。

　　城市轨道交通给我们的生活带来了极大的方便，它改变了我们的生活，我们的生活也越来越离不开轨道交通。同时，它也是一种危险的交通工具，因为它速度快，乘员密度大，所以一旦发生事故，死伤人数众多。地震、踩踏、火灾、水灾、爆炸、列车脱轨、碰撞、列车解体、毒气袭击、恐怖袭击、路外人员伤亡、有害物质泄漏，以及突发大客流或因设备故障、损坏等原因造成中断运营都是世界上已发生的轨道交通灾难的主要原因。

　　城市轨道交通一般都建在地下或高架桥的半封闭空间里，具有密封性、隐蔽性、设备高度密闭和人员高度集中等特点，一旦发生重大事故、灾难等突发事件，人员疏散和救援困难，如果处置不当，将会产生巨大的人身和财产损失，对我们的生活和社会经济的发展造成重大影响。所以，我们一定要有避险意识和一定的自救技能。

　　1903 年至今，世界上已发生的主要轨道交通灾难性事件有近 50 起，造成 1500 多人丧生，数万人受伤，给数十万人带来不便。近10年发生的主要轨道交通袭击共5起，其中俄罗斯3起，白俄罗斯1起，韩国1起，共造成313人死亡，600多人受伤。

总体来看，全球范围内的地铁事故主要有以下几种类型：

1. 地震

1995年1月17日，日本阪神发生7.2级地震，造成地铁车站及区间隧道发生严重损害，有的车站近一半坍塌。这促使了后来人们对地铁工程抗震性能的深入研究。

2. 踩踏

1999年5月，白俄罗斯发生地铁车站人数过多意外，54人被踩死。

3. 火灾

（1）人为纵火　2013年2月18日，韩国大邱市地铁遭人为恶意纵火，造成198人死亡，146人受伤，导致大邱市地铁系统陷入瘫痪。

（2）电路故障引发火灾　1995年10月28日，阿塞拜疆巴库一组地铁因机车电路故障诱发火灾，由于驾驶员缺乏经验，紧急制动把列车停在了隧道里，给乘客逃生和救援工作带来不便。火灾造成558人死亡，269人受伤。

（3）意外着火　2006年8月16日，美国纽约地铁突然着火，约4000名乘客紧急疏散，事故造成15人受伤。2000年11月11日，在奥地利萨尔茨堡州基茨施坦霍恩山，一组满载旅客的高山地铁列车在隧道内运行中发生火灾，造成155人死亡，18人受伤。

（4）其他原因引起的火灾　2003年1月25日，英国伦敦一组地铁列车出轨并引发大火，造成32人受伤。

4. 水灾

2001年9月17日，受第16号台风百合登陆影响，中国台北市大部分地区遭受水淹，交通瘫痪。地铁板南线、淡水线、中和线和新店线等因遭水淹而停运6个月，造成数十万人出行不便。

5. 爆炸

1995年4月28日，韩国大邱市地铁在施工中煤气泄漏发生爆炸进而引发火灾，造成103人死亡，230人受伤。

6. 列车脱轨

2013年1月8日中国昆明地铁首期工程南段列车空载调试过程中发生脱轨事故，导致驾驶室暖风装置坠落，造成驾驶室值班驾驶员一死一轻伤。

7. 碰撞

2008年9月12日，美国洛杉矶地铁与货车迎头相撞，造成25人死亡。2009年6月22日，美国华盛顿两组地铁列车发生相撞事故，造成至少9人死亡，70多人受伤。

8. 毒气袭击

1995年3月20日，日本邪教组织奥姆真理教的信徒在东京地铁日比谷、丸之内、千代田三条地铁线路的5列列车车厢内释放自制神经毒气"沙林"，导致12人死亡，5500多人受伤，14人终身残疾，这就是震惊世界的东京地铁沙林毒气案。

2009年5月15日，中国广州地铁3号线北延段施工现场出现不明气体，造成3人死亡，多人中毒。

9. 恐怖袭击

2005 年 7 月 7 日，恐怖分子在英国伦敦 3 个地铁站和 1 辆公交车上制造自杀性爆炸事件，造成 52 人死亡，700 多人受伤。当时伦敦正举行八国峰会，并庆祝申奥成功。

2010 年 3 月 29 日，车臣反政府武装在位于俄罗斯莫斯科市中心的卢比扬卡地铁站和文化公园地铁站接连制造自杀性爆炸事件，造成 40 人死亡，近百人受伤。

10. 坍塌

2008 年 11 月 15 日，中国杭州萧山地铁建设工地发生坍塌事故，造成 8 人死亡，13 人失踪。

11. 停电

2003 年 8 月 28 日，英国伦敦等地突然发生重大停电事故，伦敦近三分之二地铁停运，25 万人被困地铁中。

2007 年 10 月 23 日，日本东京地铁突然停电，1300 人被困列车上。大江户线地铁 72 班停驶，9.3 万人行程受到影响。

12. 路外人员伤亡

2014 年 11 月 6 日，在中国北京地铁五号线驶往天通苑北方向的惠新西街南口站，33 岁的河北籍女子潘小梅被夹在闭合的安全门和车门中，随后车子开动，潘小梅被挤后跌落站台，最终抢救无效死亡。

任务6.2　安全事故分级分类

学习目标

1. 知识目标
1）了解安全事故的概念。
2）了解安全事故的分级分类。
2. 能力目标
能够理解安全事故分级分类的依据。

学习重点

按照事故的等级划分；安全事故分级分类。

学习难点

安全事故分级分类。

安全事故是指生产经营单位在生产经营活动（包括与生产经营有关的活动）中突然发生的，伤害人身安全和健康，或者损坏设备设施，或者造成经济损失的，导致原生产经营活动（包括与生产经营活动有关的活动）暂时中止或永远终止的意外事件。

6.2.1　按照事故发生的行业和领域划分

按照事故发生的行业和领域可将事故划分为工矿商贸企业生产安全事故、火灾事故、道路交通事故、农机事故和水上交通事故。

安全生产事故灾难按照其性质、严重程度、可控性和影响范围等因素一般分为四级：Ⅰ级（特别重大）、Ⅱ级（重大）、Ⅲ级（较大）和Ⅳ级（一般）。

6.2.2　按照事故原因划分

按照事故原因可将事故划分为物体打击事故、车辆伤害事故、机械伤害事故、起重伤害事故、触电事故、火灾事故、灼烫事故、淹溺事故、高处坠落事故、坍塌事故、冒顶片帮事故、透水事故、放炮事故、火药爆炸事故、瓦斯爆炸事故、锅炉爆炸事故、容器爆炸事故、其他爆炸事故、中毒和窒息事故、其他伤害事故，共计20种。

6.2.3　按照事故的等级划分

《生产安全事故报告和调查处理条例》第三条规定，根据生产安全事故（以下简称事故）造成的人员伤亡或者直接经济损失，事故一般分为以下等级：

1）特别重大事故，是指造成30人以上死亡，或者100人以上重伤（包括急性工业中毒，下同），或者1亿元以上直接经济损失的事故。

2）重大事故，是指造成10人以上30人以下死亡，或者50人以上100人以下重伤，或者5000万元以上1亿元以下直接经济损失的事故。

3）较大事故，是指造成3人以上10人以下死亡，或者10人以上50人以下重伤，或者1000万元以上5000万元以下直接经济损失的事故。

4）一般事故，是指造成3人以下死亡，或者10人以下重伤，或者1000万元以下直接经济损失的事故。

国务院安全生产监督管理部门可以会同国务院有关部门，制定事故等级划分的补充性规定。

本条款中所称的"以上"包括本数，所称的"以下"不包括本数。

6.2.4　特殊行业或者领域的事故等级划分

公安、交通、民航等有关部门针对火灾事故、道路交通事故、水上交通事故、民航飞行事故都制定了分级标准，如在《铁路交通事故应急救援和调查处理条例》中对铁路交通事故的分级做出规定。这些分级标准有的与《生产安全事故报告和调查处理条例》的规定不一致，应进行调整修订。但事实上，这些分级标准仍在行业或领域内使用。现将这些分级标准介绍如下：

1. 道路交通事故

1991年12月2日，公安部《关于修订道路交通事故等级划分标准的通知》（公通字[1991]113号）将道路交通事故分为四类：

1）轻微事故，是指一次造成轻伤1~2人，或者财产损失机动车事故不足1000元，非机动车事故不足200元的事故。

2）一般事故，是指一次造成重伤1~2人，或者轻伤3人以上，或者财产损失不足3万元的事故。

3）重大事故，是指一次造成死亡 1~2 人，或者重伤 3 人以上 10 人以下，或者财产损失 3 万元以上不足 6 万元的事故。

4）特大事故，是指一次造成死亡 3 人以上，或者重伤 11 人以上，或者死亡 1 人，同时重伤 8 人以上，或者死亡 2 人，同时重伤 5 人以上，或者财产损失 6 万元以上的事故。

2. 火灾事故

1996 年 12 月 3 日，公安部、劳动部、国家统计局联合颁布的关于重新印发《火灾统计管理规定》的通知（公通字 ［1996］ 82 号），将火灾事故分为特大火灾、重大火灾和一般火灾三类：

1）特大火灾事故，是指死亡 10 人以上（含 10 人，下同），或者重伤 20 人以上，或者死亡、重伤 20 人以上，或者受灾 50 户以上，或者直接财产损失 100 万元以上的事故。

2）重大火灾事故，是指死亡 3 人以上，或者重伤 10 人以上，或者死亡、重伤 10 人以上，或者受灾 30 户以上，或者直接财产损失 30 万元以上的事故。

3）一般火灾，是指不具有前列两项情形的燃烧事故。

3. 水上交通事故

2002 年 8 月 26 日，交通部发布第 5 号令《水上交通事故统计办法》，将水上交通事故按照人员伤亡、直接经济损失或者水域环境污染情况等要素，分为特别重大事故、重大事故、较大事故、一般事故和小事故。

1）特别重大事故，是指造成 30 人以上死亡（含失踪），或者 100 人以上重伤，或者船舶溢油 1000t 以上致水域污染，或者 1 亿元以上直接经济损失的事故。

2）重大事故，是指造成 10 人以上 30 人以下死亡（含失踪），或者 50 人以上 100 人以下重伤，或者船舶溢油 500t 以上 1000t 以下致水域污染，或者 5000 万元以上 1 亿元以下直接经济损失的事故。

3）较大事故，是指造成 3 人以上 10 人以下死亡（含失踪），或者 10 人以上 50 人以下重伤，或者船舶溢油 100t 以上 500t 以下致水域污染，或者 1000 万元以上 5000 万元以下直接经济损失的事故。

4）一般事故，是指造成 1 人以上 3 人以下死亡（含失踪），或者 1 人以上 10 人以下重伤，或者船舶溢油 1t 以上 100t 以下致水域污染，或者 100 万元以上 1000 万元以下直接经济损失的事故。

5）小事故，是指未达到一般事故等级的事故。

任务6.3　安全事故报告

学习目标

1. 知识目标

1）了解事故报告的内容。

2）了解事故现场有关人员和单位负责人上报事故的时限及原因。

2. 能力目标

能够理解事故报告的重要性、严肃性、及时性和准确性。

学习重点

事故报告的内容；现场有关人员和单位负责人上报事故的要求。

学习难点

现场有关人员和单位负责人上报事故的要求

6.3.1 对事故报告的总体要求

事故报告应当及时、准确和完整，任何单位和个人对事故不得迟报、漏报、谎报或瞒报。

事故发生后，及时、准确、完整地报告事故，对于及时、有效地组织事故救援，减少事故损失，顺利开展事故调查具有非常重要的意义。在实践中，一些单位和个人，包括事故发生单位有关人员、地方政府、部门及其有关人员在事故发生后不及时报告事故，或者漏报、谎报、瞒报事故的情况时有发生。有的甚至采取破坏现场、销毁证据，甚至转移尸体等恶劣手段；有的不负责任，造成迟报、漏报；有的则是为了逃避事故责任追究，故意谎报或瞒报。无论什么原因，无论什么人，这种行为都是不允许的。针对实践中事故报告中存在的主要问题，《生产安全事故报告和调查处理条例》（以下简称《条例》）从正反两方面对事故报告提出了上述总体要求。

6.3.2 事故现场有关人员和单位负责人对事故的报告

事故发生后，事故现场有关人员应当立即向本单位负责人报告；单位负责人接到报告后，应当于1h内向事故发生地县级以上人民政府安全生产监督管理部门和负有安全生产监督管理职责的有关部门报告。情况紧急时，事故现场有关人员可以直接向事故发生地县级以上人民政府安全生产监督管理部门和负有安全生产监督管理职责的有关部门报告。

"事故现场"是指事故具体发生地点及事故能够影响和波及的区域，以及该区域内的物品、痕迹所处的状态。

"有关人员"主要是指事故发生单位在事故现场的有关工作人员，既可以是事故的负伤者，也可以是在事故现场的其他工作人员；在发生人员死亡和重伤无法报告，并且事故现场又没有其他工作人员时，任何首先发现事故的人都负有立即报告事故的义务。

"立即报告"是指在事故发生后的第一时间用最快捷的报告方式进行报告。

"单位负责人"可以是事故发生单位的主要负责人，也可以是事故发生单位主要负责人以外的其他分管安全生产工作的副职领导或其他负责人。根据企业的组织形式，主要负责人可以是公司制企业的董事长、总经理、首席执行官或其他实际履行经理职责的企业负责人，也可以是非公司制企业的厂长、经理、矿长等企业行政"一把手"。由于事故报告的紧迫性，现场有关人员只要将事故报告到事故单位的指挥中心（如调度室、监控室）即可。

要正确理解单位负责人报告事故的"1h"限制性规定。事故报告应当及时，这是报告事故的原则性规定。在现代通信技术比较发达的条件下，做出"1h"限制性规定是较为切合实际的，既能保证事故单位采取相关应急措施，又能保证安全生产监督管理部门和其他负有安全生产监督管理职责的有关部门较快地获取事故的相关情况。

事故的报告要明确事故单位负责人既有向县级以上人民政府安全生产监督管理部门报告的义务，又有向负有安全生产监督管理职责的有关部门报告的义务，即事故报告是两条线，实行双报告制。这是由我国现行的综合监管与专项监管相结合的安全生产管理体制决定的。

在一般情况下，事故现场有关人员应当向本单位负责人报告事故，但是，事故是人命关天的大事，应当在情况紧急时，允许事故现场有关人员直接向安全生产监督管理部门和负有安全生产监督管理职责的有关部门报告。至于"情况紧急"应该灵活理解，如事故单位负责人联系不上、事故重大需要政府部门迅速调集救援力量等情形。对于负有安全生产监督管理职责的部门和具体工作人员来说，只要接到事故现场有关人员的报告，不论是否属于"情况紧急"，都应当立即赶赴现场，并积极组织事故救援。

6.3.3　安全生产监督管理部门和负有安全生产监督管理职责的有关部门对事故的报告

1）安全生产监督管理部门和负有安全生产监督管理职责的有关部门接到事故报告后，应当按照规定向上级安全生产监督管理部门和负有安全生产监督管理职责的有关部门报告事故情况，同样是两条线报告制度。

① 这是由安全生产分级管理的体制决定的。一般来说，各级安全生产监督管理部门和负有安全生产监督管理职责的有关部门负责本行政区域内的安全生产工作，同时，指导、协调、监督下级安全生产监督管理部门和负有安全生产监督管理职责的有关部门的工作。

② 这是由不同等级事故调查处理职责分工决定的。事故报告和调查处理是紧密相连的两个环节，在职权的划分上需要密切衔接。

③ 这是上级安全生产监督管理部门和负有安全生产监督管理职责的有关部门及时掌握事故信息，快速开展应急救援工作的需要。尽管事故发生后，有关部门接到报告都应当迅速赶赴事故现场，组织应急救援工作，但是，实际工作中往往存在事故是否会进一步扩大、伤亡人数无法确定等情况，这就需要向上级安全生产监督管理部门和负有安全生产监督管理职责的有关部门报告，以便集中力量开展应急救援和相应等级的事故调查工作。

2）安全生产监督管理部门和负有安全生产监督管理职责的有关部门上报事故时，应当通知有关部门和单位。

① 应当通知公安部门。为及时有效地打击安全生产犯罪行为，应当及时通知公安机关，

以便公安机关迅速开展调查取证工作及对犯罪嫌疑人采取措施，防止其逃匿，同时维护事故现场秩序，保护事故现场；对逃匿的，由公安机关迅速追捕归案。

② 应当通知劳动保障行政部门。例如，工伤事故的认定主要由劳动保障行政部门负责。从实际情况看，生产安全事故大多属于工伤事故，并且往往直接涉及工伤认定和工伤保险赔偿等一系列具体问题。因此，劳动保障行政部门有必要及时获知事故及人员伤亡的有关情况的信息。

③ 应当通知工会。工会作为工人权益的代表，不仅在平时要主动维护工人权益，而且在事故发生后更要掌握情况，积极参与事故调查，充分发挥工人权益维护者的作用。

④ 应当通知人民检察院。事实表明，在一些重特大事故的背后往往存在官商勾结、权钱交易的现象，为打掉事故背后的保护伞，应当通知人民检察院，以便其及时介入事故调查，为职务犯罪的侦查做好相应准备。

3）各级安全生产监督管理部门和负有安全生产监督管理职责的有关部门上报事故时，应当同时报告本级人民政府。作为政府的组成部门，安全生产监督管理部门和负有安全生产监督管理职责的有关部门向本级政府报告事故情况是行政管理体制的基本要求。同时，《条例》第三章中明确了县级以上人民政府直接组织事故调查的原则。因为，要求有关部门向本级人民政府报告事故情况是十分必要的。

4）必要时可以越级上报事故。作为一部应对特别事件的行政法规，《条例》必须充分考虑到各种可能性，应当在必要时突破一般情况下的行政管理的层级限制，允许越级上报事故。这样才能体现原则性和灵活性相结合的原则，符合实际情况。

5）安全生产监督管理部门和负有安全生产监督管理职责的有关部门逐级上报事故情况，每级上报的时间不得超过2h。之所以做出这样限制性的时间规定，是因为以下原因：①快速上报事故有利于上级部门及时掌握情况，迅速开展应急救援工作；②快速上报事故有利于快速、妥善安排事故的善后工作；③快速上报事故有利于及时向社会公布事故的有关情况，正确引导社会舆论。

6.3.4 事故报告的内容

事故报告的内容应当完整，《条例》全面规定了报告事故所应当包括的内容，是完整性原则的具体体现。事故报告的内容包含以下几个方面：

（1）事故发生单位概况　事故发生单位概况应当包括单位的全称、所处地理位置、所有制形式和隶属关系、生产经营范围和规模、持有各类证照的情况、单位负责人的基本情况及近期的生产经营状况等。当然，这些只是一般性要求，对于不同行业的企业，报告的内容应该根据实际情况来确定，但应当以全面、简洁为原则。

（2）事故发生的时间、地点及事故现场情况　报告事故发生的时间应当具体，并尽量精确到分钟。报告事故发生的地点要准确，除事故发生的中心地点外，还应当报告事故所波及的区域。报告事故现场的情况应当全面，不仅应当报告现场的总体情况，还应当报告现场人员的伤亡情况、设备设施的毁损情况；不仅应当报告事故发生后的现场情况，还应当尽量报告事故发生前的现场情况，以便于前后比较，分析事故原因。

（3）事故的简要经过　事故的简要经过是对事故全过程的简要叙述。核心要求在于"全"和"简"。"全"是要全过程描述，"简"是要简单明了。需要强调的是，对事故经过的描述应当特别注意事故发生前作业场所有关人员和设备设施的一些细节，因为这些细节可能就是引发事故的重要原因。

（4）事故已经造成或可能造成的伤亡人数（包括下落不明的人数）和初步估计的直接经济损失　对于人员伤亡情况的报告，应当遵守实事求是的原则，不进行无根据的猜测，更不能隐瞒实际伤亡人数，对可能造成的伤亡人数，要根据事故单位当班记录，尽可能准确报告。对直接经济损失的初步估算，主要是指事故所导致的建筑物的毁损、生产设备设施和仪器仪表的损坏等。

（5）已经采取的措施　已经采取的措施主要是指事故现场有关人员、事故单位责任人和已经接到事故报告的安全生产管理部门为减少损失、防止事故扩大和便于事故调查所采取的应急救援和现场保护等具体措施。

（6）其他应当报告的情况　这是事故报告应当包括内容的兜底条款。对于其他应当报告的情况，根据实际情况具体确定。需要特别指出的是，《条例》制定时考虑到事故原因往往需要进一步调查之后才能确定，为谨慎起见，没有将其列入应当报告的事项。但是，对于能够初步判定事故原因的，还是应当进行报告。

事故现场有关人员需要准确报告事故的时间、地点、人员伤亡的大体情况，事故单位负责人需要报告事故的简要经过、人员伤亡和损失情况及已经采取的措施等，安全生产监督管理部门和负有安全生产监督管理职责的有关部门向上级部门报告事故情况需要严格按照本条例规定进行报告。

6.3.5　接到事故报告后的应急救援

1. 事故发生单位及其负责人接到报告后应当采取的措施

事故发生后，生产经营单位应当立即启动相关应急预案，采取有效处置措施，开展先期应急工作，控制事态发展，并按规定向有关部门报告。对危险化学品泄漏等可能对周边群众和环境产生影响的事故，生产经营单位应在向地方政府和有关部门报告的同时，及时向可能受到影响的单位、职工和群众发出预警信息，标明危险区域，组织、协助应急救援队伍和工作人员救助受害人员，疏散、撤离和安置受到威胁的人员，并采取必要措施防止发生次生、衍生事故。应急处置工作结束后，各生产经营单位应尽快组织恢复生产、生活秩序，配合事故调查组进行调查。

2. 事故发生地有关人民政府及其有关部门组织应急救援的规定

事故的发生具有突然性和紧迫性，按照事故报告要求的人民政府及其下级人民政府，以及负有安全监管职责的部门必须做出快速反应，迅速赶赴事故现场，组织事故救援。

政府及其有关部门组织救援能够取得更加积极的效果。政府及其安全生产监管部门，运用法律赋予的职权，能够在短时间内调动各种资源，并协调好各方面的关系，保证救援工作的顺利开展。

人民政府积极指挥应急救援也是有关法律法规的规定。《安全生产法》第八条、第七十二条和《国务院关于特大安全事故行政责任追究的规定》第四条、第十七条都规定了地方人民政府及其有关部门在接到事故报告后，应当立即赶赴事故现场，组织事故救援。

任务6.4 事故的调查和处理

学习目标

1. 知识目标
1) 了解事故的调查和处理的内容。
2) 了解事故调查组长的职责。
2. 能力目标
能够理解社会公布制度的作用。

学习重点

事故的调查和处理的内容；事故调查组长的职责。

学习难点

事故的调查和处理的内容。

6.4.1 事故调查

1. 生产安全事故的调查权

特别重大事故由国务院或国务院授权有关部门组织事故调查组进行调查。

重大事故、较大事故、一般事故分别由事故发生地省级人民政府、设区的市级人民政府和县级人民政府负责调查。省级人民政府、设区的市级人民政府和县级人民政府可以直接组织事故调查组进行调查，也可以授权或委托有关部门组织事故调查组进行调查。未造成人员伤亡的一般事故，县级人民政府也可以委托事故发生单位组织事故调查组进行调查。

关于调查权的规定充分体现了分级管理的原则。这样规定是根据当前我国安全生产工作现状做出的，便于操作和落实。

明确了事故调查的属地原则，也就是说，事故调查权在事故发生地的有关人民政府。

"有关部门"一般是指负责安全生产监督管理的部门，也可以根据实际情况授权或委托其他负有安全生产监督管理职责的部门。

对重大事故，省级人民政府可以直接组织事故调查组进行调查，也可以授权或委托有关部门组织事故调查组进行调查。

对较大事故，设区的市级人民政府可以直接组织事故调查组进行调查，也可以授权或委托有关部门组织事故调查组进行调查。

对一般事故，县级人民政府可以直接组织事故调查组进行调查，也可以授权或委托有关部门组织事故调查组进行调查。一般事故的调查以明确授权或委托安全生产监督管理部门或有关部门组织事故调查组进行调查为妥。

事故的情况很复杂，有的事故等级虽不高，但可能情况复杂，影响较大，需要由上级人民政府调查。这时，需要对事故进行提级调查或变更事故的调查权。由上级人民政府负责调查的，上级人民政府可以另行组织事故调查组进行调查。事故的调查应建立灵活的机制，规定上级人民政府认为必要时可以调查由下级人民政府调查的事故是非常必要的。

2. 跨行政区域发生的事故调查

事故发生地与事故发生单位不在同一个县级以上行政区域的情况时有发生，《条例》对跨行政区域的事故的调查作了明确规定，目的在于明确这类事故的调查责任，保证事故得到及时调查。

跨区域调查只适用于特别重大事故以下等级的事故。因为，特别重大事故由国家或国务院授权的部门负责组织调查，不存在跨行政区域的问题。

对跨行政区域事故的调查原则仍实行"事故发生地政府调查"，即明确由事故发生地有关人民政府按照事故等级，相应组成事故调查组进行调查，而不是由事故发生单位所在地人民政府进行调查。

事故发生单位所在地人民政府应当派人参加。这既是权利，也是义务，体现了互相配合的指导思想，又利于更好地调查事故。

3. 事故调查组的组成原则和组成人员

（1）事故调查组的组成原则　事故调查组的组成要精简、效能，这是缩短事故处理时限，降低事故调查处理成本，尽最大可能提高工作效率的前提。

（2）事故调查组的组成　《条例》在总结《特别重大事故调查程序暂行规定》《企业职工伤亡事故报告和处理规定》实施经验的基础上，针对近年来安全生产监管体制变化的实际情况，对事故调查组的组成作了明确规定。

1）根据事故的具体情况，确定事故调查组的组成，即根据事故的行业和领域，决定哪些部门参加事故调查组。

2）事故调查组由以下部门、单位派人组织或参加：有关人民政府，包括组织事故调查的有关人民政府及事故发生地有关人民政府；安全生产监督管理部门；负有安全生产监督管理职责的有关部门；监察机关；公安机关；工会；人民检察院。

3）事故调查组可以聘请有关专家参与调查。

（3）事故调查组成员条件　事故调查组成员条件包括：一是具有事故调查所需要的知识和专长，包括专业技术知识、法律知识等；二是与所调查的事故没有利害关系，主要是为了保证事故调查的公正性。这里的利害关系有两层意思：①事故调查组成员与事故发生单位没有直接利害关系；②事故调查组成员与事故发生单位的主要负责人、主管人员和有关负责人没有直接利害关系。

（4）实践中需要强调的几个问题　实践中需要强调的几个问题包括：

1）事故调查组组成时，有关部门、单位中与所调查的事故有直接利害关系的人员应当主动回避，不应参加事故调查工作。

2）事故调查组组成时，发现被推荐为事故调查组成员的人选与所调查的事故有直接利害关系的，组织事故调查的人民政府或有关部门应当将该成员予以调整。

3）事故调查组组成后，有关部门、单位发现事故调查组成员与所调查的事故有直接利害关系的，事故调查组应当将该成员予以更换或停止其事故调查工作。

4. 事故调查组组长及其职权

设立事故调查组组长是事故调查的必经程序，不设置事故调查组组长，事故调查工作没有法律效力，其调查结果无效。

（1）事故调查组组长的产生　事故调查组组长由负责事故调查的人民政府指定。由政府授权有关部门组织事故调查组进行事故调查的，其事故调查组组长可以由有关人民政府指定，也可以由授权组织事故调查组的有关部门指定。

参照当前事故调查的一些成熟做法，事故调查组的内部机构一般为：设事故调查组组长1名；根据事故具体情况和事故等级，设副组长1~3名，一般等级事故可只设组长1名；重大、特别重大事故在调查时，可设置具体工作小组负责某一方面的具体调查工作。

（2）事故调查组组长的职责　事故调查组组长主持事故调查组工作，具体职责是：全过程领导事故调查工作；主持事故调查会议，确定事故调查组各小组职责和事故调查组成员的分工；协调事故调查工作中的重大问题，对事故调查中的分歧意见做出决策等。

5. 事故调查组的职权和事故发生单位有关人员配合事故调查的义务

（1）事故调查组的职权　事故调查组要完成《条例》第二十五条规定的各项职责，就必须赋予其相应的权力。

1）事故调查权，即事故调查组有权向有关单位和个人了解与事故有关的情况。这里的"有关单位和个人"是一个广义的概念，不仅包括事故发生单位和个人，而且包括与事故发生有关联的单位和个人，如设备制造单位、设计单位和施工单位等，还包括与事故发生有关的政府及其有关部门和人员等。

2）文件资料获得权，即事故调查组有权要求有关单位和个人提供相关文件、资料，有关单位和个人不得拒绝。这里的"有关单位和个人"与前面讲的概念一样。这里的"相关文件资料"也是一个广义的概念，包括与事故发生有关的所有文件、资料。

（2）事故发生单位有关人员的配合义务　事故发生单位的负责人和有关人员在事故调查期间不得擅离职守，并应当随时接受事故调查组的询问，如实提供有关情况，这是事故发生单位有关人员的法定义务，必须遵守，否则就要承担相应的法律责任。这对保障事故调查组顺利开展事故调查工作具有重要意义。

此外，事故调查中发现涉嫌犯罪的，事故调查组应当及时向司法机关移交涉嫌犯罪者的有关材料或复印件。这里的"及时"就是在第一时间内，目的是能对涉嫌犯罪者及时追究刑事责任。既可以在事故调查工作中进行移交，也可以在提交事故调查报告时向司法机关移交。这一规定体现了事故调查工作和刑事责任追究的配合和衔接。

6. 事故调查中进行的技术鉴定

事故发生不仅涉及人的操作行为、管理行为等不安全行为，而且会涉及生产作业环境的安全状态和设备、设施的安全状况，所以在事故调查中进行技术鉴定往往是确定事故发生直接原因的有效途径和技术支持。

1）要不要进行技术鉴定及技术鉴定的范围，应当由事故调查组根据事故调查的实际需要决定。

2）要谁进行技术鉴定由事故调查组委托，不能由事故发生单位决定。

3）承担技术鉴定的单位要具备国家规定的资质。进行事故技术鉴定的单位的资质一般由国务院安全生产监管部门或省级安全生产监管部门、省级煤矿安全监察机构或有关部门授予。不具备国家规定资质的单位做出的技术鉴定结果无效。事故调查组也不能委托其进行技术鉴定。

4）必要时，事故调查组可以直接组织专家进行技术鉴定，专家要有代表性、权威性，能得到业内的认可，这里的专家一般不是事故调查组成员。

5）当事故调查组认为需要进行技术鉴定时，技术鉴定的时间不计入事故调查期限，也就是说"自事故发生之日起60日内提交事故调查报告"不包括技术鉴定所用的时间。

7. 事故调查组成员的行为规范

事故调查不是一项普通的工作，为保证事故调查的客观、公正和高效，事故调查组成员必须遵循一定的行为规范。

1）事故调查组成员要有品德操守。事故调查组的成员不管来自哪个部门和单位，均是事故调查组的一员，除具备《条例》第二十三条规定的条件外，事故调查组成员要讲诚信，要公正地参与事故调查工作，要全面了解事故调查中的有关情况，不得偏听偏信，影响事故调查。

2）事故调查组成员要有工作操守。事故调查组成员要恪尽职守，兢兢业业，严格履行职责，发挥专业特长和技术特长，按期完成事故调查组交办的事故调查任务。

3）事故调查组成员要守纪、保密。事故调查组成员要遵守事故调查组的纪律，服从事故调查组的领导，廉洁自律，认真负责，协调行动，听从指挥，同时，要严格保守事故调查中的秘密。

4）事故信息发布工作应当由事故调查组统一安排，未经事故调查组组长允许，事故调查组成员不得擅自发布有关事故的信息。

8. 事故的调查时限

提出事故调查报告，意味着事故调查工作的结束。对事故调查工作设定时限，是提高事故调查效率的保障，是针对当前事故调查久拖不决、不能按时提交事故调查报告的情况较为普遍而做出的硬性规定，对落实"四不放过"原则、及时吸取事故教训意义重大。

1）原则上，事故调查组应当自事故发生之日起60日内提交事故调查报告。这是法定期限，并且应当按自然日历计算，不是特指工作日。事故调查报告一般应在上述期限内提交。当然，需要技术鉴定的，技术鉴定所需时间不计入该时限，其提交事故调查报告的时限可以顺延。

2）特殊情况下，经负责事故调查的人民政府批准，提交事故调查报告的期限可以适当延长，但延长的期限最长不超过60日。这里说的"特殊情况下"，一般是指事故等级较高、事故现场不能及时勘查、事故原因一时不易查清、事故责任认定需要大量调查工作等，如煤矿爆炸造成调查人员不能深入井下，60日内难以达到《条例》第三十条规定要求；要延长事故调查报告提交的期限，就应当经负责事故调查的人民政府批准这一程序，对授权有关部门组织事故调查组调查的，也可以由组织事故调查的部门批准延长的期限，可以是10日或20日，但最长不得超过60日。

上述关于提出事故调查报告期限的规定，给事故调查组的工作效率提出了较高要求。《条例》实施后，事故调查组要进一步改进工作方法，提高工作效率，确保在期限内提交事故调查报告。提交事故调查报告的方式没有做出具体规定，可以按照现行做法执行。

9. 事故调查报告的内容

事故调查报告应当包括下列内容：

1）事故发生单位概况。

2）事故发生经过和事故救援情况。

3）事故造成的人员伤亡和直接经济损失。

4）事故发生的原因和事故性质。

5）事故责任的认定及对事故责任者的处理。

6）事故防范和整改措施。

事故调查组按照规定履行事故调查职责，目的就是要提交事故调查报告。事故调查报告是事故调查组工作成果的集中体现，是事故处理的直接依据，在《条例》中对事故调查报告的内容作出规定，有利于事故调查报告内容的规范、完整。

事故调查报告应当附具有关证据材料。事故调查组成员应当在事故调查报告上签名。这是因为：

1）事故调查报告附具的有关证据材料是事故调查报告的重要部分，应作为事故调查报告的附件一并提交。提出这项要求是为了增强事故调查报告的科学性、证明力和公信力。

2）事故调查报告附具的有关证据材料应当具有真实性，并作为事故调查报告的附件予以详细登记，必要时有关当事人及获得该证据材料的事故调查组成员应当在证据材料上签名。

3）事故调查组成员在事故调查报告上的签名页是事故调查报告的必备内容，没有事故调查组成员签名的事故调查报告，可以不予批复。签名应当由事故调查组成员本人签署，特殊情况下由他人代签的，要注明本人同意。事故调查中的不同意见在签名时可一并说明。

6.4.2 事故的处理

1. 事故调查报告的批复主体、批复时限及批复的落实

（1）事故调查报告的批复　有关批复的主体和时限的内容包括：

1）批复的主体。事故调查报告是事故调查组履行事故调查职责，对事故进行调查后形成的报告，其内容既包括事故发生单位概况、事故发生经过和事故救援情况、事故伤亡和直接经济损失情况、事故发生原因和事故性质等客观情况，也包括事故调查组对事故责任的认定、对责任者的处理建议及事故防范和整改措施等内容。因为事故调查组是为了调查某一特定事故而临时组成的，不管是有关人民政府直接组织的事故调查组，还是授权或委托有关部门组织的事故调查组，其形成的事故调查报告只有经过有关人民政府批复后，才具有效力，才能被执行和落实。因此，《条例》中明确规定，事故调查报告批复的主体是负责事故调查的人民政府。

2）批复的时限。重大事故、较大事故、一般事故的调查报告的批复时限为15日，起算时间是接到事故调查报告之日，这是一个硬性规定，在任何情况下，15日的期限不得延长。考虑到特别重大事故一般情况比较复杂，涉及面较广，事故调查报告批复的主体是国务院，《条例》中规定，特别重大事故的批复时限为30日，起算时间也是接到事故调查报告之日。同时规定，在某些特殊情况下，如需要对事故调查报告的部分内容进行核实、对事故责任人的处理问题进行研究等，对特别重大事故的调查报告确实难以在 30 日内做出批复的，批复时限可以适当延长，但对延长的期限做了严格限制，最长不超过 30 日。这就要求有关人民政府一定要提高工作效率，按照条例规定的期限如期做出批复。

（2）有关机关对批复的落实　关于对批复的落实内容包括：

1）"有关机关"不是特定主体，可能是一个机关，也可以是多个机关，应当根据批复内容的不同而不同。一般来说，"有关机关"包括做出批复的人民政府的有关部门、下级人民政府及其有关部门。

2）依照法定权限和程序落实。首先，有关机关只能在法定职责权限范围内行使职权，不得越权。《行政处罚法》明确规定："行政处罚由具有行政处罚权的行政机关在法定权限范围内实施。"《行政监察法》及其他有关规定对处分的实施权限也有明确要求。其他有关法律、行政法规对有关机关的权限也都有明确规定。其次，程序必须合法。在现代法治国家，程序合法、正当成为一种普遍要求，程序正当是结果正当的必要条件。落实有关人民政府对事故调查报告的批复，对事故发生单位和有关部门人员进行行政处罚，对负有事故责任的国家工作人员进行处分，必须严格依照法律、行政法规规定的程序。在具体操作中，有关机关实施不同行政处罚或处分，要按照有关法律、行政规定的相应程序进行。

3）落实的内容。按照《条例》的规定，有关机关落实批复的主要内容有两项：一是对事故发生单位和有关人员进行行政处罚；二是对负有事故责任的国家工作人员进行处分。行政处罚是对有行政违法行为的单位或个人给予的行政制裁。按照《行政处罚法》的规定，行政处罚的种类包括警告、罚款、没收违法所得、没收非法财物、责令停产停业、暂扣或吊销许可证、暂扣或吊销执照、行政拘留等。《条例》规定的行政处罚主要包括罚款及吊销有关证照、职业资格证书等。

处分是对国家工作人员及国家机关委派到企业、事业单位任职的人员的违法行为，由所在单位或其上级主管机关或有关机关给予的一种制裁性处理。根据《行政监察法》和《公务员法》的有关规定，处分的种类包括警告、记过、记大过、降级、撤职和开除等。

（3）事故发生单位对批复的落实　生产经营单位作为安全生产的责任主体，发生事故后，除了接受法律、行政法规规定的行政处罚外，还有义务按照负责事故调查的人民政府的批复，对本单位负有事故责任的人员进行处理。事故发生单位负责处理的对象是本单位对事故发生负有责任的人员，这种处理是根据有关部门的规章制度，对有关责任人员所做的内部处理，包括两种情况：一是本单位中有关人员对事故发生负有责任，但该人员的行为既不构成犯罪，也不属于法律、行政法规规定的应当给予行政处罚或处分的行为，事故发生单位可以根据本单位的有关规章制度对该负有事故责任的人员进行相应的处理；二是对事故发生负有责任的有关人员的行为已经涉嫌犯罪，或者依照法律、行政法规应当由有关机关给予行政处罚或处分的，事故发生单位也可以根据本单位的规章制度做出处理。

需要强调的是，事故发生单位虽然是按照负责事故调查的人民政府的批复对有关人员进行处理，但是这种处理属于事故发生单位的内部管理行为，其依据主要是本单位的规章制度，不属于行政处罚或行政处分的范畴。

（4）刑事责任的追究　《条例》明确规定，负有事故责任的人员涉嫌构成犯罪的，依法追究刑事责任。这是对事故责任人员最严厉的处罚。实践中需要注意的问题：一是有关部门要及时移送司法机关追究刑事责任，不能拖延，更不能以罚代刑；二是司法机关要严格依法判处，不能畸轻畸重。

2. 防范和整改措施的落实及其监督

（1）事故发生单位负责落实防范和整改措施　事故调查处理的最终目的是预防和减少事故。事故调查组在事故中要查清事故经过、查明事故原因和事故性质，总结事故教训，并在事故调查报告中提出防范和整改措施。这样规定的目的就是要明确事故调查不只是为调查事故而调查事故，不只是为了追究事故责任而追究责任，而是要在通过事故调查查明事故原因的基础上提出防范和整改措施，进而防止事故再次发生。事故发生单位作为安全生产工作的责任主体，也应当是落实防范和整改措施的主体。

事故发生单位要认真吸取事故教训，落实防范和整改措施。我国每年发生的安全生产事故中，绝大多数是责任事故，主要是生产经营单位及其有关部门人员违反安全生产法律、法规、标准和有关部门技术规程、规范等人为原因造成的。例如，生产经营活动的作业场所不符合安全生产的规定，安全生产规章制度和操作规程不健全，未对职工进行安全教育和培训，管理人员违章指挥，职工违章冒险作业，事故隐患未及时排除等。事故发生单位应当认真反思，吸取教训，查找安全生产管理方面的不足和漏洞，吸取事故的教训。对于事故调查组在查明事故原因的基础上提出的有针对性的防范和整改措施，事故发生单位必须不折不扣地予以落实。

（2）工会和职工的监督　安全生产直接关系到职工的生命安全，特别是事故发生后，事故发生单位是否落实了防范和整改措施，排除了事故隐患，直接关系到广大职工的根本权益能否得到保障。在实践中，确实存在一些事故发生单位由于受经济利益的驱动，在未落实防范和整改措施的情况下，便急于重新开始生产经营活动，置职工的生命安全于不顾。由于职工直接参与单位的生产经营活动，对事故发生单位是否落实防范和整改措施，了解和掌握得比较清楚。因此，明确职工有权对事故发生单位落实防范和整改措施的监督，具有重要意义。

《工会法》第六条第一款规定："维护职工合法权益是工会的基本职责。工会在维护全国人民总体利益的同时，代表和维护职工的合法权益。"第二十二条明确了企业、事业单位不提供劳动安全卫生条件的，工会应当代表职工与企业、事业单位交涉，要求企业、事业单位采取措施予以改正。工会作为职工的群众组织，有权利也有义务维护职工的合法权益，帮助职工维权是工会工作的核心内容。相对于生产经营单位而言，职工个人往往处于弱势地位，工会作为职工组织，代表职工对单位实施监督责无旁贷。事故发生单位落实防范和整改措施直接关系到职工的生命安全，工会应当代表职工与单位进行交涉，要求其落实防范和整改措施，保障职工在安全的条件下从事劳动。因此，明确事故发生单位落实防范和整改措施的情况要接受工会的监督，具有重要的现实意义。

工会和职工对防范和整改措施的落实情况进行监督的手段主要有两种：一是直接与单位进行交涉，敦促事故发生单位落实防范和整改措施；二是向有监督管理职权的部门反映情况，由有关部门督促事故单位落实。事故发生单位应当本着对职工生命安全高度负责的精神，积极、主动地将落实情况告知单位职工和工会，自觉接受监督。

（3）有关部门的监督检查　《安全生产法》第九条规定："国务院负责安全生产监督管理的部门依照本法，对全国安全生产工作实施综合监督管理；县级以上地方各级人民政府负责安全生产监督管理的部门依照本法，对本行政区域内安全生产工作实施综合监督管理。国务院有关部门依照本法和其他有关法律、行政法规的规定，在各自的职责范围内对有关的安全生产工作实施监督管理；县级以上地方各级人民政府有关部门依照本法和其他有关法律、法规的规定，在各自的职责范围内对有关的安全生产工作实施监督管理。"上述规定明确了我国目前安全生产监督管理的基本体制：安全生产监督管理部门对安全生产实施综合监督管理，各有关部门对各自领域的安全生产实施监督管理。安全生产监督管理部门是指国家安全生产监督管理总局和各级安全生产监督管理局。负有安全生产监督管理职责的有关部门是指除本级政府安全生产监督管理部门外，依照法律、行政法规和职责分工，对安全生产负有监督管理职责的部门。例如，按照《建筑法》和国务院关于建设部门"三定"方案的规定，建设部门是建筑工程安全生产领域负有安全监督管理职责的部门。事故发生单位落实防范和整改措施情况属于安全生产工作的重要内容，安全生产监督管理部门和负有安全生产监督管理职责的有关部门应当对落实情况进行监督检查，这是履行安全生产监督管理职责的要求。所谓监督检查，主要是指通过信息反馈、情况反映和实地检查等方式及时掌握事故发生单位落实防范和整改措施的情况，对未按照要求落实的，督促其落实；经督促仍然不落实的，依法采取有关措施。

3. 事故处理情况向社会的公布

事故处理情况是指事故发生后，经过事故调查对事故发生单位及事故责任人的处理意见，以及落实的情况和信息。具体内容包括：对事故发生单位及其有关部门人员的行政处罚及落实情况；对事故责任人的处理意见及落实情况；防范和整改措施及落实情况等。

建立事故处理情况向社会公布制度，主要有三个方面的作用：

1）公布事故处理情况，具有宣传、教育和警示的作用。首先，是对那些安全生产管理存在薄弱环节甚至重大隐患的生产经营单位及其主要负责人具有警示和提醒作用，促使其吸取教训，对照本单位存在的问题，加强安全生产管理，增加安全生产投入，改善安全生产条件，认真排除事故隐患，更加重视安全生产工作，进而达到预防和减少事故的效果。同时，也有助于使广大社会公众受到教育，增强全社会的安全生产意识，形成人人关心安全生产工作的良好社会氛围。

2）有利于充分发挥社会的监督作用。将事故处理情况向社会公布，让社会公众了解、掌握事故处理的有关情况，有利于社会公众对事故处理情况，对政府及其有关部门、生产经营单位安全生产管理工作情况的监督，有利于促进事故处理的客观、公正，进一步改进安全生产工作。

3）有利于建设公开透明的政府。事故处理情况属于政府公共信息的范畴，依照《政府信息公开条例》的规定，应当向社会公布。这对于建设透明政府，改进政府工作，具有重要的意义。

需要强调的是，向社会公布事故的处理情况，对于依法应当保密的内容，不向社会公布。这里所说的"依法应当保密的内容"既包括依据《保守国家秘密法》《国家安全法》等规定的属于国家秘密的信息，也包括依据其他有关法律、行政法规规定，应当保密的企业商业秘密等。

事故处理情况可以由负责事故调查的人民政府直接向社会公布，也可以由其授权的有关部门、机构负责向社会公布。在实践中，根据不同的事故等级，公布的主体也会有所不同。特别重大事故的处理情况由国务院或其授权的有关部门、机构向社会公布，重大事故、较大事故、一般事故的处理情况分别由负责事故调查的有关省级人民政府、设区的市级人民政府、县级人民政府或其授权的有关部门、机构向社会公布。向社会公布事故处理情况可以是一种形式，也可以同时采用多种形式。

4. 相关人员和机构在事故调查中存在违法行为的处罚

事故发生单位、单位主要负责人及其有关人员、有关地方人民政府、有关部门及其人员、提供虚假证明的中介机构、参与事故调查的人员、有关地方人民政府或者有关部门在事故发生时或事故发生调查中存在违法行为，均应当承担相应的法律责任。

小　　结

本项目主要讲了常见安全事故的概述、安全事故分级分类、安全事故报告内容、事故的调查处理等内容。

思考与练习

1. 试述事故现场有关人员和单位负责人上报事故的时限及原因。
2. 简述事故调查组长的职责。
3. 简述事故向社会公布制度的作用。

项目 7

安全系统分析与评价

任务 7.1 安全系统工程

学习目标

1. 知识目标
1) 了解安全系统工程的有关概念。
2) 了解安全系统分析方法。
2. 能力目标
会应用安全系统分析方法。

学习重点

安全系统工程的有关概念；安全系统分析方法。

学习难点

安全系统分析方法。

  安全系统分析与评价是安全系统工程的重要组成部分，而安全系统工程是系统工程在安全领域的具体应用，是一种科学的现代安全管理方法。

7.1.1 有关概念

1. 系统

  系统一词来源于英文 system 的音译。系统是指将零散的东西进行有序地整理、编排而形成的具有整体性的整体。系统可以分为若干个子系统，子系统可以分为若干个要素，因此，系统是由要素组成的。

2. 系统工程

系统工程包括系统和工程两个方面，就是用系统的观点和方法去解决工程问题。系统工程与一般工程相比具有高度综合性。系统工程作为一门新兴学科，与其他学科相互渗透、互相影响，不同专业领域的人对它的理解也不尽相同。中国大百科全书指出："系统工程是从整体出发，合理开发、设计、实施和运用系统的工程技术。它是系统科学中直接改造世界的工程技术。"

3. 安全系统工程

安全系统工程是指在系统思想指导下，运用先进的系统工程的理论和方法，对安全及其影响因素进行分析和评价，建立综合集成的安全防控系统并使之持续有效地运行。简言之，安全系统工程就是在系统思想指导下，自觉运用系统工程的原理和方法进行的安全工作的总体。

7.1.2 安全系统分析

安全系统分析是指根据设定的安全问题和给予的条件，运用逻辑学和数学方法来描述安全系统，并结合自然科学、社会科学的有关理论和概念，制订各种可行的安全措施方案，通过分析、比较和综合，从中选择最优方案，供决策人员采用。

安全系统分析的方法主要有安全检查表法、因果分析图法、排列图法、事故树分析法等。其中，安全检查表法、因果分析图法和排列图法分析方法仅用于安全的定性分析，虽能发现系统中的不安全因素，但难以揭示各因素之间的组合关系。

1. 安全检查表法

安全检查表法是对系统中的检查对象加以剖析，界定检查范围，拟定检查项目表格，通过一定的方式获得系统安全状况的检查结果。

2. 因果分析图法

运营安全事故的发生往往是由于多种复杂因素影响所导致的，可通过因果分析图将引发事故的重要因素分层（枝）加以分析。分层（枝）的多少，取决于安全系统分析的深度和广度要求。因果分析的结果可供编制安全检查表和事故树使用。

3. 排列图法

排列图全称主次因素排列图，可用于确定系统安全的关键因素，以便明确主攻方向和工作重点。

4. 事故树分析法

事故树分析法既可用于定性分析，也可用于定量分析，是通过逻辑门连接不同层次的原因事件，并通过对事故树的分析找出导致事故发生的基本事件的最小组合与事故发展模式，分析预防事故发生的最佳方案。

任务7.2 安全检查表分析

学习目标

1. 知识目标

1）了解安全检查表及项目分类。

2）了解编制安全检查表的编制依据、编制程序、编制方法和编制步骤。

3）掌握安全检查表的应用方法。

2. 能力目标

能够理解安全检查表的实际应用。

学习重点

安全检查表；安全检查表的编制程序、编制方法和编制步骤；安全检查表的应用。

学习难点

安全检查表的编制程序；安全检查表的应用。

7.2.1　概述

1. 安全检查表

安全检查表是进行安全检查、发现潜在危险，以及督促各项安全法规、制度和标准实施的一个较为有效的工具。安全检查表法是依据相关的标准、规范，对工程、系统中已知的危险类别、设计缺陷及与一般工艺设备、操作、管理有关的潜在危险性和有害性进行判别检查的方法，适用于工程、系统的各个阶段，是系统安全工程的一种最基础、最简便和被广泛应用的系统危险性评价方法。安全检查表的编制主要依据以下四个方面的内容：

1）国家、地方的相关安全法规、规定、规程、规范和标准，行业、企业的规章制度、标准及企业安全生产操作规程。

2）国内外行业、企业的事故统计案例及经验教训。

3）行业及企业安全生产的经验，特别是本企业安全生产的实践经验，引发事故的各种潜在不安全因素及成功杜绝或减少事故发生的成功经验。

4）系统安全分析的结果，如采用事故树分析方法找出的不安全因素，或者作为防止事故控制点源列入检查表。

2. 安全检查表的历史

安全检查表是历史的产物。在 20 世纪 30 年代工业迅速发展时期，由于安全系统工程尚未出现，安全工作者为了解决生产中遇到的日益增多的事故，运用系统工程的手段编制了一种检验系统安全与否的表格。系统工程广泛应用以后，安全系统工程开始萌芽，安全检查表的编制逐步走向理论阶段，使得安全检查表的编制越来越科学、全面和完善。系统工程和安全系统工程的内容基本相同，不同的是编制的依据和方法，前者运用系统工程手段，后者源于安全系统工程的科学分析。

3. 安全检查表的内容

安全检查表的内容决定其应用的针对性和效果。安全检查表必须包括系统的全部主要检查部位，不能忽略主要的、潜在不安全因素，应从检查部位中引申和发掘与之有关的其他潜在危险因素。每项检查要点要定义明确，便于操作。安全检查表的内容应包括分类、项目、检查要点、检查情况及处理、检查日期及检查者。通常情况下，检查项目内容及检查要点以提问方式列出，检查情况用"是""否"，或者用"√""×"表示。

7.2.2 安全检查表的项目分类

1. 设计审查用安全检查表

审查用安全检查表主要用于设计人员、安全监察人员及安全评价人员对企业生产性建设和技改工程项目进行设计审核时使用，也可作为"三同时"的安全预评价审核的依据。其主要内容应包括：平面布置；装置、设备、设施工艺流程的安全性；机械设备与设施的可靠性；主要安全装置与设备、设施布置及操作的安全性；消防设施与消防器材；防尘防毒设施、措施的安全性；危险物质的储存、运输、使用；通风、照明、安全通道等方面。这些内容要求系统、全面、明了，符合安全防护措施规范和标准，并按一定格式的要求列成表格。

2. 企业（厂级）安全检查表

企业（厂级）安全检查表主要用于全厂性安全检查和安全生产动态的检查，为安全监察部门进行日常安全检查和24h安全巡回检查时使用。其主要内容包括：各生产设备、设施、装置、装备的安全可靠性，各个系统的重点不安全部位和不安全点（源）；主要安全设备、装置与设施的灵敏性、可靠性；危险物质的储存与使用；消防和防护设施的完整可靠性；作业职工操作管理及遵章守纪等。

检查要突出重点部位的危险因素点（源）及影响大的不安全状态和不安全行为，按一定格式要求列成表格。

3. 各专业性安全检查表

各专业性安全检查表主要用于专业性的安全检查或特种设备的安全检验，如防火防爆、防尘防毒、防冻防凝、防暑降温、压力容器、锅炉、工业气瓶，以及配电装置、起重设备、机动车辆、电气焊等。此类安全检查表的内容应符合专业安全技术防护措施的要求。例如，设备结构的安全性，以及设备安装的安全性、设备运行的安全性及运行参数指标的安全性、安全附件和报警信号装置的安全可靠性、安全操作的主要要求及特种作业人员的安全技术考核等。将以上内容按一定格式要求列成表格。

7.2.3 编制安全检查表

1. 主要依据

安全检查表应列举需查明的所有能导致工伤或事故的不安全状态或行为。为了使检查表在内容上能结合实际、突出重点、简明易行、符合安全要求，应依据以下四个方面进行编制：①有关标准、规程、规范及规定；②事故案例和行业经验；③通过系统分析，确定危险部位及防范措施；④研究成果。

2. 编制程序

编制安全检查表和对待其他事物一样，都有一个处理问题的程序。

1）系统功能的分解。一般工程系统都比较复杂，难以直接编制总的安全检查表。我们可按系统工程观点将系统进行功能分解，建立功能结构图。这样既可以显示各构成要素、部件、组件、子系统与总系统之间的关系，又可以通过各构成要素的不安全状态的有机组合求得总系统的检查表。

2）人、机、物、管理和环境因素。车间中的人、机、物、管理和环境都是生产系统的子系统。从安全的观点出发，不应该只考虑"人—机系统"，而是应该考虑"人—机—物—管理—环境系统"。

3）潜在危险因素的探求。一个复杂的或新的系统，人们一时难以认识其潜在的危险因素和不安全状态，对于这类系统可以采用类似"黑箱法"原理探求，即首先设想系统可能存在哪些危险及其潜在部分，并推论其事故发生的过程和概率，然后逐步将危险因素具体化，最后寻求处理危险的方法。通过分析不仅可以发现其潜在的危险因素，而且可以掌握事故发生的机理和规律。

3. 编制方法

（1）经验法　由熟悉被检查对象的人员和具有实践经验的人员，以"三结合"的方式（工人、工程技术人员和管理人员）组成一个小组，依据人、物、环境的具体情况，根据以往积累的实践经验及有关统计数据，按照规程、规章制度等文件的要求，编制安全检查表。

（2）分析法　根据已编制的事故树、事件树的分析和评价结果来编制安全检查表。

（3）方法比较　经验法编制的安全检查表检查项目十分冗长、繁杂，既费人力，又花时间，工作效率低，加上检查的方式、方法落后，使用效果不如分析法。分析法编制的安全检查表，经过事故树、事件树的定性和定量分析来确定检查项目，因而检查表较为精练和完善。虽然检查项目可能不多，但每一检查项目都是保证系统安全的关键环节，所以，分析法是发展的方向。

4. 编制步骤

1）确定被检查对象，组织有关人员。

2）熟悉被分析的系统。

3）调查不安全因素。

4）收集与系统有关的各种资料。

5）明确规定的安全要求。

6）根据具体情况和要求确定编制方法，编制安全检查表。

7）通过反复使用，不断修改、补充完善。

5. 安全检查表的格式

安全检查表（见表 7-1）的格式是由其性质决定的，它是以问与答的形式出现，一般由两部分内容组成：

1）标明安全检查表的名称和被检查系统名称（单位、工种）、检查日期、检查者等。

2）序号、检查项目（即检查内容，要求逐条编号）、检查结果、整改措施等内容。

表 7-1　安全检查表

检查时间	检查单位	检查人	检查部位	整改负责人
序号	检查项目	检查结果		整改措施
		是	否	

另外，可以根据不同的职责范围、岗位、工作性质，编制不同类型的安全检查表，设计不同的表格。

6. 应注意的问题

1）编制安全检查表的过程实质是理论知识、实践经验系统化的过程，一个高水平的安全检查表需要专业技术的全面性、多学科的综合性和对实际经验的统一性。为此，企业应组织技术人员、管理人员、操作人员和安全人员深入现场共同编制。

2）查隐患要求列出的检查项目应齐全、具体、明确，突出重点，抓住要害。为了避免重复，尽可能将同类性质的问题列在一起，系统地列出问题或状态。另外，应规定检查方法并有合格标准。防止安全检查表笼统化和行政化。

3）各类检查表都有其适用对象，各有侧重，是不宜通用的。

4）危险性部位应详细检查，确保一切隐患在可能发生事故之前就被发现。

5）编制安全检查表应将安全系统工程中的事故树分析、事件树分析、预先危险性分析和可操作性研究等方法进行综合。

7.2.4 案例分析

安全检查表在交通工程系统的安全生产管理、设备管理、人身安全等方面都有很高的实用价值，在预测、预防事故方面发挥了积极的作用。

案例：某市林阳寺至岭头段旧路路面改造工程，见表7-2。

表7-2 工程选址及总体设计分析

分析对象	分析项目和内容	分析依据	检查记录	分析结果
1. 总体要求	1）公路设计应根据公路的功能、使用任务及其在路网中的作用，并考虑铁路、水路、航空、管道等运输方式，同城镇、农田规划的关系，合理确定公路等级和路线走向、走廊带	《公路路线设计规范》1.0.4	本项目为旧路路面改造工程。工可阶段，对建设项目与沿线主要村镇的衔接关系进行了充分论证，并确定了公路等级和技术标准	符合要求
	2）路线方案应在所选定走廊带与主要控制点的基础上进行布局和总体设计，合理运用技术指标，对可行的路线方案进行比选，以确定设计方案。当采用不同的设计速度、技术指标或设计方案对工程造价、自然环境和社会经济效益等有明显差异时，应作同等深度的技术经济论证	《公路路线设计规范》1.0.5	本项目为旧路路面改造工程，不涉及路线方案的选定	缺项
	3）路线选定应根据地形、地物条件，并在对工程地质、水文地质、山地自然灾害、筑路材料、生态环境、自然景观等进行充分调查的基础上，结合沿线小区域气候特征进行方案研究，以选定路线线形、主要平纵技术指标	《公路路线设计规范》1.0.6	本项目为旧路路面改造工程，不涉及路线方案的选定	缺项

（续）

分析对象	分析项目和内容	分析依据	检查记录	分析结果
1. 总体要求	4）路线设计必须贯彻执行加强环境保护和合理利用土地资源的基本国策，在确定路基、路面、桥梁、隧道、交叉、交通工程及沿线设施等人工构造物的结构形式、布设位置、取弃土场、征用土地等设计中，应减少因修建公路给沿线生态环境带来的影响，并结合绿化或采取相应工程措施，协调、改善人工构造物与同沿线自然景观间的配合，提高公路环境质量	《公路路线设计规范》1.0.7	本项目在路基边坡防护、水土保持及绿化等各环节都进行了深入的论证，营运期加强绿化管理养护，使绿化植物更好地与公路相结合，减少项目建设对区域环境的影响	符合要求
	5）改建公路应遵照利用与改造相结合的原则，按规定公路等级的技术指标，合理、充分地利用原有工程	《公路路线设计规范》1.0.12	本项目为旧路路面改造工程。本项目起点位于林阳寺，终点位于岭头。路线总长6.231km。本项目对沿线部分结构完好的原有涵洞进行了充分利用	符合要求
2. 公路分级与等级选用	1）根据项目路线城镇及人口分布情况、预测交通量、交通组成、项目功能及在路网中的地位等，对拟定的公路等级从适应行车安全性要求方面进行评价	《公路项目安全性评价指南》3.1.1	根据《公路工程技术标准》（JTG B01—2014），从公路的使用任务、功能和交通量预测结果，并结合本项目所处的公路通道的地位分析，经充分研究分析拟定本项目选用三级公路	符合要求
	2）双车道三级公路应能适应将各种车辆折合成小客车的年平均日交通量2000~6000辆	《公路路线设计规范》2.1.1	预测2030年交通量为4990辆/日，适合采用三级公路标准建设	符合要求
	3）三级公路设计速度应为40km/h或30km/h。三级公路地形、地质等自然条件复杂的路段，设计速度可采用30km/h	《公路路线设计规范》2.1.3	拟建项目公路等级按规划实施方案执行，三级公路按30km/h标准设计	符合要求
	4）设计交通量预测，三级公路的设计交通量应按15年预测	《公路路线设计规范》2.2.1	本项目建设规模以2030年交通量预测结果为准	符合要求
3. 总体设计	1）总体设计应协调公路工程项目外部与内部各专业间的关系，确定本项目及其各分项的技术标准、建设规模、主要技术指标和设计方案，使之成为完整的系统工程，符合安全、环保、可持续发展的总体目标，保障用路者的安全，提高公路交通的服务质量	《公路路线设计规范》4.1.1	本项目工程中已考虑环保、可持续发展问题	符合要求

（续）

分析对象	分析项目和内容	分析依据	检查记录	分析结果
3. 总体设计	2）二级公路参照总体设计要点，综合相关因素进行总体设计；三级公路、四级公路视其重要程度可参照执行	《公路路线设计规范》4.1.2、4.1.3	本项目路线设计是综合多方面因素进行设计的，符合相关要求	符合要求
	3）地震动峰值加速度系数小于或等于0.05地区的公路工程除有特殊要求外可采用简易设防	《公路工程技术标准》2.0.8	本项目所在地地震动峰值加速度系数为0.05，构造物无须设防	符合要求
4. 选线	1）路线起讫点与接续道路的连接方式及起讫点处交通量转换后对连接道路行车安全的影响	《公路项目安全性评价指南》3.2.2	本项目起点位于林阳寺，终点位于岭头，建议在路线的起讫点设立限速标志，在起讫点处做好与其他路网的衔接工作	下阶段设计时应补充
	2）选线应包括确定路线基本走向、路线走廊带、路线方案至选定线位的全过程；路线起、终点，必须连接的城镇、工矿企业，以及特定的大桥、特长隧道等的位置，应为路线基本走向的控制点；中、小桥涵、中、短隧道，以及一般构造物的位置应服从路线走向	《公路路线设计规范》5.0.1、5.0.2	本项目为旧路路面改造工程，不涉及路线选线	缺项
	3）选线应在广泛收集与路线方案有关的规划、计划、统计资料，相关部门的各种地形图、地质、气象等资料的基础上进行	《公路路线设计规范》5.0.5	本项目为旧路路面改造工程，不涉及路线选线	缺项
5. 公路横断面	1）三级公路，设计速度应为40km/h或30km/h。双车道时，公路路基宽度一般取7.5m	《公路路线设计规范》2.1.3、6.1.2	项目为三级公路，设计速度30km/h，双车道路基宽度为7.5m	符合要求
	2）三级公路，双车道，车道宽度根据设计速度规定为30km/h时，宽度为3.25m	《公路路线设计规范》6.2.1	本项目设计速度30km/h，双车道，车道宽3.25m	符合要求
	3）三级公路宜使用双车道	《公路路线设计规范》6.2.2	本项目设计采用双车道	符合要求
6. 公路平面	1）各级公路平面不论转角大小，均应设置圆曲线	《公路路线设计规范》7.3.1	本项目公路平面线形由直线、圆曲线组成	符合要求
	2）设计速度为30km/h的路线圆曲线最小半径一般值为65m、极限值为30m	《公路路线设计规范》7.3.2	本项目设计一般最小平曲线半径为65m，极限最小平曲线半径为30m	符合要求

（续）

分析对象	分析项目和内容	分 析 依 据	检 查 记 录	分析结果
7. 公路纵断面	1）三级公路路基设计洪水频率为 1/25	《公路路线设计规范》8.1.2	本项目路基涵洞设计洪水频率为 1/25	符合要求
	2）设计速度为 30km/h 的最大纵坡为 8%	《公路路线设计规范》8.2.1	本项目设计的路线最大纵坡为 8%	符合要求

本项目工程从项目总体要求、公路分级与等级选用等 7 个方面进行了合规性检查分析，共检查了 22 项。本项目为旧路路面改造工程，不涉及路线选线。其中，17 项目符合要求，4 项为缺项。

任务 7.3　因果分析图法

学习目标

1. 知识目标
1）掌握因果分析图的基本概念。
2）了解因果分析图的应用步骤。
3）了解因果关系类型。
4）熟悉因果分析图的绘图过程
2. 能力目标
能够分析因果分析图案例。

学习重点

因果分析图；因果分析图的应用步骤；因果关系类型；因果分析图的绘图过程；因果分析图案例。

学习难点

因果分析图的绘图过程；因果分析图案例。

7.3.1　概述

因果分析图法是指将问题通过因果图表现出来的方法。因果图又称特性要因图、鱼刺图或石川图，于 1953 年在日本川琦制铁公司由质量管理专家石川馨最早使用，他为了寻找产生某种质量问题的原因，发动大家谈看法、做分析，将大家的意见反映在一张图上，从而产生了因果图。用此图分析产生问题的原因，便于集思广益。

因为这种图反映的因果关系直观、醒目、条例分明，用起来比较方便，效果好，所以得到了许多企业的重视。此图可按事物之间的因果关系，知因测果或倒果查因。因果预测分析是整个预测分析的基础。

因果分析图法（技术）运用于项目管理中，就是以结果作为特性，以原因作为因素，逐步深入研究和讨论项目目前存在问题的方法。一旦确定了因果分析图，项目团队就应该对之进行解释说明，通过数据统计分析、测试、收集有关问题的更多数据来确认最基本的原因。确认了基本原因之后，项目团队就可以开始制订解决方案并进行改进了。

7.3.2　应用步骤

因果分析图法预测应用的基本思路：首先，通过对目标现象之间因果关系的分析探讨，说明现象之间相互联系的规律性；然后，选择恰当的数学模型描述因果关系主要变量间的关系形态；最后，根据数学模型预测目标的状态情况。因果分析图法的应用步骤大致如下：

1）利用资料分析现象之间的因果关系，确定预测目标及因变量和自变量。分析目标现象因果关系必须做到：

① 凭借人们拥有的经验、知识及思维判断能力，对预测问题在质的分析基础上，明确表征预测目标的运动规律及影响其变化的因素的诸多变量。

② 选定因变量和自变量。通常情况下，表征预测目标的变量称因变量，表征影响预测目标变化的各种因素的变量称自变量。

从预测过程来讲，明确预测目标选定因变量是首要任务，但能从众多影响预测目标的因素中选定参与预测的自变量，是保证预测结果可信度的关键。

2）根据变量之间的因果关系类型，选择数学模型，并经过运算求出有关参数，通过统计检验建立预测模型。

3）预测分析，确定预测值。客观现象是十分复杂的，数学预测模型只能明确、形象地显示出有关事件观察数据中呈现的因果关系，而如何确定符合客观实际的预测值，还需要预测者掌握丰富的信息，依靠个人的经验和分析判断能力最后做出科学判断。

7.3.3　因果关系的类型

1. 函数关系

函数关系是指几种社会经济现象之间存在着确定的数量关系。在预测具有此种函数关系的经济事物中，常用的方法有直线回归模型、二次曲线模型、指数曲线模型等预测方法。

2. 相关关系

相关关系是指两种或两种以上现象间存在着相互依存关系，但在数量上没有确定的对应关系。在这种关系中，对于自变量的每一个值，因变量可以有几个数值与之相对应，表现出一定的波动性、随机性，但又总是围绕着它们的平均数并遵循着一定规律而变动。相关关系与函数关系是性质不同的两类变量间的关系。变量之间存在着确定性数量对应规律的称为函数关系，可以用数学函数式表达。变量间不存在确定性数量对应规律的要用统计学的方法来研究。在统计学中，研究有关现象之间相互依存关系的密切程度叫作相关系数（相关分析得到的一个表明相关程度的指标）。通过相关分析，还可以测定和控制预测的误差，掌握预测结果的可靠程度，把误差控制在一个范围内。

3. 因子推演法

因子推演法是指根据引起某种现象变化的因子来推测某种现象的变化趋势。

7.3.4 因果分析图的绘图过程

1）查找要解决的问题。

2）将问题填写在右侧（按为什么不好的方式描述），并画一条从左向右的母线，指向所分析的问题。

3）召集成员共同讨论问题出现的可能原因，尽可能多地找出原因。

4）将同类的原因分组，画出大枝，填写大要因。

5）画出中枝、小枝，填写中、小要因。

6）用特殊符号标示出重要因素。

要点：绘图时，应保证大枝与母线成60°，中枝与母线平行，如图7-1所示。

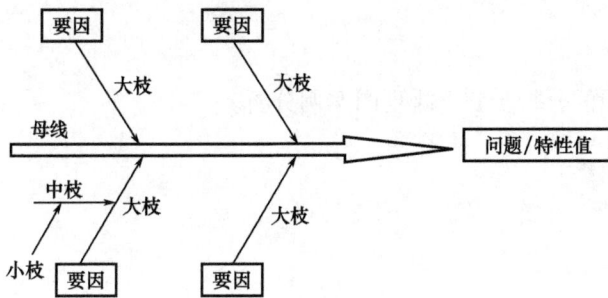

图7-1 因果分析图

7.3.5 案例分析

现以调车作业中的撞车事故作为实例，采用因果分析图法对其事故发生原因进行分析，如图7-2所示。在分析完成之后，应用特殊符号标示出重要因素，并根据分析所得的原因找出相应的措施。

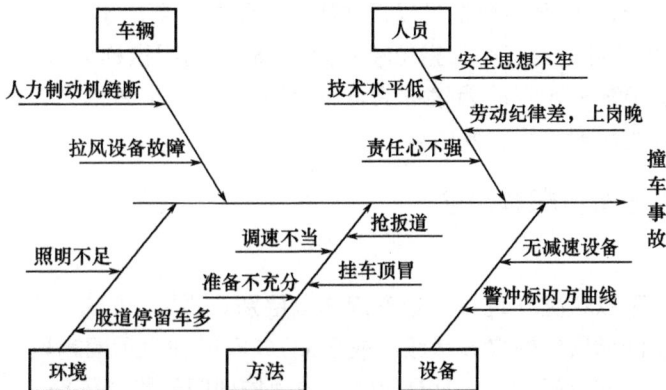

图7-2 调车作业中的撞车事故因果分析图

任务7.4 排列图分析

学习目标

1. 知识目标
1）掌握排列图的基础知识。
2）了解排列图的分析步骤和用途。
3）熟悉排列图案例分析。
2. 能力目标
会分析排列图案例。

学习重点

排列图；排列图的分析步骤；排列图案例分析。

学习难点

排列图案例分析

7.4.1 概述

排列图最早是由意大利经济学家帕累托（柏拉）用来分析社会财富的分布状况的，因此，排列图又称帕累托（柏拉）图。

排列图用双直角坐标系表示，左边纵坐标表示频数，右边纵坐标表示频率，分析线表示累积频率，横坐标表示影响质量的各项因素，按影响程度的大小（即出现频数多少）从左到右排列，通过对排列图的观察分析可以抓住影响质量的主要因素。

因素按主次排列，可分为三类：累积频率为0～80%的因素称为A类因素，显然是主要因素；累积频率为80%～90%的因素称为B类因素，为次主要因素；累积频率为90%～100%的因素称为C类因素，为次要因素。

7.4.2 排列图的分析步骤和用途

1. 分析步骤

1）将要处置的事以状况（现象）或原因加以层别。
2）左纵轴表示问题发生的次数（频次或金额），右纵轴表示问题累积百分率。
3）决定收集资料的时间，自何时至何时，作为排列图的资料依据。
4）各专案依照次数（频次或金额）的大小由左至右排列在横轴上。

5）绘上柱状图。

6）连接累积曲线。

排列图法（重点管制法）为我们提供了在没法面面俱到的状况下，去抓重要的和关键的事情的依据，而这些重要的事情又不是靠直觉判断得来的，而是有数据支持的，并用图形来加强表示。

2. 排列图的用途

1）按重要性顺序显示出每个质量改进项目对整个质量问题的作用。

2）识别进行质量改进的机会。

3）在工程质量统计分析方法中寻找影响质量主次因素的方法。

7.4.3 案例分析

例如，某城市轨道交通运营公司 2013 年车务系统共发生事故 60 件，按车务系统安全分析的需要，可绘制成不同的排列图，如事故发生原因排列图、事故发生的行车区排列图、事故发生的工种排列图等。车务系统事故发生原因排列图如图 7-3 所示，为方便制图，可将计算过程表格化，见表 7-3。

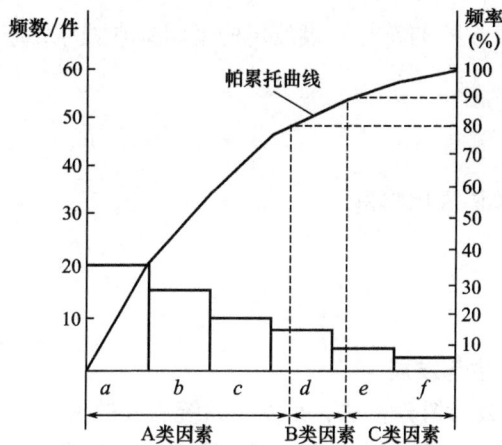

图 7-3 车务系统事故发生原因排列图

表 7-3 事故原因统计表

事 故 原 因	频数/件	累 积 频 数	相对频率（%）	累积相对频率（%）
屏蔽门夹人夹物	20	20	33	33
列车停车定位不准	15	35	25	58
区间施工登记手续不全	10	45	17	75
乘客私自打开车门	8	53	13	88
列车冒进信号	4	57	7	95
其他	3	60	5	100

任务7.5 事故树分析

学习目标

1. 知识目标
1) 掌握事故树的基本概念和事故树的符号。
2) 掌握事故树的编制基本程序。
3) 了解事故树应用案例。
2. 能力目标
会分析事故树应用案例。

学习重点

事故树基本概念；事故树的符号；事故树的编制基本程序；事故树应用案例。

学习难点

事故树的符号；事故树应用案例。

7.5.1 概述

1. 事故树分析法的产生与发展

事故树分析法起源于故障树分析法，是安全系统工程的重要分析方法之一，是一种演绎的安全系统分析方法。从要分析的特定事故或故障（顶上事件）开始，层层分析其发生原因，直到找出事故的基本原因（底事件）为止。这些底事件又称为基本事件，它们的数据已知或已经有统计或实验的结果。

事故树分析由美国贝尔电话研究所于1961年为研究民兵式导弹发射控制系统而首次提出，1974年美国原子能委员会运用事故树分析法（FTA）对核电站事故进行了风险评价，发表了著名的《拉姆逊报告》。该报告对事故树分析作了大规模有效的应用。此后，在社会各界引起了极大的反响，受到了广泛的重视，从而迅速在许多国家和企业中应用和推广。中国开展事故树分析方法的研究是从1978年开始的。当时很多部门和企业进行了普及和推广工作，并取得一大批成果，促进了企业的安全生产。20世纪80年代末，铁路运输系统开始把事故树分析方法应用到安全生产和劳动保护上来，也已取得了较好的效果。

2. 事故树的基本概念

"树"的分析技术属于系统工程的图论范畴，"树"是其网络分析技术中的概念。要明确什么是"树",首先要弄清什么是"图",什么是"圈",什么是连通图等。

图论中的图是指由若干个点及连接这些点的连线组成的图形。图中的点称为节点,线称为边或弧。节点表示某一个体事物,边表示事物之间的某种特定的关系。例如,用点可以表示电话机,用边表示电话线;用点表示各个生产任务,用边表示完成任务所需的时间等。一个图中,若任何两点之间至少有一条边,则称这个图是连通图。若图中某一点、边顺序衔接,序列中始点和终点重合,则称之为圈(或回路)。树就是一个无圈(或无回路)的连通图。

3. 事故树的符号及意义

事故树采用的符号包括事件符号、逻辑门符号和转移符号三大类。

(1)事件符号　事件符号包括矩形符号、圆形符号、屋形符号和菱形符号等。

1)矩形符号(见图7-4)。用它表示顶上事件或中间事件,将事件扼要记入矩形框内。必须注意,顶上事件一定要清楚明了,不要太笼统。例如,"交通事故""调车事故""爆炸着火事故",对此人们无法下手分析,而应当选择具体事故,如"机动车追尾""机动车与自行车相撞""道口火车与汽车相撞""调车正面冲撞""脱线""挤道岔""列车冒进信号""车辆燃轴""车辆制动梁脱落"等具体事故。

2)圆形符号(见图7-5)。它表示基本(原因)事件,可以是人的差错,也可以是设备、机械故障和环境因素等。它表示最基本的事件,不能再继续往下分析了。例如,影响司机瞭望条件的"曲线地段""照明不好",司机本身问题影响行车安全的"酒后开车""疲劳驾驶"等原因,将事故原因扼要记入圆形符号内。

3)屋形符号(见图7-6)。它表示正常事件,是系统在正常状态下发生的正常事件。例如,"机车或车辆经过道岔""因走动取下安全带"等,将事件扼要记入屋形符号内。

4)菱形符号(见图7-7)。它表示省略事件,即表示事前不能分析,或者没有再分析下去的必要的事件。例如,"司机间断瞭望""天气不好""臆测行车""操作不当"等,将事件扼要记入菱形符号内。

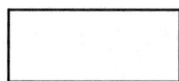

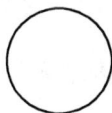

图7-4　矩形符号　　　　图7-5　圆形符号　　　　图7-6　屋形符号　　　　图7-7　菱形符号

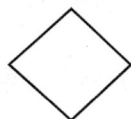

(2)逻辑门符号　它是连接各个事件并表示逻辑关系的符号,主要有与门、或门、条件与门、条件或门等。

1)与门。与门连接表示输入事件 E_1、E_2、$\cdots$、E_n 同时发生的情况下,输出事件 E 才会发生的连接关系。二者缺一不可,表现为逻辑积的关系。与门符号如图7-8所示。

例如,在运营生产中的"挤道岔"事故,只有在"道岔位置不对""司机未发现""机车或车辆经过道岔"三者同时具备的条件下才会发生。"挤道岔"与"道岔位置不对""司机未发现"之间,要用与门连接。

2)或门。表示输入事件 E_1、E_2、$\cdots$、E_n 中,任何一个事件发生都可以使输出事件 E 发生。或门符号如图7-9所示。

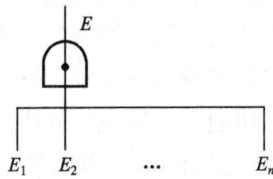

图7-8　与门符号

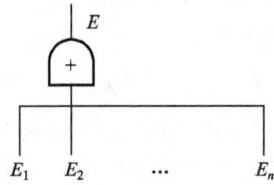

图7-9　或门符号

例如，"列车冒进信号"事故，当"司机没有采用停车措施"或"采取了停车措施而停车不及时"都可能造成"列车冒进信号"事故。也就是说，只要其中一个原因发生，"列车冒进信号"就可能发生。在这种情况下，就要用或门把它们连接起来，正确表达它们之间的逻辑关系。

3）条件与门。表示输入事件不仅同时发生，而且还必须满足条件A，才会有输出事件发生。条件与门符号如图7-10所示。

4）条件或门。表示输入事件中至少有一个发生，在满足条件A的情况下，输出事件才发生。条件或门符号如图7-11所示。

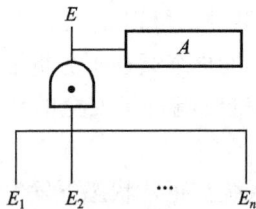

图7-10　条件与门符号

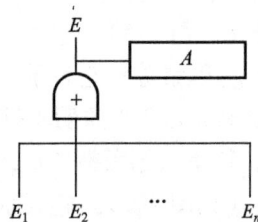

图7-11　条件或门符号

（3）转移符号　当事故树规模很大时，需要将某些部分画在别的纸上，这就要用转出和转入符号，以标出向何处转出和从何处转入。

1）转出符号。它表示向其他部分转出，"△"内记入向何处转出的标记，如图7-12所示。

2）转入符号。它表示从其他部分转入，"△"内记入从何处转入的标记，如图7-13所示。

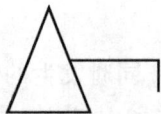

图7-12　转出符号

图7-13　转入符号

7.5.2　事故树的编制

根据对象系统的性质、分析目的的不同，分析的程序也不同。但是一般有十个基本程序，使用者可根据自己的实际水平及自己的需要和要求来确定分析程序。

（1）熟悉系统　要求要确实了解系统情况，包括工作程序、各种重要参数、作业情况，围绕所分析的事件进行工艺、系统、相关数据等资料的收集。必要时画出工艺流程图和布置图。

（2）调查事故　要求在过去事故实例、有关事故统计的基础上，尽量广泛地调查所能预想到的事故，即包括已发生的事故和可能发生的事故。

（3）确定顶上事件　所谓顶上事件，就是我们所要分析的对象事件。选择顶上事件，一定要在详细了解系统运行情况、有关事故的发生情况、事故的严重程度和事故的发生概率等资料的情况下进行，而且事先要仔细寻找造成事故的直接原因和间接原因。然后，根据事故的严重程度和发生概率确定要分析的顶上事件，将其扼要地填写在矩形框内。

顶上事件可以是已经发生过的事故，如车辆追尾、道口火车与汽车相撞等事故。通过编制事故树，找出事故原因，制订具体措施，防止事故再次发生。顶上事件也可以是未发生的事故。

（4）确定控制目标　根据以往的事故记录和同类系统的事故资料进行统计分析，求出事故发生的概率（或频率），然后根据这一事故的严重程度，确定我们要控制的事故发生概率的目标值。

（5）调查分析原因　顶上事件确定之后，为了编制好事故树，必须将造成顶上事件的所有直接原因事件找出来，尽可能不要漏掉。方法有：①调查与事故有关的所有原因事件和各种因素，包括设备故障、机械故障、操作者的失误、管理及指挥错误和环境因素等，尽量详细查清原因和影响；②召开有关人员的座谈会；③根据以往的一些经验进行分析，确定造成顶上事件的原因。

（6）绘制事故树　绘制事故树是核心部分。在找出造成顶上事件的各种原因之后，就可以从顶上事件起进行演绎分析，一级一级地找出所有直接原因事件，直到所要分析的深度，再用相应的事件符号和适当的逻辑门符号把它们从上到下分层连接起来，层层向下，直到最基本的原因事件，这样就构成一个事故树。

画成的事故树图是逻辑模型事件的表达。既然是逻辑模型，那么各个事件之间的逻辑关系就应该相当严密、合理。否则在计算过程中将会出现许多意想不到的问题。因此，对事故树的绘制要十分慎重。在制作过程中，一般要进行反复推敲、修改，除局部更改外，有的甚至要推倒重来，有时还要反复进行多次，直到符合实际情况比较严密为止。

在用逻辑门符号连接上层与下层之间的事件原因时，注意选择正确的逻辑门符号是非常重要的，含糊不得，它涉及各种事件之间的逻辑关系，直接影响着以后的定性分析和定量分析。例如，若下层事件必须全部同时发生上层事件才会发生时，必须用"与门"连接。

（7）定性分析　根据事故树结构进行化简，求出事故树的最小割集（一般用"g"表示）和最小径集，确定各基本事件的结构重要度排序。当割集的数量太多时，可以通过程序进行概率截断或割集阶截断。

（8）计算顶上事件的发生概率　首先根据所调查的情况和资料，确定所有原因事件的发生概率，并标在事故树上。根据这些基本数据求出顶上事件（事故）的发生概率。

（9）进行比较　要根据可维修系统和不可维修系统分别考虑。对可维修系统，把求出的概率与通过统计分析得出的概率进行比较，如果二者不符则必须重新研究，看原因事件是否齐全，事故树逻辑关系是否清楚，基本原因事件的数值是否设定得过高或过低等。对不可维修系统，求出顶上事件发生概率即可。

（10）定量分析　定量分析包括下列三个方面的内容：①当事故发生概率超过预定的目标值时，要研究降低事故发生概率的所有可能途径，可从最小割集着手，从中选出最佳方案；②利用最小径集，找出根除事故的可能性，从中选出最佳方案；③求出各基本原因事件的临界重要度系数，从而对需要治理的原因事件按临界重要度系数的大小进行排队，或者编出安全检查表，加强人为控制。

这一阶段的任务是很多的，它包括计算顶上事件发生概率，即系统的点无效度和区间无效度，此外还要进行重要度分析和灵敏度分析。

事故树分析方法原则上是这十个步骤。但在具体分析时，可以根据分析的目的、投入人力和物力的多少、人的分析能力的高低及对基础数据的掌握程度等，分别进行到不同步骤。如果事故树规模很大，也可以借助计算机进行分析。

7.5.3　事故树的编制实例

以下结合上面所讲的符号和作图的基本步骤，以"列车冒进信号"为例来说明编制事故树的基本方法，如图 7-14 所示。

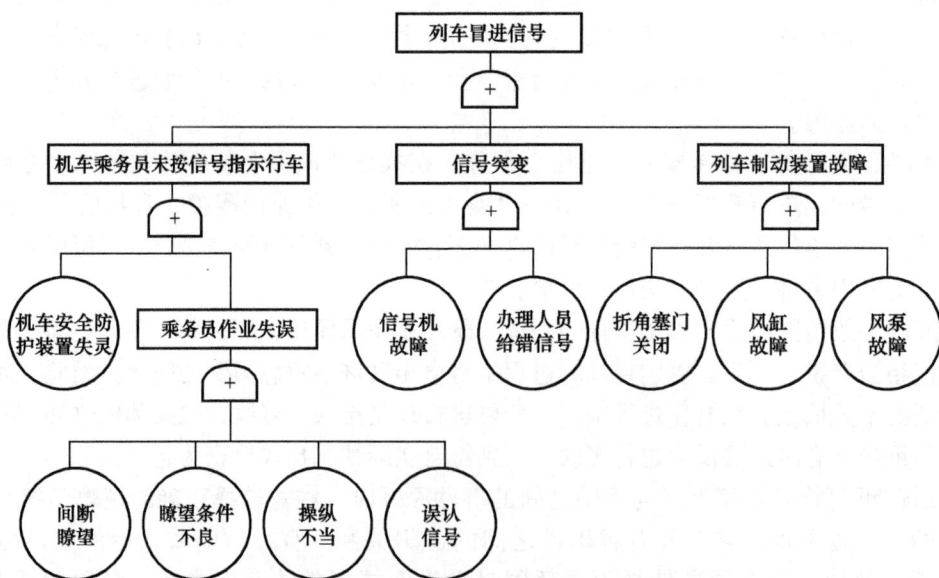

图 7-14　列车冒进信号事故树示例

首先，确定顶上事件为"列车冒进信号"，写在矩形符号内。

列车冒进信号取决于机车乘务员未按信号指示行车、信号突变、列车制动装置故障这三个事件，其中只要有一个发生就会导致顶上事件发生。将这三个事件写在第二层，并用或门与第一层连接起来。

机车乘务员未按信号指示行车是机车安全防护装置失灵、乘务员作业失误所致，把这两个条件写在第三层，并与第二层用或门连接起来。

乘务员作业失误有四种情况：一是间断瞭望；二是瞭望条件不良（地形条件影响视线），看不清信号，臆测行车；三是操纵不当；四是误认信号。这四种情况有一个发生，就会导致乘务员作业失误，因此，把它们写在第四层，并用或门与第三层连接起来。

信号突变（由允许信号变为红灯）可能是信号机故障，也可能是办理人员给错信号，这两个条件有一个发生，就会出现信号突变，将其写在第三层，并用或门与第二层连接起来。

列车制动装置故障有三种情况：一是列车中的折角塞门关闭，造成制动力不足；二是风缸故障；三是风泵故障。这三个条件中有一个发生，就会使制动装置发生故障，将其写在第三层，并用或门与第二层连接起来。

这样就完成了列车冒进信号事故树的编制。

任务7.6　安全系统评价

学习目标

1. 知识目标
1）了解安全评价的概念、目的和作用。
2）了解安全评价的分类。
3）了解安全评价的程序与方法。
4）掌握安全检查表评价法。
5）掌握作业条件危险性评价法。
2. 能力目标
1）能够理解安全检查表评价法。
2）能够理解作业条件危险性评价法。

学习重点

安全评价的概念；安全评价的分类；安全评价的程序与方法；安全检查表评价法；作业条件危险性评价法。

学习难点

安全检查表评价法；作业条件危险性评价法。

7.6.1　概述

1. 安全评价的概念

安全评价，国外也称为风险评价或危险评价，它以实现工程、系统安全为目的，应用安全系统工程原理和方法，对工程、系统中存在的危险、有害因素进行辨识与分析，判断工程、系统发生事故和职业危害的可能性及其严重程度，从而为制订防范措施和管理决策提供科学依据。安全评价既需要安全评价理论的支撑，又需要理论与实际经验的结合，二者缺一不可。

2. 安全评价的目的

安全评价的目的是查找、分析和预测工程、系统、生产经营活动中存在的危险、有害因素及可能导致的危险、危害后果和程度，提出合理可行的安全对策措施，指导危险源监控和事故预防，以达到最低事故率、最少损失和最优的安全投资效益。

3. 评价作用

1）可以使系统有效地减少事故和职业危害。

2）可以系统地进行安全管理。

3）可以用最少投资达到最佳安全效果。

4）可以促进各项安全标准的制定和可靠性数据的积累。

5）可以迅速提高安全技术人员的业务水平。

7.6.2　安全评价的分类

1. 根据《安全评价通则》分类

《安全评价通则》将安全评价分为如下三种：

（1）安全预评价　在建设项目可行性研究阶段、工业园区规划阶段或生产经营活动组织实施之前，根据相关的基础资料，辨识与分析建设项目、工业园区、生产经营活动潜在的危险、有害因素，确定其与安全生产法律法规、规章、标准、规范的符合性，预测发生事故的可能性及其严重程度，提出科学、合理、可行的安全对策措施建议，做出安全评价结论的活动。

（2）安全验收评价　在建设项目竣工后正式生产运行前或工业园区建设完成后，通过检查建设项目安全设施与主体工程同时设计、同时施工、同时投入生产和使用的情况或工业园区内的安全设施、设备、装置投入生产和使用的情况，检查安全生产管理措施到位情况，检查安全生产规章制度健全情况，检查事故应急救援预案建立情况，审查确定建设项目、工业园区建设满足安全生产法律法规、规章、标准、规范要求的符合性，从整体上确定建设项目、工业园区的运行状况和安全管理情况，做出安全验收评价结论的活动。

（3）安全现状评价　针对生产经营活动中、工业园区内的事故风险、安全管理等情况，辨识与分析其存在的危险、有害因素，审查确定其与安全生产法律法规、规章、标准、规范要求的符合性，预测发生事故或造成职业危害的可能性及其严重程度，提出科学、合理、可行的安全对策措施建议，做出安全现状评价结论的活动。

安全现状评价既适用于对一个生产经营单位或一个工业园区的评价，也适用于对某一特定的生产方式、生产工艺、生产装置或作业场所的评价。

以上三类安全评价的不同点见表7-4。

表7-4 三类安全评价的不同点

项　目	安全预评价	安全验收评价	安全现状评价
依据设计文件	可行性研究报告	详细设计	详细和修改设计
依据资料	类比工程	现场资料	现场资料
进行时间	可行性研究阶段	正式运行之前	正式运行之后
评价重点	1. 可行性 2. 可能的危险、危害因素 3. 设计时的措施	1. 法规符合性 2. 存在的危险、危害因素 3. 措施有效性	1. 适应性 2. 存在的危险、危害因素 3. 整改措施

2. 根据评价对象系统的阶段分类

根据评价对象系统的阶段，安全评价可分为事先评价、中间评价、事后评价和跟踪评价。

3. 根据评价性质分类

根据评价的性质，安全评价可分为系统固有危险性评价、系统安全状况评价和系统现实危险性评价。

4. 根据评价的内容分类

根据评价的内容，安全评价可分为设计评价、安全管理评价、生产设备安全可靠性评价、行为安全性评价、作业环境评价和重大危险、有害因素危险性评价。

5. 根据评价对象分类

根据评价对象的不同，安全评价可分为劳动安全评价和劳动卫生评价。

6. 根据评价方法的特征分类

根据评价方法的特征，安全评价可分为定性评价、定量评价和综合评价。

7.6.3 安全评价的程序与方法

1. 安全评价的程序

（1）前期准备　明确评价对象，备齐有关安全评价所需的设备、工具，收集国内外相关法律法规、标准、规章和规范等资料。

（2）辨识与分析危险、有害因素　根据评价对象的具体情况，辨识和分析危险、有害因素，确定其存在的部位、方式，以及发生作用的途径和变化规律。

（3）划分评价单元　评价单元划分应科学、合理，便于实施评价，相对独立且具有明显的特征界限。

（4）定性、定量评价　根据评价单元的特性，选择合理的评价方法，对评价对象发生事故的可能性及其严重程度进行定性、定量评价。

（5）对策措施建议　对策措施建议包括：

1）依据危险、有害因素辨识结果与定性、定量评价结果，遵循针对性、技术可行性、经济合理性的原则，提出消除或减弱危险、有害因素的技术和管理对策措施建议。

2）对策措施建议应具体、翔实，具有可操作性。按照针对性和重要性的不同，措施和建议可分为应采纳和宜采纳两种类型。

（6）安全评价结论　从风险管理角度给出事故发生的可能性和严重程度的预测性结论，以及采取安全对策措施后的安全状态等。

2. 安全评价方法

安全评价方法是进行定性、定量安全评价的工具，安全评价的内容十分丰富，安全评价的目的和对象不同，安全评价的内容和指标也不同。目前，安全评价方法有很多种，每种评价方法都有其适用范围和应用条件。在进行安全评价时，应该根据安全评价对象和要实现的安全评价目标，选择适用的安全评价方法。安全评价方法有：安全检查表评价法、作业条件危险性评价法、预先危险分析法、事故树分析法、事件树分析法、故障类型和影响分析法、火灾和爆炸危险指数评价法、矩阵法等。

7.6.4　安全检查表评价法

安全检查表评价法是一种简便易行的评价方法，它根据经验或系统分析的结果，将评价项目自身及周围环境的潜在危险集中起来，列成检查项目的清单，评价时依照清单，逐项检查和评定。该方法虽然简单，但效果却很好，因此得到了普遍重视。

用安全检查表进行安全评价，目前已被国内外广泛采用，为了使评价工作得到关于系统安全程度方面量的概念，专家们开发了许多行之有效的评价计值方法，根据评价计值方法的不同，安全检查表评价法又分为逐项赋值法、加权平均法、单项定性加权记分法及单项否定记分法。

1. 逐项赋值法

针对安全检查表的每一项检查内容，按其重要程度的不同，由专家讨论赋予一定的分值。评价时，单项检查完全合格者给满分，部分合格者按规定标准给分，完全不合格者记零分。这样逐项逐条检查评分，最后累计所有各项得分，就得到系统评价总分。根据实际评价得分多少，按标准规定评价系统总体安全等级的高低。公式为

$$m = \sum_{i=1}^{n} m_i$$

式中　m——企业安全评价的结果值；

　　　　n——评价项目个数；

　　　　m_i——按某一评价表评价的实际测量值。

2. 加权平均法

所有检查项目均按统一记分体系分别评价记分，如 10 分制或 100 分制等；按照各检查项目对总体安全评价的重要程度，分别赋予权重系数（各评价表权重系数之和为1）；按各检查项目所得的分值，分别乘以各自的权重系数并求和，就可得到安全评价的结果值。公式为

$$m = \sum_{i=1}^{n} m_i k_i$$

式中　m——企业安全评价的结果值；

　　　　n——评价项目个数；

　　　　m_i——按某一评价表评价的实际测量值；

　　　　k_i——按某一评价表实际测量值的相应权重系数。

3. 单项定性加权计分法

单项定性加权计分法是把安全检查表的所有检查评价项目都视为同等重要。评价时，对检查表中的几个检查项目分别给以"优""良""可""差"；"可靠""基本可靠""基本不可靠""不可靠"等定性等级的评价。同时，赋予不同定性等级相应的权重值，累计求和，得到实际评价值。公式为

$$S = \sum_{i=1}^{n} k_i w_i$$

式中　S——实际评价值；

　　　n——评价等级数；

　　　k_i——取得某一评价等级的项数和；

　　　w_i——评价等级的权重。

4. 单项否定计分法

单项否定计分法一般不能单独使用，而仅适用于企业系统中某些具有特殊危险而又非常敏感的具体系统。这类系统往往有若干危险因素，其中只要有一处处于不安全状态，就有可能导致严重事故的发生。因此，把这类系统的安全评价表中的某些评价项目确定为对该系统安全状况具有否决权的项目，这些项目中只要有一项被判为不合格，则视为该系统总体安全状况不合格。

7.6.5　作业条件危险性评价法

作业条件危险性评价法采用与系统风险率相关的三种方面指标之积来评价系统中人员伤亡风险的大小：L 为发生事故的可能性大小；E 为人体暴露在这种危险环境系统中的频繁程度；C 为一旦发生事故会造成的损失后果。风险分值 $D = LEC$。D 值越大，说明该系统危险性越大，需要增加安全措施，或者改变发生事故的可能性，或者减小人体暴露于危险环境中的频繁程度，或者减轻事故损失，直至调整到允许范围内。

量化分值标准：为了简化计算，将发生事故的可能性、人体暴露于危险环境的频繁程度、发生事故后果的严重程度划分为不同等级并赋值，见表 7-5、表 7-6 和表 7-7。

表 7-5　发生事故的可能性 L 的等级划分及赋值

分　数　值	发生事故的可能性	分　数　值	发生事故的可能性
10	完全可以预料	1	可能性小，完全意外
6	相当可能	0.5	很不可能，可以设想
3	可能，但不经常	0.1	极不可能

表 7-6　人体暴露于危险环境的频繁程度 E 的等级划分及赋值

分　数　值	暴露于危险环境的频繁程度	分　数　值	暴露于危险环境的频繁程度
10	连续暴露	2	每月一次暴露
6	每天工作时间内暴露	1	每年几次暴露
3	每周一次或偶然暴露	0.5	非常罕见暴露

表7-7 发生事故后果的严重程度 (C) 的等级划分及赋值

分 数 值	发生事故后果的严重程度	分 数 值	发生事故后果的严重程度
100	10 人以上死亡	7	严重
40	3 ~ 9 人死亡	3	重大伤残
15	1 ~ 2 人死亡	1	引人注意

根据公式 $D = LEC$ 就可以计算出作业的危险程度，并判别评价危险性的大小，其中的关键是如何确定各个分值，以及对乘积值的分析、评价和利用，将结果按表7-8进行危险等级判定。

表7-8 作业条件危险性评价法评估结果分级

D 值	危 险 程 度	D 值	危 险 程 度
>320	极度危险，不能继续作业	20 ~ 70	一般危险，需要注意
160 ~ 320	高度危险，要立即整改	<20	稍有危险，可以接受
70 ~ 160	显著危险，需要整改		

【案例分析】某铁路平交道口工作人员接车时，有时会被列车、汽车撞伤，或者被列车坠落物件打伤。从 10 年以来的事故统计资料看，无一人死亡，轻伤仅发生两件。作业时间为每天工作 8h。试评价该道口岗位作业条件的危险性。

解：为了评价该道口岗位作业条件的危险性，首先要确定每种因素的分数值：

1）事故发生的可能性 L：属于"可能性小，完全意外"，$L = 1$。

2）暴露于危险环境的频繁程度 E：道口工作人员每天都在这样条件下操作，$E = 6$。

3）发生事故后果的严重程度 C：轻伤，$C = 1$。

于是有

$$D = LEC = 6$$

因此，该道口岗位作业条件的危险性等级为"稍有危险，可以接受"。

这种评价方法的优点是简便、可操作性强，有利于掌握企业内部危险点的危险情况，有利于促进整改措施的实施；缺点是三种因素中发生事故的可能性只有定性概念，没有定量标准，评价实施时很可能在取值上因人而异，影响评价结果的准确性。对此，可在评价开始之前确定定量的取值标准，如"完全可以预料"是平均多长时间发生一次，"相当可能"为多长时间一次等，这样即可按统一标准评价系统内各子系统的危险程度。

小　结

本项目主要讲了安全系统工程的有关概念；安全系统分析方法；安全检查表编制的方法、步骤及应用；因果分析图的绘图过程及案例分析；排列图的分析步骤、用途及案例分析；事故树的符号、编制程序及编制案例；安全评价的程序与方法；安全检查表评价法；作业条件危险性评价法。

思考与练习

1. 什么是安全系统分析与评价?
2. 简述安全系统分析的基本内容。
3. 安全生产检查方式包括哪些?
4. 安全检查表分析方法的优缺点是什么?
5. 如何编制安全检查表?
6. 如何采用因果分析图法分析列车追尾事故的发生原因?
7. 试绘制列车追尾事故的事故树。
8. 撰写安全验收评价报告时应参考哪些数据资料?
9. 简述作业条件危险性评价法。

项目 8

安全风险管理

安全风险管理是指安全评价与风险理论相结合，在对事故进行系统分析的基础上，同时考虑事故发生的可能性与事故后果，以及法律法规、社会、人们对安全标准的限度，在评价风险是否可容忍的基础上，寻找应对事故与突发事件的最优方案。

任务 8.1　风险理论基础

学习目标

1. 知识目标
1）掌握风险理论的基本概念和基础知识。
2）了解风险管理的步骤。
2. 能力目标
能够理解风险管理的步骤。

学习重点

风险理论的基本概念；风险管理的步骤。

学习难点

风险管理的步骤。

知识链接：吊车连环事故

（1）豪华跑车不慎落水（见图 8-1）
（2）5t 吊车施救跑车不慎落水（见图 8-2）

图 8-1　豪华跑车不慎落水

图 8-2　5t 吊车施救跑车不慎落水

（3）16t 吊车施救 5t 吊车不慎落水（见图 8-3）

图 8-3　16t 吊车施救 5t 吊车不慎落水

风险事故：

豪华跑车掉入水中→5t 吊车落水事故→16t 吊车落水事故。

主要风险因素：

1）忘拉驻车制动器——人。

2）吊车支架基础未处理——物。

3）起吊吨位不足——法。

8.1.1　基本概念

1. 风险

"风险"一词来自古代渔民，"风"就是"险"。到 18 世纪，"风险"一词才被提出来研究。风险就是风险事件（事故）发生的可能性与严重性的组合。可能性是指事故发生的难易程度；严重性是指事故发生后能够带来多大的人员伤亡、财产损失或其他后果。其中任何一个不存在，则认为这种风险不存在。

2. 风险事件（事故）

风险事件（事故）是指造成死亡、疾病、伤害、损坏或其他损失的意外情况，是造成损失的直接原因或间接原因。在公路桥梁、隧道施工安全领域主要包括人员伤亡、经济损失、社会影响、环境影响和工期延误等（见图 8-4）。

恐怖袭击　　　　　　　　海啸

地震　　　　　　　　滑坡

图 8-4　风险事件（事故）

3. 风险源

风险源也可称为致险因子，是指可能导致事故发生的直接因素，如施工方案、作业活动、施工设备、危险物质、作业环境等。

4. 风险评估

评估风险大小及确定风险是否可容许的全过程称为风险评估。

1）风险评估是针对存在的风险源的发生危害的可能性和严重性进行分析，以确定这种危害是否可接受。

2）可能性：采取数学方法，最后得出一个综合指标来实现。

3）严重性：通过工程学的方法分析。

4）是否可接受的判断需根据相关的知识，如法律、法规及组织具体情况加以确定，一般来说，这个标准或界限值不是一成不变的。

事故、风险源和致险因子之间的关系如图 8-5 所示。

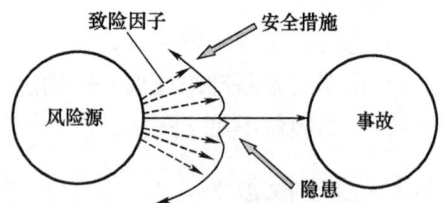

图 8-5　事故、风险源和致险因子之间的关系

5. 风险管理

所谓风险管理，就是指为了降低风险可能导致的事故，减少事故造成的损失所进行的识别危险源、评价风险、制订并实施相应风险对策与措施的全过程。从宏观角度而言，风险管理的对象是存在于系统中的人、物和环境，以及由它们所构成的系统。而从微观角度而言，风险管理的对象就是指危险源、隐患和事故。

6. 不可接受风险

除特殊情况外，无论如何都不能被接受的风险称为不可接受风险。

7. 可接受风险

无须再采取改进措施的、可以被接受的风险称为可接受风险。

8.1.2 风险管理的步骤

风险管理的步骤主要包括危险源的辨识、风险分析、风险评价与风险控制四步。

1. 危险源的辨识

危险源的辨识就是从组织的活动中识别出可能造成人员伤害或疾病、财产损失、环境破坏的危险或危害因素，并判定其可能导致的事故类别和导致事故发生的直接原因的过程（见表8-1）。

表 8-1　某工程主要危险因素和危险风险一览表

作业活动	危险风险	类别	涉及范围	可能导致的事故	时态/状态/类型	法规及其他要求	类别依据	L	E	C	D	级别	控制措施
船舶施工	大雾天气能见度低于5nmile（海里）	管理缺陷	船舶	船舶碰撞	过去/正常/行为	有	V	3	6	7	126	D	a.d
	船舶超载	违章操作	船舶	人员伤亡	过去/正常/行为	有	V	3	6	7	126	D	a.d
吹填区	施工现场未设立安全警示牌　未戴安全帽及劳动保护用品	管理缺陷	船舶陆上	人员伤亡	现在/正常/行为	有	V	10	3	3	90	D	a.e
舷外作业	工作人员在7类危险环境制定范围内工作未穿救生衣、未系安全带、未戴安全帽	管理缺陷	船舶	人员伤亡	现在/正常/行为	有	V	3	10	3	90	C	a.d
	施工船舶未合理配备救生圈	管理缺陷	船舶	人员伤亡	现在/正常/行为	有	V	3	10	3	90	C	a.e
围堤	混凝土预制件、勾连块体吊装安放作业地面无人指挥，吊件坠落撞人	高空坠物	陆上	人员伤亡	现在/正常/高空坠物	有	V	3	3	15	135	C	a
	吊车钢丝绳断裂、吊件砸向地面	高空坠物	陆上	人员伤亡	现在/正常/高空坠物	有	V	3	3	15	135	C	a
	现场储油罐和氧气乙炔瓶	违章操作	陆上	人员伤亡	现在/正常/行为	有	V	3	3	10	90	C	a.e
	施工用电不规范	触电	陆上	人员伤亡	现在/正常/触电	有	V	3	10	3	90	C	a

2. 风险分析

风险分析是根据风险类型、获得的信息等，对识别出的风险进行定性和定量的分析，为风险评价和风险应对提供支持。风险分析要考虑导致风险的原因和后果及其发生的可能性、影响后果和可能性的因素，还要考虑现有的管理措施及其效果和效率。

根据风险分析的目的、获得的信息数据和资源，风险分析可以是定性的、半定量的、定量的或以上方法的组合。一般情况下，首先采用定性分析，初步了解风险等级和揭示主要风险，然后进行更具体和定量的风险分析。

3. 风险评价

木桶效应也称短板效应，是指一只水桶能盛多少水，并不取决于最长的那块木板，而是取决于最短的那块木板。如果把水桶代表系统，则各个木板代表构成系统的相关部分，水桶的装水量代表系统的安全水平（见图8-6）。

木桶效应对风险管理的启示主要体现在：查找"短板"（即高风险部分）——通过风险识别、分析，并确定风险等级，将是查找系统中"短板"的重要手段。提高安全水平——风险控制措施。按照高风险事件优先控制的原则，将有限的安全管理资源投入到对系统"短板"的加高，实现系统安全水平的最大化（见图8-7）。

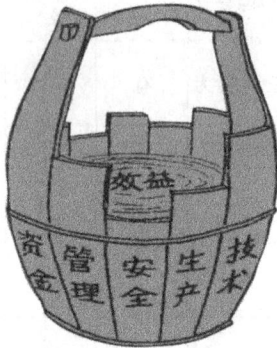

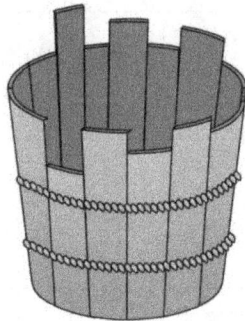

图8-6　木桶效应　　　　　　　　图8-7　对"短板"加高

风险评价是将风险分析的结果与风险准则进行比较，或者在各种风险的分析结果之间进行比较，确定风险等级，以便做出风险应对的决策。

危险源的风险评价是控制重大危险源的关键措施之一，为保证危险源评价的正确合理，对危险源的风险评价应遵循系统的思想和方法。一般来说，重大危险源的风险评价包括下述几个方面：①辨识各类危险因素的原因与机制；②依次评价已辨识的危险事件发生的概率；③评价危险事件的后果；④评价危险事件发生概率和发生后果的联合作用。

风险评价依据：①法律、法规的符合性；②危害和事故伤亡的程度、规模；③发生的频率；④相关方关注程度；⑤财产损失额度；⑥公司信誉的影响程度；⑦降低风险的难度。

风险评价方法：

（1）定性评价　定性评价是依据以往的数据分析和经验对危险源进行的直观判断。对同一危险源，不同的评价人员可能得出不同的评价结果，思想难以统一。但对防治常见危害和多发事故来说，这种方法比较有效。施工现场重点防治的"五大伤害"（高处坠落、触电、物体打击、机械伤害、坍塌）就是在对以往安全事故进行统计分析的基础上提出的。

（2）定量评价　定量评价是对危险源的构成要进行综合计算，进而确定其风险等级。定性评价和定量评价各有利弊，施工企业应综合采用，互相补充，综合确定评价结果。当对不同方法所得出的评价结果有疑义时，应本着"就高不就低"的原则，采用高风险值的评价结果。

在严重不符合职业健康安全法规下，符合下列情况之一的，可判断为不可承受风险：①可能造成死亡事故；②重大以上设备事故；③可能发生重伤事故；④会引起停止施工。

在不符合职业健康安全法规下，符合下列情况之一的，可判断为一般风险：①可能造成轻伤事故；②相关方有合理抱怨或要求。

风险等级针对建筑施工的特点将施工现场的危险源分为重大危险源和一般风险两类。经过风险评价，判断出重大危险源和一般风险，并对建筑工地的重大危险源予以公示。一般情况下，建筑企业的重大危险源主要有：基础工程深基坑、隧道、地铁、竖井、大型管沟的施工，因为支护、支撑等设施失稳和坍塌，不但造成施工场所被破坏、人员伤亡，往往还会引起地面、周边建筑设施的倾斜、塌陷、坍塌、爆炸与火灾等意外；大型机械设备（塔吊、人货电梯等）的安装、拆卸、使用过程中及各种起重吊装工程中违反操作规程，造成机械设备倾覆、结构坍塌、人亡等意外；脚手架和模板支撑在搭、拆过程中不规范和违章指挥作业；高处作业不规范、违章指挥和作业；施工用电不规范；房屋拆除、爆破工程违反规定作业等。

4. 风险控制

风险控制是选择并执行一种或多种改变风险的措施，包括改变风险事件发生的可能性或后果的措施。风险控制措施的制订和评估是一个递进的过程。对于风险控制措施，应评估其剩余风险是否可以承受。如果剩余风险不可承受，应调整或制订新的风险应对措施，并评估新的风险应对措施的效果，直至剩余风险可以承受。

在对重大危险源进行辨识和评价后，应针对每一个重大危险源制定出一套严格的安全管理制度，通过技术措施、组织措施对重大危险源进行严格控制和管理。针对所确定的重大危险源，企业应制订重大危险源控制目标和管理方案，每一项重大危险源都要有控制措施、目标、管理方案、实施部门、检查部门和检查时间。

例如，重大危险源：大型设备的拆装违章指挥、违章作业。控制目标：确保无伤亡事故、无设备事故。控制措施：制定目标、指标或管理方案，执行管理程序或制度，培训与教育，制订应急预案，以及加强现场监督检查等。管理方案：①由有资质的专业公司安装、拆除和加节；②编制安装、拆除、加节和移位等专项技术措施，并经相关部门及技术负责人审批；③装、拆前应对操作工进行安全教育及安全技术交底；④装、拆过程中指派经过培训的人员进行监控；⑤装、拆人员应持有效证件上岗，并应体检合格；⑥装、拆期间应设置警戒区；⑦按要求设置卸料平台、防护门和通信装置等；⑧搭设完毕后在自检、法定检测机构检测合格后方能交付使用，并做好维修、保养；⑨应落实实施部门和检查部门及完成时间。

制订事故应急救援预案是重大危险源控制系统的重要组成部分，企业应按照每项重大危险源制订相应的现场应急救援预案，落实应急救援预案的各项措施，并且定期检验和评估现场事故应急救援预案和程序的有效程度，即定期进行演练，以及在必要时进行修订。

重大危险源的风险控制关键在于落实，在施工过程中，按制订的措施、控制目标和管理方案控制重大危险源是有效地遏制各类事故发生、为建筑施工企业创造良好的安全环境的必要条件。

加强现场监督检查，掌握重大危险源的数量和分布状况，经常性地公示重大危险源名录、整改措施及治理情况。加强安全施工培训教育，全体动员，人人参与，尤其是以事故预防为主的重大危险源风险控制的安全教育。淘汰落后的技术、工艺，适度提高工程施工安全设防标准，从而提升施工安全技术与管理水平，降低施工安全风险。制订和实行施工现场大型施工机械安装、运行、拆卸和外架工程安装的检验检测、维护保养、验收制度。制订和实施项目施工安全承诺和现场安全管理绩效考评制度，确保安全投入，形成施工安全长效机制。

做好重大危险源监控工作是贯彻实施《安全生产法》《建设工程安全生产管理条例》的必然要求，企业在重大危险源监控工作中负主体责任，作为三大事故多发行业的建筑业更应通过科学的、有效的和长期的手段对施工现场的重大危险源采取全过程的监控，把安全生产工作真正转移到预防为主的轨道上来，并最终降低事故发生率，达到企业增效的目的。

任务8.2　危险源辨识理论

学习目标

1. 知识目标
1）掌握危险源与危害因素。
2）了解危险源的分类。
3）了解危险源识别通用要求。
4）掌握危险源辨识的流程。
5）掌握危险源辨识方法。
2. 能力目标
1）能够理解危险源识别通用要求。
2）能够理解危险源辨识的流程与辨识方法。

学习重点

危险源与危害因素；危险源识别通用要求；危险源辨识的流程；危险源辨识方法。

学习难点

危险源辨识的流程；危险源辨识方法。

8.2.1　危险源与危害因素

危险源是指可能引起事故的根源、状态或行为，如可能造成环境破坏的危险物质、生产装置、设施或场所及个人作业的不安全行为或组织管理失误等（见图8-8）。

危险因素是指能够对人造成伤亡或对物造成突发性损害的因素。有害因素是指能影响人的身体健康，导致疾病，或者对物造成慢性损害的因素。习惯上，将危险因素与有害因素合称为危害因素。

危险源识别是确认危险源的存在并确定其特性的过程，其特性即为危害因素，实质是找出识别范围内可能存在的人的不安全行为、物的不安全状态、作业环境中存在的危害因素及管理缺陷（见图8-9）。

图8-8 天津港危险源大爆炸

图8-9 不安全接电

8.2.2 危险源的分类

1. 根据危害性质分类

根据《生产过程危险和有害因素分类与代码》（GB/T 13861—2009）的规定，将生产过程中的危险源分为人的因素、物的因素、环境因素、管理因素四个方面，见表8-2。

表8-2 危险源分类

危 险 源		主 要 内 容
人的因素	心理、生理性危险和有害因素	负荷超限（体力负荷超限、听力负荷超限、视力负荷超限、其他负荷超限）
		健康状况异常
		从事禁忌作业
		心理异常（情绪异常、冒险心理、过度紧张、其他心理异常）
		辨识功能缺陷（感知延迟、辨识错误、其他辨识功能缺陷）
		其他心理、生理性危险和有害因素
	行为性危险和有害因素	指挥错误（指挥失误、违章指挥、其他指挥错误）
		操作错误（误操作、违章作业、其他操作错误）
		监护失误
		其他行为性危险和有害因素
物的因素	物理性危险和有害因素	设备、设施、工具、附件缺陷（强度不够、刚度不够、稳定性差、密封不良、耐腐蚀性差、应力集中、外形缺陷、外露运动件、操纵器缺陷、制动器缺陷、控制器缺陷，以及设备、设施、工具附件其他缺陷）
		防护缺陷（无防护，防护装置、设施缺陷，防护不当，支撑不当，防护距离不够，其他防护缺陷）
		电伤害（带电部位裸露、漏电、静电和杂散电流、电火花、其他电伤害）
		噪声（机械性噪声、电磁性噪声、流体动力性噪声、其他噪声）
		振动危害（机械性振动、电磁性振动、流体动力性振动、其他振动危害）

（续）

危 险 源		主 要 内 容
物的因素	物理性危险和有害因素	电离辐射（包括 X 射线、γ 射线、α 粒子、β 粒子、中子、质子、高能电子束等）
		非电离辐射（紫外辐射、激光辐射、微波辐射、超高频辐射、高频电磁场、工频电场）
		运动物伤害（抛射物，飞溅物，坠落物，反弹物，土、岩滑动，料堆（垛）滑动，气流卷动，其他运动物伤害）
		明火
		高温物质（高温气体、高温液体、高温固体、其他高温物质）
		低温物质（低温气体、低温液体、低温固体、其他低温物质）
		信号缺陷（无信号设施、信号选用不当、信号位置不当、信号不清、信号显示不准、其他信号缺陷）
		标志缺陷（无标志、标志不清晰、标志不规范、标志选用不当、标志位置缺陷、其他标志缺陷）
		有害光照
		其他物理性危险和有害因素
	化学性危险和有害因素	爆炸品
		压缩气体和液化气体
		易燃液体
		易燃固体、自燃物品和遇湿易燃物品
		氧化剂和有机过氧化物
		有毒品
		腐蚀品
		粉尘与气溶胶
		其他化学性危险和有害因素
	生物性危险和有害因素	致病微生物（细菌、病毒、真菌、其他致病微生物）
		传染病媒介物
		致害动物
		致害植物
		其他生物性危险和有害因素
环境因素	室内作业场所环境不良	室内地面滑
		室内作业场所狭窄
		室内作业场所杂乱
		室内地面不平
		室内梯架缺陷
		地面、墙和顶棚上的开口缺陷
		房屋基础下沉

（续）

危　险　源		主要内容
环境因素	室内作业场所环境不良	室内安全通道缺陷
		房屋安全出口缺陷
		采光照明不良
		作业场所空气不良
		室内温度、湿度、气压不适
		室内给水、排水不良
		室内涌水
		其他室内作业场所环境不良
	室外作业场地环境不良	恶劣气候与环境
		作业场地和交通设施湿滑
		作业场地狭窄
		作业场地杂乱
		作业场地不平
		航道狭窄、有暗礁或险滩
		脚手架、阶梯或活动梯架缺陷
		地面开口缺陷
		建筑物和其他结构缺陷
		门和围栏缺陷
		作业场地基础下沉
		作业场地安全通道缺陷
		作业场地安全出口缺陷
		作业场地光照不良
		作业场地空气不良
		作业场地温度、湿度、气压不适
		作业场地涌水
		其他室外作业场地环境不良
	地下（含水下）作业环境不良	隧道、矿井顶面缺陷
		隧道、矿井正面或侧壁缺陷
		隧道、矿井地面缺陷
		地下作业面空气不良
		地下火
		冲击地压
		地下水
		水下作业供氧不当
		其他地下（水下）作业环境不良

（续）

危 险 源		主 要 内 容
环境因素	其他作业环境不良	强迫体位
		综合性作业环境不良
		以上未包括的其他作业环境不良
管理因素	职业安全卫生组织机构不健全	
	职业安全卫生责任制未落实	
	职业安全卫生管理规章制度不完善	建筑项目"三同时"制度未落实、操作规程不规范、事故应急预案及响应缺陷、培训制度不完善、其他职业安全卫生管理规章制度不健全
	职业安全卫生投入不足	
	职业健康管理不完善	
	其他管理因素缺陷	

2. 根据危害因素类型分类

《企业职工伤亡事故分类》（GB 6441—1986）中将危害因素主要分为三类，即物的不安全状态、人的不安全行为和不良环境。

（1）物的不安全状态　物的不安全状态包括：无防护罩或防护栏杆；防护距离不够；设备、设施缺陷（强度不够、刚度不够、稳定性差、密封不良、外形缺陷、操作器缺陷、制动缺陷、控制器缺陷等）；设备故障、设施损坏；电危害（带电部位裸露、漏电、静电、电火花和雷电）；运动物危害；明火；高温物质；低温物质；信号缺陷；标志缺陷；易燃易爆性物质；自燃性物质；有毒物质；腐蚀性物质；危害性生物。

（2）人的不安全行为　人的不安全行为包括：未经许可开动、关停；忘记关闭设备；开关未锁紧，造成意外转动、通电或泄漏等；误操作；奔跑作业；机械超速运转；违章作业；酒后作业；工件紧固不牢；拆除、搬移安全装置；用手代替工具操作；物件放置不当；冒险进入危险场所；未及时瞭望；身处不安全位置；设备运转时进行维修、保养作业；未佩戴个人防护用品；注意力不集中；不安全装束；辨识功能缺陷；从事禁忌作业；心理异常；负荷超限；监护失误；违章指挥。

（3）不良环境　不良环境包括：照明或光线不足；通风不良或空气质量不良；环境温度、湿度不当；作业场所狭窄；作业场地杂乱；地面或轨道湿滑；安全通道缺陷；强迫体位作业；有害电磁辐射；噪声；振动危害；自然环境不良。

3. 根据职业健康分类

《职业病范围和职业病患者处理办法的规定》中将危害因素分为七类，即生产性粉尘、毒物、噪声与振动、高温、低温、辐射（电离辐射、非电离辐射）、其他有害因素。

8.2.3 危险源识别通用要求与编号规则

1. 危险源识别时要考虑的三种状态、三种时态及四种类型

（1）三种状态 三种状态为：

1）常规状态。正常生产过程中危险源的存在方式。

2）非常规状态。非常规状态可以分成以下三种情况：①异于常规的作业或活动，异于周期性的作业或活动，临时性的作业或活动；②偶尔出现、频率不固定，但可预计出现的状态；③由于外部的原因（如天气）导致的非常规状态，如启动、关闭、试车、停车、清洗、非计划内的维修和保养等。

3）潜在的紧急情况：①往往不可预见其后果的情况；②后果是灾难性的、不可控制的情况，如火灾、爆炸、严重的泄漏、碰撞及事故。

（2）三种时态 三种时态为：

1）过去。过去在本企业的某些活动中，或者在类似企业的某些活动中存在危险源或发生过事故。

2）现在。目前正在从事的有危险源的活动。

3）将来。在可以预见的将来还会存在有危险源的活动。

（3）四种类型 根据表8-2中危险源的内容，分别从人的因素、物的因素、环境因素、管理因素四个方面进行分析。

2. 动态与静态相结合

危险源识别既要考虑静态危险源，即正常情形下，设备、人员和环境危险源的存在方式，同时也要考虑变化的作业情形、不同的环境情况，以及各类突发事件下危险源的存在方式。

3. 危险源编号规则

按照系统、识别单元和危险源（危害）三个层级分别进行编码，可提高危险源辨识的系统性。

8.2.4 危险源辨识的流程

1. 识别准备

（1）危险源辨识的依据 各种安全法律法规和标准是进行危险源辨识的重要依据。要进行危险源辨识，首先应收集与本组织的活动、人员、设施有关的安全法律法规和标准。

（2）危险源辨识小组 要做好危险源的辨识，还应组建好辨识小组。辨识小组各专业人员都应有人参与，如安全、消防、动力、电气、设备和土建等专业。这样，辨识时可以尽量将各专业中存在的危险源辨识完全。

（3）危险源辨识要求 ①考虑常规和非常规的活动；②考虑所有进入施工现场及生活区的人员（包括合同人员和访问者）的活动；③考虑施工现场及生活区的设施；④考虑三种状态：正常状态（如生产）、异常状态（如停机检修）和紧急状态（如火灾）；⑤考虑过去出现并一直持续到现在的（如由于技术、资源不足仍未解决的或停止不用但其危险依然存在的）、现在的和将来可能出现的危害情况。

（4）明确所要分析的系统，收集识别范围内的资料 需要收集的资料包括设备的设计说明书、使用说明书、结构图、施工图、工艺流程设计、技术操作规程、作业指导书，以及以前发生的事故或类似企业发生的事故等。

（5）列出识别范围内的活动或流程涉及的所有方面

2. 分类识别危险源

对于识别区域较大的系统，可从厂址、厂区平面布局，建（构）筑物，生产工艺过程，生产设备、装置，以及作业环境和管理措施六个方面进行分类识别。

3. 划分识别单元

识别单元是分类识别危险源的细化，可以按照工艺、设备、物料和过程来细化。同类的过程或设备可以划为一类识别对象。识别对象不宜过粗或过细。

4. 危险源的调查与识别

先找出危险源，进而对危险源的特性进行分析，找出可能存在的危险有害因素。

5. 填写危险源登记表

最后一步为填写危险源登记表。

8.2.5 危险源辨识方法

危险源辨识的方法很多，常用的方法有直观经验法、系统安全分析法、工作危害分析法和工艺流程分析法等。

1. 直观经验法

直观经验法是对照有关标准、法规、安全检查表或依靠分析人员的观察分析能力，借助于经验和判断能力直观地评价对象危险性和危害性的方法。直观经验法是危险源辨识中常用的方法，其优点是简便、易行，其缺点是受辨识人员知识、经验和占有资料的限制，可能出现遗漏。为弥补个人判断的不足，常采取专家会议的方式来相互启发、交换意见、集思广益，使危险、危害因素的辨识更加细致、具体。

2. 系统安全分析法

系统安全分析法即应用系统安全工程评价方法的部分方法进行危害辨识。系统安全分析法常用于复杂系统、没有事故经验的新开发系统。常用的系统安全分析法有事件树分析法、事故树分析法等。

3. 工作危害分析法

工作危害分析法是一种比较细致的分析作业过程中存在危害的方法。它将一项活动分解为相关联的若干个步骤，识别出每个步骤中的危害，并设法控制事故的发生。其详细内容将在8.4中介绍。

4. 工艺流程分析法

工艺流程分析法是指将运营活动划分为具体流程，分析每个流程的人员活动、能源的输入输出、设备设施与作业环境等，识别其中存在的物的不安全状态、人的不安全行为与不良环境。

任务8.3 城市轨道交通运营危险源识别要求

学习目标

1. 知识目标
1) 了解城市轨道交通运营危险源识别范围。
2) 了解如何确定危险源事故类型。
3) 了解如何划分危险源识别对象。
2. 能力目标
会划分危险源识别对象。

学习重点

城市轨道交通运营危险源识别范围；确定危险源事故类型；划分危险源识别对象。

学习难点

划分危险源识别对象。

8.3.1 城市轨道交通运营危险源识别范围

危险源识别范围包括城市轨道交通覆盖范围内工作区域及其他相关范围内的生产经营活动、人员和设施等。根据城市轨道交通运营管理及其他活动情况，危险源可分成以下类别：

（1）按地点划分 危险源可分为城市轨道交通沿线各车站、车辆段、OCC（控制中心）大楼、办公楼等。

（2）按活动划分 危险源可分为常规活动、非常规活动、潜在的紧急情况，见表8-3。

表 8-3 各项活动的主要内容

活 动 类 别	主 要 内 容
常规活动	运营服务活动：依据运营时刻表组织列车运营、客运服务过程
	设备设施的设计、安装、调试、验收、接管和使用过程
	公共活动：相关部门均有的活动，包括办公、电梯、叉车、消防设施、空调、空压机、抽风机的使用，以及化学物品的搬运、储存、废弃等
	间接活动：为运营服务活动提供支持的活动，主要包括物资部仓库管理、检验、物料采购及物料的使用管理、食堂管理等

（续）

活 动 类 别	主 要 内 容
非常规活动	设备设施维护保养，消防及行车疏散演习，因公外出，合同方在总部的活动（如工程施工、维修和清洁等）
潜在的紧急情况	如火灾、爆炸、化学物品泄漏、中毒、台风、雷击和碰撞等事故/事件（潜在的紧急情况的危险辨识需考虑紧急情况发生时和发生后进行抢险救援过程中存在的危险）

8.3.2　确定危险源事故类型

在进行危险源识别前，企业必须把危险源事故类型确定下来，以防止危险源识别不清晰、不全面。通过借鉴及分析城市轨道交通可能产生的行车事故/事件，以及列车延误和财产损失等事故类别，确定了危险源事故类型，见表8-4。

表8-4　危险源事故类型

类 别 编 号	事故类别名称	备　注	类 别 编 号	事故类别名称	备　注
01	物体打击		015	噪声聋	
02	车辆伤害（指马路车辆）		016	尘肺	职业病
			017	视力受损	
03	机械伤害		018	其他职业病	
04	起重伤害		019	健康受损	健康危害
05	触电		020	财产损失（2000元及以上）	无伤害事件/事故
06	淹溺	伤害事故	021	列车延误	无客伤的列车延误事件
07	灼烫		022	行车事件/事故	含人员伤亡的行车事件/事故
08	火灾				
09	高处坠落		023	可能引发行车事件/事故的设备缺陷事件和行为事件	这里是指引发行车事件/事故的危险源
010	坍塌				
011	容器爆炸		024	其他事件/事故	无伤害事件/事故
012	其他爆炸				
013	中毒和窒息				
014	其他伤害				

表8-4中"可能引发行车事件/事故的设备缺陷事件和行为事件"与"行车事件/事故"这两个事故类型是一种从属的关系，即"可能引发行车事件/事故的设备缺陷事件和行为事件"的事故类型风险属于"行车事件/事故"的事故类型风险的危险源。涉及这种从属关系的事故类型，可把运营过程中可能发生的重要风险所涉及的危险源划归到相关部门进行控制。

8.3.3　划分危险源识别对象

在各部门列出识别范围内的活动或流程所涉及的所有方面后，选用合适的设备分析法、工艺流程分析法或其他划分方法，根据事故类型划分危害事件，并根据以下内容划分危险源识别对象。

1）对车辆设备大修的活动，可按照其工艺流程分析法划分识别对象。

2）对设备维护及保养的活动，以设备作为危险源识别对象，并结合活动实施过程划分。

3）使用设备时可根据具体操作过程划分。

4）根据行车组织、客运组织过程划分。

5）针对每一危险源辨识对象，参考表 8-4，识别可能存在的事故/事件，并登记在表 8-5 中的"危害事故/事件"栏及"事故类型"栏内。

表 8-5　危险源辨识及风险评价登记表

序号	地点	作业	设备、设施、物料	危害事故/事件	事故类型	风险评价			风险级别	控制措施	备注
						风险发生的可能性	事故后果严重程度	风险值			

任务 8.4　工作危害分析法

学习目标

1. 知识目标

1）了解工作危害分析法。

2）了解划分作业。

3）了解每个作业步骤的潜在风险。

2. 能力目标

能够应用工作危害分析法。

学习重点

工作危害分析法；划分作业；每个作业步骤的潜在风险；工作危害分析法的应用。

学习难点

每个作业步骤的潜在风险；工作危害分析法的应用。

将存在潜在危害因素的工作首先划分为若干工作步骤，对每个工作步骤进行安全评估和分析，找出在执行这个工作步骤时可能带来哪些危害因素，然后针对这些危害因素制订相应的控制和应急措施。工作危害分析的英文全称是 Job Hazard Analysis，简写为 JHA。

8.4.1 提出任务

当出现以下几种情况时，需要进行工作危害分析：

1）初次工作危害分析，建立 JHA 数据库。

2）事故发生频率高或可能导致严重后果的作业。

3）作业内容、环境发生了较大变化的作业。

4）在作业过程中使用了新设备、机器、工具或方法的作业。

5）某项作业有事故、事件、险情和不合格发生。

6）临时性、不常做的工作。

7）其他需要进行工作危害分析的情况。

8.4.2 成立工作危害辨识小组

危害辨识小组一般由该项目或作业所属部门的负责人担任组长，由作业所涉及的各专业的工程技术人员、安全管理人员、工班长和作业人员任组员。辨识时应根据识别人员的专业与特长进行明确的分工，由组长分配任务，制订危害识别计划，准备资料，落实分析会的参与人员，引导协调与会人员讨论，填写"工作危害分析表"，并根据危害分析人员的具体情况，组织 JHA 工具应用知识和技巧方面的培训。

8.4.3 划分作业

一个作业包括一系列步骤，按作业顺序把作业划分为若干基本步骤并列表记录在表8-6中。

将作业划分为若干步骤时要注意以下几点：

1）对步骤的书面描写必须清晰、简洁，避免多余细节和含糊的描述。

2）尽可能使用动作词汇（如提起、搬运、放置或打开等）对作业步骤进行描述。

3）划分的作业步骤不能太笼统，否则容易遗漏一些步骤及与之相关的潜在风险。

4）步骤划分也不宜太细，通常情况下，一项作业活动的步骤不宜超过15项，如果作业活动划分的步骤太多，可将该项作业分为两个或更多相对独立的作业活动分别进行分析。

5）不要把防范措施当成工作步骤，安全措施和必要的工作步骤的区别就是判断该项步骤或活动是否直接作用于作业对象上，或者说如果没有这一步骤，对所从事的作业活动是否有影响，而不是考虑这一步骤对人、生产、设备或其他方面是否有影响。

表 8-6 工作危害分析表

表格编码：　　　　　　工作名称：　　　　　　负责人：

工具/设备				个人防护用品			
序　　号	工作步骤	潜在危害	发生频率	严重程度	风险等级	控制措施	责任人
1							
2							

8.4.4　识别每个步骤的潜在风险

危害因素主要分为三类：物的不安全状态、人的不安全行为和不良环境。典型的危害因素举例如下：

1）身体部位是否会被夹伤或挤伤。

2）工具、机器或设备是否存在危险。

3）人员是否会接触到危险物（如尖锐、高温、冰冷或运动的物体）。

4）人员是否会滑倒、绊倒或摔倒。

5）身体部位是否会因为地方狭小、重复动作而过度疲劳。

6）是否有落物的危险。

7）人员是否会因抬、推或拉而扭伤。

8）大的噪声或振动是否会造成危害。

9）是否有照明问题（如太黑、太亮、闪光或突然由明变暗）。

10）环境是否会影响安全（如风、雨、雾、潮湿、高温、冷风或强光等）。

11）是否可能存在有害辐射的危险。

12）是否可能接触到烫的、寒冷的、有毒的、酸性或腐蚀性物质。

13）通风是否顺畅。

14）出口是否有障碍物（如人员可能被绊倒、碰头，以及空间受限等）。

15）是否有失火、爆炸、放电或触电的危险。

16）是否存在有可能突然释放的能量源（如高压气、物质受压或承受很大的外力）。

17）同一地区交叉作业或没有封锁作业区带来的危险。

8.4.5　填写"工作危害分析表"

1）工作危害分析会后，整理分析成果，编制"工作危害分析表"。

2）依据工作的特点，列举作业中所需的工具、设备和个人防护用品，填入"工作危害分析表"中。

3）所有参与分析的人员审查"工作危害分析表"，提出修改建议。

任务8.5　风险矩阵评价法

学习目标

1. 知识目标

1）了解风险矩阵评价法。

2）了解绘制矩阵的要求。

3）了解风险矩阵评价法的优点及局限。

2. 能力目标

能够应用风险矩阵评价法。

学习重点

风险矩阵评价法；绘制矩阵的要求；风险矩阵评价法的优点及局限。

学习难点

风险矩阵评价法的应用。

8.5.1 概述

风险矩阵评价法是一种将定性或半定量的后果分级，与产生一定水平的风险或风险等级的可能性相结合进行综合分析的方法。它主要用于风险等级排序，以确定哪些风险需要进行更细致的分析，或者应首先处理哪些风险及哪些风险此时无须进一步考虑，哪些风险可以接受，哪些风险不能接受。

8.5.2 绘制要求

绘制矩阵时，后果等级绘制在横轴上，可能性等级绘制在纵轴上。后果等级应涵盖需要分析的各类不同的结果，并应从最大可信结果拓展到最小结果。后果标度可以为任何数量的点，最常见的是有3、4或5个点的等级。可能性标度也可为任何数量的点。需要选择的可能性的定义应尽量避免含混不清。如果使用数字指南来界定不同的可能性，应给出单位。

如图8-10所示，该矩阵带有7点结果等级和10点可能性等级，并且将风险分为四个等级。从高到低分别为不可容忍的风险、不期望的风险、可容忍的风险和可忽略的风险。为了对风险进行分级，首先要发现最适合当时情况的结果描述，然后界定结果发生的可能性，最后从矩阵中读取风险等级。

很多风险事项会有各种结果，并有各种不同的相关可能性。通常，次要问题比灾难更为常见。在很多情况下，有必要关注最严重的可信事项，因为这些事项会带来最大的威胁。有时，有必要将常见问题和最严重的灾难归为独立风险。

风险矩阵评价的输出结果是对各类风险的分级或是确定了重要性水平、经分级的风险清单。

8.5.3 风险矩阵评价法的优点及局限

优点包括：比较便于使用，将风险很快划分为不同的重要性水平。

局限包括：必须设计出适合具体情况的矩阵，因此，很难有一个适用于分析系统各相关环境的通用系统，很难清晰地界定等级，使用上具有很强的主观色彩，分级之间会有明显的差别，因此，无法对风险进行总计，组合或比较不同类型后果的风险等级比较困难。

	A	每周发生数次或更多	R2	R1	R1	R1	R1	R1	R1
	B	每月发生数次	R3	R2	R1	R1	R1	R1	R1
	C	每年发生数次	R4	R2	R2	R1	R1	R1	R1
可能性等级	D	十年内发生数次	R4	R3	R2	R1	R1	R1	R1
	E	一百年内发生数次	R4	R3	R3	R2	R1	R1	R1
	F	不大可能出现	R4	R4	R3	R3	R2	R1	R1
	G	非常不可能出现	R4	R4	R4	R3	R3	R2	R1
	H	发生的可能性极小	R4	R4	R4	R4	R3	R3	R2
	I	不可能发生	R4	R4	R4	R4	R4	R3	R3
	J	难以置信	R4	R4	R4	R4	R4	R4	R3
			1	2	3	4	5	6	7
			微不足道	极轻微	轻微	严重	危急	重大	特别重大

后果等级

图 8-10　风险矩阵示例

R1—不可接受风险　R2—不希望风险　R3—可容忍风险　R4—可忽略风险

任务 8.6　风险控制

学习目标

1. 知识目标
1）了解最低合理可行原则。
2）了解风险控制措施。
3）掌握风险控制案例分析。
2. 能力目标
能够应用风险控制。

学习重点

最低合理可行原则；风险控制措施；风险控制案例分析。

学习难点

风险控制案例的应用。

8.6.1　最低合理可行原则

最低合理可行（As Low As Reasonably Practicable，ALARP）原则是指确定的控制措施应

考虑降低风险的成本，除非风险控制措施所需的成本与实施此措施所带来的效益极不成比例，否则应采取所需的控制措施，如图 8-11 所示。此原则既可确保系统达到可接受的安全水平，而且不需要耗费过高成本来控制没有必要进一步降低的风险。

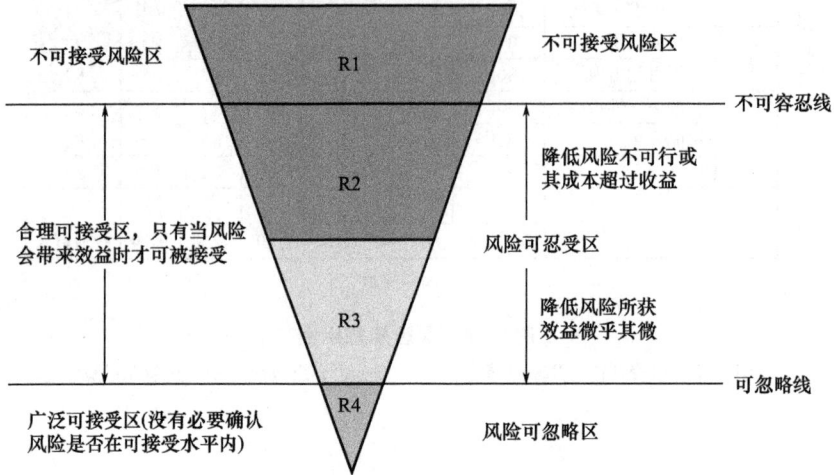

图 8-11　ALARP 示意图

"二拉平"原则是 ALARP 原则的俗称。依据风险的严重程度将系统可能出现的风险进行分级。系统风险由不可容忍线和可忽略线将其分为不可接受风险区、合理可接受区和风险可忽略区。不可接受风险区和合理可接受区是项目风险辨识的重点所在，系统风险辨识必须尽可能地找出该区所有的风险。

1) 最上面的区域规定了不可接受的风险等级，有些风险很大且结果绝对不可接受，因此，在任何场合它们都是不容许的，如果风险等级不能降到此范围以下，就不能投入运营或进行作业。

2) 最下面的区域规定了风险可忽略区，该区域中的风险都可认为很小，不需要通过任何 ALARP 判据的证明。

3) 上部和下部之间的区域称为合理可接受区，其风险符合合理可行的最低风险程度的原则，符合成本效益时应当降低。

作为一种原则，各个项目或企业可结合本行业或企业本身的实际情况制定具体的风险可接受水平。

8.6.2　风险控制措施

1. 风险控制措施的选取原则

风险控制遵循 ALARP 原则，风险等级不同，采取的控制措施也不同。城市轨道交通运营安全风险控制措施的选取原则见表 8-7。

风险控制除了遵循以上原则外，出现以下几种情况时可直接判定为需要对其进行控制：不符合法规要求的；已经发生过类似事故但危害未得到消除的；员工或相关方有比较强烈、合理的安全要求的；根据经验能够判断出明显需要控制的；出于企业的特殊安全考虑认为需要控制的。

表 8-7　城市轨道交通运营安全风险控制措施选取原则

风 险 等 级		控 制 措 施
R1	不可接受风险	1）建立安全控制目标 2）采取充分的控制措施，制订安全风险管理方案 3）建立、修订并执行运行控制程序 4）必要时，建立、修订并演练应急准备与相应程序 5）采取减轻措施后重新评估风险，并考虑是否需要进行量化风险评估 6）缺乏有效的控制措施前，不能投入运营或进行作业
R2	不希望风险	1）沿用并大力加强已有的控制措施 2）风险在切实可行的情况下必须降低 3）若符合成本效益，需制订安全风险管理方案
R3	可容忍风险	1）危害在有足够控制措施的情况下可接受 2）若降低风险符合成本效益，则必须采取进一步的控制措施
R4	可忽略风险	1）沿用已有的控制措施，可以不采取进一步的控制措施 2）监控其危害状态的改变，当改变使危险源的风险等级提高时，应审查现行控制措施的成效

2. 常见的控制措施

制订风险控制措施是风险管理的重要环节。控制措施的描述应具体，说明应采取何种做法及怎样做，避免过于原则性的描述，如"小心""仔细操作"等。下面按优先顺序列出了常见的控制措施：

1）通过技术措施，从根本上消除危险、有害因素，如用危害较小的物质取代危害较大的，改装、更换设备或工具，提高设备设施的安全系数。

2）采取预防性技术措施预防事故发生，如安装漏电保护装置、安全电压、熔断器或冗余设施等。

3）无法消除、预防危害因素的情况下，可采取减少危害影响的措施，如采用局部通风排毒装置、采取降温措施、保持良好的通风条件、安装避雷装置、设置消除静电装置或安装减振消声装置等。

4）无法消除、预防或减弱危害因素的情况下，应将人员与危险、有害因素隔开，如采用遥控作业、安装防护栏杆（罩、屏）、设置隔离操作室或划定警戒区域等。

5）在易发生故障和危险性较大的地方，禁止人员的危险行为，设置醒目的安全色或安全标志，必要时设置声、光报警装置等。

6）合理管理作业，如调整作业顺序、增减工作步骤、停止附近的作业、减少在危害环境中的作业时间、作业前确认安全条件是否满足、作业过程中定时沟通与加强提醒、建立完善的作业程序和定期检查作业环境等。

7）科学管理设备，如监控设备的运行状态、对设备进行预防性维修、定期检测设备的性能与安全状态、特殊季节或天气加强设备维护、保持设备清洁、停用不合格设备、及时更换损坏的零件（设施）和建立设备故障处理程序等。

8）加强特殊作业的审批，没有操作证或不熟悉作业的人员严禁上岗，危险作业设置监护人员。

9）配备并正确使用个人劳动防护用品。

10）制订应急程序并定期进行演练，作业现场提供应急设备与设施。

11）加强员工的技能培训与安全教育，提高其操作水平、处理事故的能力与安全意识。

12）定期进行安全检查，建立安全奖惩机制。

8.6.3　案例分析

某公司及时、动态地对公司施工现场及机关办公区存在的危险源进行详细辨识，采用作业条件危险性评价法进行分析、评价，对识别出的重大危险源建立危险源告知制度，组织学习并讨论确定重大危险源防治、预防措施，切实将措施落实到位、责任落实到人，确保重大危险源的监控与防治处于受控状态。

（1）危险源辨识　公司对本年度已承建的各项目的危险源从项目经理部、分公司、总公司进行逐级识别、辨识与评价，确定了公司"施工现场危险源辨识和风险评价表""施工现场重大危险源清单""机关办公区域危险源辨识和风险评价表""机关办公区域重大危险源清单"。按照施工区、办公区、生活区等作业场所，公司辨识危险源950项，重大危险源223项，并制订出了相应的安全防控措施，确保危险源在有效的监控范围内。

针对辨识出的重大危险源，确定了公司安全管理目标与指标，制订了各目标控制措施。

（2）风险控制　公司施工中危险性较大的分部分项工程有：隧道工程、桥梁工程、路面工程、起重吊装工程、模板工程等。易发生重大事故的部位、环节有：隧道施工中的瓦斯爆炸、塌方、中毒和涌水等；明挖基础施工中的基坑开挖作业；立柱、盖梁及主梁浇注中的高处作业；预应力混凝土梁、板预制中的张拉作业；大吨位梁、板预制构件的安装作业；大型模板的安装及拆卸作业；电气设备和线路的拆装作业；水上打桩及载人作业；沥青混凝土面层施工中的高温作业等。上述部位易引发的安全事故有：坍塌、中毒及窒息、瓦斯爆炸、坠落、物体打击、机械伤害、触电、淹溺和灼烫等。针对上述所有危险源，公司均制订了切实可行的安全监控措施，并组织学习。

公司针对各承建项目的特点，要求对项目中重大危险源绘制总体监控平面布置图，明确重大危险源内容、安全监控措施、现场监控负责人，将安全监控措施落实到位，将安全责任落实到人。在拌和站、预制场和现浇桥梁等现场设立重大危险源告知牌，让作业人员、外来人员、参观者和检查领导等对现场存在的危险源、防护措施与注意事项等一目了然。

任务8.7　风险评估报告

学习目标

1. 知识目标

了解风险评估报告应包含的内容。

2. 能力目标

能够应用风险评估报告。

学习重点

风险评估报告的格式；风险评估报告的内容。

学习难点

风险评估报告的内容

风险评估报告封面的格式如图8-12所示。

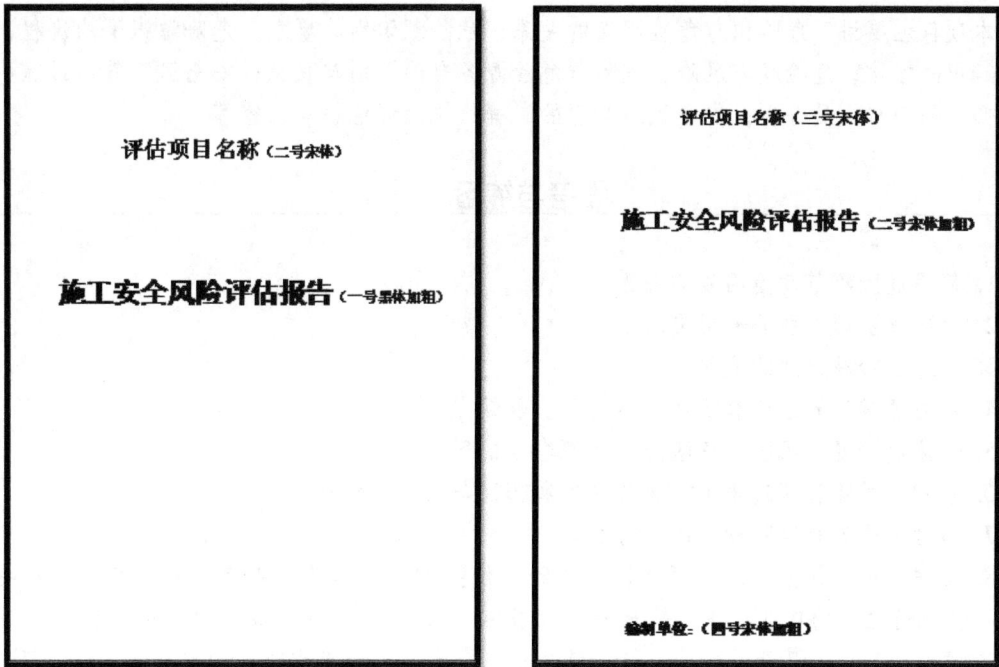

图8-12　风险评估报告封面

风险评估报告应包含以下内容：

1. 编制依据

1）项目风险管理方针及策略。

2）相关的国家和行业标准、规范及规定。

3）项目设计和施工方面的文件。

4）项目各阶段（工程可行性研究阶段、初步设计阶段和详细设计阶段等）的审查意见。

5）设计阶段风险评估成果。

2. 工程概况

3. 评估过程和评估方法

4. 评估内容

1）总体风险评估。

2）专项风险评估，包括风险源普查、辨识、分析及重大风险源的估测。

5. 对策措施及建议

6. 评估结论

1）重大风险源风险等级汇总。

2）Ⅲ级和Ⅳ级风险存在的部位、方式等情况。

3）分析评估结果的科学性、可行性、合理性及存在的问题。

小　　结

本项目主要讲了危险源与危险因素的关系；危险源识别的要求；危险源识别的流程；危险源辨识的方法；危险度与风险、危险与危险源各自的区别与联系；安全风险管理过程中需要与哪些部门与人员合作；安全风险管理的过程；风险评估报告内容等。

思考与练习

1. 简述危险源与危险因素的关系。

2. 简述危险源识别的通用要求。

3. 简述危险源识别的流程。

4. 危险源辨识的方法有哪些？各有什么优缺点？

5. 试述危险度与风险、危险与危险源各自的区别与联系。

6. 在安全风险管理过程中，需要与哪些部门与人员合作？

7. 举例说明安全风险管理的全过程。

8. 会进行以下作业的风险源辨识与风险评价：①开启和关闭垂直电梯；②开启和关闭扶梯；③轨行区拾物作业；④入轨清扫道岔作业；⑤人工准备进路作业；⑥屏蔽门（安全门）故障处理作业；⑦开站作业；⑧关站作业；⑨大客流组织作业；⑩列车清客作业等。

9. 会进行以下作业的风险源辨识与风险评价：①采用电话联系法进行接、发列车作业；②组织工程列车开行；③组织救援列车开行；④组织出车作业；⑤组织收车作业；⑥组织送电作业；⑦发布口头调度命令作业。

项目 9

应急管理

任务 9.1　应急管理概述

学习目标

1. 知识目标
1）了解应急管理的目标。
2）掌握应急管理各阶段的主要工作内容。
2. 能力目标
1）能够描述应急管理的概念。
2）能够描述应急管理的循环过程。

学习重点

应急管理的重要性；应急管理的基本原则；应急管理的四个阶段。

学习难点

应急管理的运行模式。

　　2003 年的"非典"事件促使我国政府下定决心全面加强和推进应急管理工作。2003 年7 月，胡锦涛主席在全国防治"非典"工作会议上明确指出了我国应急管理中存在的问题，并强调大力增强应对风险和突发事件的能力。与此同时，温家宝总理提出"争取用 3 年左右的时间，建立健全突发公共卫生事件应急机制""提高公共卫生事件应急能力"。同年 10 月，在党的十六届三中全会通过的《中共中央关于完善社会主义市场经济体制若干问题的决定》中强调要建立健全各种预警和应急机制，提高政府应对突发事件和风险的能力。2003 年也因此成为我国全面加强应急管理研究的起步之年，被称为我国"应急管理发展元年"。

9.1.1 应急管理的概念

应急管理是针对可能或已经发生的突发事件，为了减少突发事件发生或控制突发事件扩大，尽可能降低突发事件的后果和影响，基于事件情景分析和风险管理过程及后果进行的一系列有计划、有组织的管理活动。

应急管理的总目标可以概括为：预防事故的发生、控制事态的发展、保障生命财产安全、恢复正常状态。"居安思危，预防为主"是应急管理的指导方针。

9.1.2 应急管理的基本原则

我国《国家突发公共事件总体应急预案》确定的应对突发公共事件的六大工作原则为：

1）以人为本，减少危害。切实履行政府的社会管理和公共服务职能，把保障公众健康和生命财产安全作为首要任务，最大限度地减少突发公共事件及其造成的人员伤亡和危害。

2）居安思危，预防为主。高度重视公共安全工作，常抓不懈，防患于未然。增强忧患意识，坚持预防与应急相结合，常态与非常态相结合，做好应对突发公共事件的各项准备工作。

3）统一领导，分级负责。在党中央、国务院的统一领导下，建立健全分类管理、分级负责，条块结合、属地管理为主的应急管理体制，在各级党委领导下，实行行政领导责任制，充分发挥专业应急指挥机构的作用。

4）依法规范，加强管理。依据有关法律和行政法规，加强应急管理，维护公众的合法权益，使应对突发公共事件的工作规范化、制度化、法制化。

5）快速反应，协同应对。加强以属地管理为主的应急处置队伍建设，建立联动协调制度，充分动员和发挥乡镇、社区、企事业单位、社会团体和志愿者队伍的作用，依靠公众力量，形成统一指挥、反应灵敏、功能齐全、协调有序、运转高效的应急管理机制。

6）依靠科技，提高素质。加强公共安全科学研究和技术开发，采用先进的监测、预测、预警、预防和应急处置技术及设施，充分发挥专家队伍和专业人员的作用，提高应对突发公共事件的科技水平和指挥能力，避免发生次生、衍生事件；加强宣传和培训教育工作，提高公众自救、互救和应对各类突发公共事件的综合素质。

9.1.3 应急管理的运行模式

应急管理是对重大事故的全过程管理，贯穿于事故发生前、中、后的各个过程，包括预防、准备、响应和恢复四个阶段。尽管在实际情况中，这些阶段往往是交叉的，但每一阶段都有自己明确的目标，而且每一阶段又是构筑在前一阶段基础之上的。因而，预防、准备、响应和恢复的相互关联，构成了重大事故应急管理的循环过程，如图9-1所示。

应急管理要求应急准备有预案、应急响应有程序、应急救援有队伍、应急联动有机制和事后恢复有措施。

1. 事故预防

应急管理中预防有两层含义：一是事故的预防工作，即通过安全管理和安全技术等手段，尽可能地防止事故的发生；二是在假定事故必然发生的前提下，通过低成本、高效率的预防措施，减少事故损失，降低事故的影响或严重程度。

2. 应急准备

应急准备是针对可能发生的运营突发事件，为迅速、有序地开展应急行动而预先进行的思想准备、组织准备和物资装备保障。应急准备包括应急体系的建立、有关部门和人员职责的落实、应急预案的编制、应急队伍的建设、应急设备设施及物资的准备和维护、应急预案的演习和与外部应急力量的衔接等，其目标是保持重大事故应急救援所需的应急能力。

3. 应急响应

应急响应是针对发生的运营突发事

图 9-1　应急管理的循环过程

件，有关组织或人员采取的应急行动，包括事故的报警与通报、人员的紧急疏散、急救与医疗、消防和工程抢险措施、信息收集与应急决策和外部救援等，其目标是尽可能地抢救受害人员、保护可能受威胁的人群，尽可能控制并消除事故。应急响应可划分为两个阶段，即初级响应和扩大应急。

初级响应是在事故初期，企业应用自己的救援力量使事故得到有效控制。但如果事故的规模和性质超出本单位的应急能力，则应请求增援和扩大应急救援活动的强度，以便最终控制事故。

4. 应急恢复

恢复工作应该在事故发生后立即进行。恢复工作首先要使事故影响区域恢复到相对安全的基本状态，然后逐步恢复到正常状态。应急恢复可分为短期恢复和长期恢复。在短期恢复工作中，要求立即进行的包括事故损失评估、原因调查和清理废墟等，并注意避免出现新的紧急情况。长期恢复包括厂区重建和受影响区域的重新规划及发展。在长期恢复工作中，企业应吸取事故和应急救援的经验教训，开展进一步的预防工作和减灾行动。

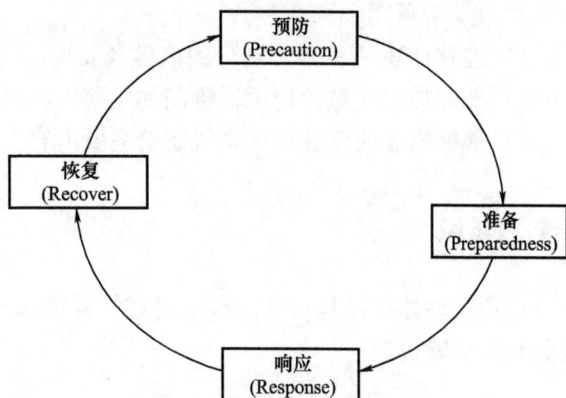

任务 9.2　应急管理体系与机制

学习目标

1. 知识目标

1）了解应急管理体系的整体结构。

2）掌握我国应急管理体系的核心内容。

3）了解我国应急管理运行机制的基本原则及主要内容。

4）了解我国应急管理保障机制。

2. 能力目标

1）能够描述"一案三制"的内容及要求。

2）能够描述应急管理运行机制的主要内容。

3）能够描述应急管理保障机制的主要内容。

学习重点

应急管理体系结构；我国应急管理体系的核心内容、组织体系；应急管理运行机制；应急管理保障机制。

学习难点

应急管理体系的整体结构；我国的应急管理体系。

在取得了抗击"非典"的决定性胜利之后，我国全面加强应急管理体系建设的工作也随之起步，其核心内容被简要地概括为"一案三制"。

2006年1月8日发布并实施的《国家突发公共事件总体应急预案》，将我国应急预案体系设计为国家总体预案、专项预案、部门预案、地方预案、企事业单位预案及大型集会活动预案六个层次。2006年6月15日，《国务院关于全面加强应急管理工作的意见》指出，要"构建统一指挥、反应灵敏、协调有序、运转高效的应急管理机制"。2007年8月30日，第十届全国人民代表大会常务委员会第二十九次会议审议通过《中华人民共和国突发事件应对法》，这是我国第一部应对各类突发事件的综合性法律，于2007年11月1日起开始施行，明确规定"国家建立统一领导、综合协调、分类管理、分级负责、属地管理为主的应急管理体制。"我国目前已基本建立了以宪法为依据、以《中华人民共和国突发事件应对法》为核心、以相关单项法律法规为配套的应急管理法律体系，应急管理工作也逐渐进入了制度化、规范化、法制化的轨道。

9.2.1 应急管理体系

应急管理体系的整体结构主要可由指挥调度系统、处置实施系统、资源保障系统、信息管理系统、决策辅助系统、教育培训系统、宣传系统等部分组成，如图9-2所示。

其中，指挥调度系统为应急管理体系的"大脑"，是体系中的最高决策机构，是应急管理的最高决策者，负责应急管理的统一指挥及给各支持系统下达命令。处置实施系统是对指挥调度系统形成的预案和指令进行具体实施的系统，负责执行指挥调度系统下达的命令，完成各种应急抢险任务。资源保障系统负责应急处置过程中的资源保障，主要工作包括应急资源的储存与日常养护、进行资源评估和应急资源调度等。信息管理系统是应急管理体系的信息中心，负责应急信息的实时共享，以及为其他系统提供信息支持，主要工作包括信息的采集、处理、储存、传输、更新与维护等。决策辅助系统在信息管理系统传递的信息基础上，对应急管理中的决策问题提出建议或方案，为指挥调度系统提供决策支持，主要工作包括预警分析、预案选择、预案效果评估和资源调度方案设计等。

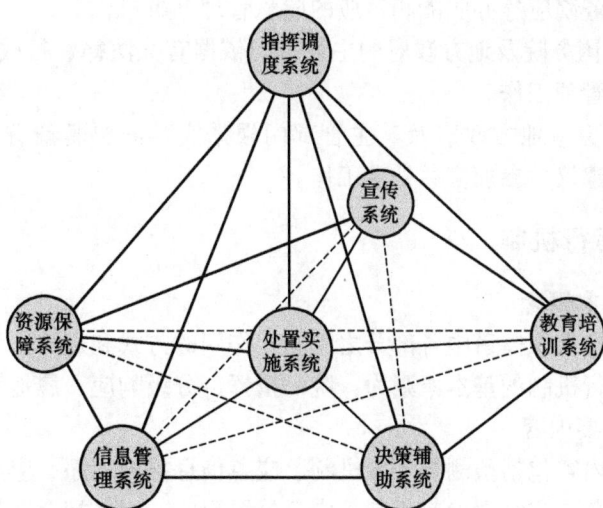

图 9-2 应急管理体系的结构

9.2.2 我国的应急管理体系

1. 应急管理体系的核心内容

我国应急管理体系的核心内容可以概括为"一案三制"。"一案"是指应急预案,"三制"是指应急工作的管理体制、运行机制和法制。我国的应急管理体系建设提出以下四个方面的要求。

一要建立健全和完善应急预案体系,就是要建立"纵向到底,横向到边"的预案体系。所谓"纵",就是按垂直管理的要求,从国家到省再到市、县、乡镇各级政府和基层单位都要制订应急预案,不可断层;所谓"横",就是所有种类的突发公共事件都要有部门管,都要制订专项预案和部门预案,不可或缺。相关预案之间要做到互相衔接,逐级细化。预案的层级越低,各项规定就要越明确、越具体,避免出现"上下一般粗"现象,防止照搬照套。

二要建立健全和完善应急管理体制,主要是指建立健全集中统一、坚强有力的组织指挥机构,发挥我们国家的政治优势和组织优势,形成强大的社会动员体系。建立健全以事发地党委、政府为主,有关部门和相关地区协调配合的领导责任制,建立健全应急处置的专业队伍、专家队伍;必须充分发挥人民解放军、武警和预备役民兵的重要作用。

三要建立健全和完善应急运行机制,主要是指建立健全监测预警机制、信息报告机制、应急决策和协调机制、分级负责和响应机制、公众的沟通与动员机制、资源的配置与征用机制,以及奖惩机制和城乡社区管理机制等。

四要建立健全和完善应急法制,主要是指加强应急管理的法制化建设,把整个应急管理工作建设纳入法制和制度的轨道,按照有关的法律法规来建立健全预案,依法行政,依法实施应急处置工作,要把法治精神贯穿于应急管理工作的全过程。

2. 应急管理体系的组织体系

(1) 领导机构 国家层面上,国务院是应急管理工作的最高行政领导机构。地方层面上,各级政府是所在地区应急管理工作的领导机构,一般都设立应急委员会。

(2) 办事机构 国务院办公厅设置国务院应急管理办公室,是应急管理的办事机构。

各级政府也设立与国务院应急办职能相对应的应急管理办事机构。

（3）工作机构　国务院及地方政府的主管部门依据有关法律、行政法规和各自的职责，负责相关类别的应急管理工作。

（4）专家组　国家、地方政府及其主管部门根据实际需要聘请有关专家组成专家组，为应急管理提供决策建议，参加应急处置工作。

9.2.3　应急管理运行机制

1. 运行机制的基本概念

运行机制是指应急组织体系中各部分之间相互作用的方式和规律。

我国应急管理运行机制的基本原则为：统一指挥，分级响应，属地管理，公众动员。

2. 运行机制的主要内容

运行机制的主要内容包括预测与预警机制、应急信息报告程序、应急决策协调机制、应急公众沟通机制、应急响应级别确定机制、应急处置程序、应急社会动员机制、应急资源征用机制和责任追究机制等。

（1）预测与预警机制　级别可分为：Ⅰ级（特别严重，用红色表示）、Ⅱ级（严重，用橙色表示）、Ⅲ级（较重，用黄色表示）、Ⅳ级（一般，用蓝色表示）。

预警信息发布内容主要包括事件的类别、预警级别、起始时间和可能影响的范围等。

预警信息发布方式：可通过广播、电视、报刊、通信、信息网络、警报器、宣传车或组织人员逐户通知等方式进行。对老、幼、病、残、孕等特殊人群及学校等特殊场所和警报盲区应当采取有针对性的公告方式。

（2）应急处置　应急处置是应急运行机制的核心内容，必须按照相关原则和程序进行。应急处置需要制订详细、科学的应对突发公共事件处置的技术方案；明确各级指挥机构调派处置队伍的权限、数量和处置措施，队伍集中与部署的方式，专用设备、器械、物资和药品的调用程序，以及不同处置队伍间的分工协作程序等。如果是国际行动，还必须符合国际机构的行动要求。

应急处置程序主要包括信息报告、先期处置、应急响应、紧急状态和应急结束。

9.2.4　应急管理保障机制

应急管理保障机制是指为了保证应急救援工作的需要和灾区群众的基本生活及恢复重建工作的顺利进行，在人力、物力、财力、交通运输、医疗卫生及通信等方面提供的保障措施。我国应急管理保障机制主要包括：

1. 人力保障

在我国，公安消防、医疗卫生、地震救援、矿山救护和抗洪抢险等专业应急救援队伍是处置突发公共事件的专业骨干力量；社会团体、企事业单位及志愿者是社会力量；中国人民解放军和中国人民武装警察部队是处置突发公共事件的突击力量。

2. 财力保障

按照现行事权、财权的划分原则，应急资金和工作经费实行中央和地方财政分级负担，按规定程序列入各级政府财政预算。从中央到地方，各级财政要加大投入力度，完善财政预备费的拨付及使用制度，建立专项资金制度，建立中长期的应急准备基金，强化政府投资主渠道的保障作用，在强调地方政府承担主要的应急财力保障职责的同时，中央政府应通过转移支付、提供低息贷款、信用担保及税收优惠等手段予以补偿。与此同时，逐步建立多元化的应急融资和筹资机制，政府与商业保险主体基于经济利益与社会利益双赢的基础上开展合作，通过政策优惠鼓励商业保险、再保险进入公共风险保障领域，开发新险种，扩大承保范围。同时，积极吸收来自国内外企业、非政府组织、个人和国际组织的赞助和捐助，完善社会保障、医疗保险、商业保险等的投资与管理机制，培育和发展社会共同参与的危机管理财力保障机制。

3. 物资保障

各级政府主管部门负责基本生活用品的应急供应及重要生活必需品的储备管理工作。建立健全重要应急物资监测网络、预警体系及应急物资生产、储备、调拨和紧急配送体系，完善应急工作程序，确保应急所需物资和生活用品的及时供应，并加强对物资储备的监督管理，及时予以补充和更新。同时，各地方应该与相邻省市建立物资调剂供应渠道，以备本地区物资短缺时能迅速调入，保障应对各类突发公共事件的物资保障。

4. 医疗卫生保障

卫生部门负责组建医疗卫生应急专业技术队伍，根据需要及时赴现场开展医疗救治、疾病防控等卫生应急工作，并根据实际情况及时为受灾地区提供药品、器械等卫生和医疗设备。必要时，组织动员红十字会等社会卫生力量参与医疗卫生救助工作。

5. 交通运输保障

铁路、交通、民航等部门要保证紧急情况下应急交通工具的优先安排、优先调度和优先放行，确保运输安全畅通。根据应急处置的需要，政府有关部门要对现场及相关通道实行交通管制，开设应急救援"绿色通道"，保证应急救援工作的顺利开展。

6. 治安维护

公安、武警部队按照有关规定参与应急处置和治安维护工作。要加强对重点地区、重点场所、重点人群、重要物资和设备的安全保护，依法严厉打击违法犯罪活动。

7. 通信保障

信息产业、广播电视及通信管理部门负责建立健全应急通信、应急广播电视保障工作体系，完善公用通信网，建立有线和无线相结合、基础电信网络与机动通信系统相配套的应急通信系统，确保通信畅通。

8. 公共设施保障

城市建设、环境保护、电力供应等部门确保突发事件发生时煤、电、油、气和水的供给，以及废水、废气和固体废弃物等有害物质的监测和处理。

任务9.3　应急预案管理

学习目标

1. 知识目标

1）了解应急预案的概念、作用和分类。

2）了解应急预案体系。

3）了解应急预案管理的原则和内容。

2. 能力目标

1）能够描述应急预案的概念和分类。

2）能够描述城市轨道交通应急预案体系。

3）能够描述应急预案管理的原则和内容。

学习重点

应急预案的概念和分类；应急预案体系；应急预案管理的原则和内容。

学习难点

城市轨道交通应急预案体系。

随着 2006 年 1 月 8 日国务院发布《国家突发公共事件总体应急预案》，我国应急预案框架体系初步形成。2013 年 10 月 25 日，国务院办公厅印发《突发事件应急预案管理办法》（国办发〔2013〕101 号）。该办法进一步规范了预案的规划、编制、审批、发布、备案、演练、修订、培训和宣传教育等工作。

9.3.1 应急预案

1. 基本概念

预案是指根据预测，对潜在的或可能发生的安全事故的类别和影响程度而事先制订的应急处置方案。预案即预备方案。

应急预案是指为有效预防和控制可能发生的运营突发事件，最大程度减少运营突发事件及其造成的损害而预先制订的工作方案（JT/T 1051—2016）。

应急预案在辨识和评估潜在的重大危险、事故类型、发生的可能性及发生过程、事故后果及影响严重程度的基础上，对应急的职责、人员、技术、装备、设施、物资、救援行动及其指挥协调方面预先做出具体安排。

2. 应急预案的作用

1）应急预案确定了应急救援的范围和体系。

2）应急预案有利于做出及时的应急响应。

3）应急预案是各类突发事故的应急基础。

4）应急预案建立了与上级单位和部门应急救援体系的衔接。

5）应急预案有利于提高风险防范意识。

3. 应急预案的分类

（1）按照突发事件类型分类　按照突发事件的类型划分，应急预案分为四类：

1）自然灾害应急预案。自然灾害主要包括水旱灾害、气象灾害、地震灾害、地质灾害、海洋灾害、生物灾害和森林草原火灾等。

2）事故灾难应急预案。事故灾难主要包括工矿商贸等企业的各类安全事故、交通运输事故、公共设施和设备事故、环境污染和生态破坏事件等。

3）突发卫生事件应急预案。突发卫生事件是指突然发生，造成或可能造成社会公众健康严重损害的公共事件，主要包括传染病疫情、群体性不明原因疾病、食品安全和职业危害、动物疫情及其他严重影响公众健康和生命安全的事件。

4）社会安全事件应急预案。社会安全事件主要包括恐怖袭击事件、民族宗教事件、涉外突发事件和群体性事件等。

（2）按照预案层级和适用范围分类　按照预案层级和适用范围划分，应急预案分为三类：

1）综合应急预案。综合应急预案也称总体预案，从总体上阐述应急目标、原则、应急组织结构及相应职责，以及应急行动的整体思路等。通过综合应急预案可以较为清晰地了解应急体系和预案体系，更重要的是可以作为应急工作的基础和"底线"，即使对那些没有分析到的紧急情况或没有预案的事故也能起到一定的应急指导作用。

2）专项应急预案。专项应急预案是针对某一种具体的、特定类型的紧急情况的应急处理而制订的，如人身伤亡事故预案、自然灾害事故预案等。专项应急预案是建立在对特定风险分析基础上的，它以综合应急预案为前提，对应急策划、应急准备等作了更加详尽的描述，专项应急预案比综合应急预案的可操作性强，是现场应急预案的基础。

3）现场应急预案。现场应急预案是在综合应急预案和专项应急预案的基础上，根据具体情况需要而编制的。它是针对特定的具体场所而编制的预案，通常是事故风险较大的场所。现场应急预案的特点是针对某一具体现场的特殊危险，在详细分析的基础上，对应急救援中的各个方面都做出具体、周密的安排，因而现场应急预案具有更强的针对性、指导性和可操作性。

（3）按照应急预案编制主体分类　按照应急预案编制主体划分，应急预案分两类：

1）政府及其部门应急预案。政府及其部门应急预案由各级人民政府及其部门编制，包括总体应急预案、专项应急预案和部门应急预案等。

2）单位和基层组织应急预案。单位和基层组织应急预案由机关、企事业单位、社会团体和居委会、村委会等法人和基层组织编制，侧重明确应急响应责任人、风险隐患监测、信息报告、预警响应、应急处置、人员疏散撤离的组织和路线、可调用或可请求援助的应急资源情况及如何实施等，体现自救互救、信息报告和先期处置等特点。

（4）按照行政区域分类　按照行政区域划分，应急预案分为：国家级应急救援预案；省、自治区、直辖市级应急救援预案；市级应急救援预案；县级应急救援预案；企业级应急救援预案等。不同层级的预案内容各有所侧重。

9.3.2　应急预案体系

1. 应急预案体系的概述

我国的五级应急预案体系（见图9-3）与应急法制体系、应急组织体系和应急运行机制一起构建了我国的应急管理体系。

（1）国家总体应急预案　国家总体应急预案是全国应急预案体系的总纲，是国务院应对特别重大突发公共事件的规范性文件，适用于跨省级行政区划的，或者超出事发地省级人民政府处置能力的，或者需要由国务院负责处置的特别重大突发公共事件的应对工作，由国

务院制定并公布实施。国务院根据各类突发公共事件的级
别，相应启动总体预案，采取应对措施。各类突发公共事件
严重程度处于Ⅰ级（特别重大）时，一般由国务院出面进
行应对，其他除了特殊情况外，由部门和省级政府应对。

（2）国家专项应急预案　国家专项应急预案主要是国
务院及其有关部门为应对某一类型或某几种类型突发公共事
件而制定的应急预案。由国务院有关部门牵头制定，报国务
院批准后实施。

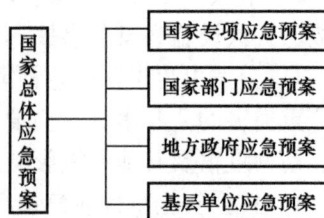

图9-3　应急预案体系

（3）国家部门应急预案　国家部门应急预案是国务院有关部门根据国家总体应急预案、
国家专项应急预案和国家部门职责，为应对突发公共事件而制定的应急预案。由国务院有关
部门制定印发，报国务院备案。

（4）地方政府应急预案　地方政府应急预案具体包括：省级人民政府的突发公共事件
总体应急预案、专项应急预案和部门应急预案；各市（地）、县（市）人民政府及其基层政
权组织的突发公共事件应急预案。这些预案在省级人民政府的领导下，按照分类管理、分级
负责的原则，由地方人民政府及其有关部门分别制定并实施。

（5）基层单位应急预案　基层单位应急预案是企事业单位及社区街道、乡镇村屯等根
据实际情况制定的应急预案。

2. 城市轨道交通应急预案体系

城市轨道交通应急预案体系包括国家级应急预案、省/市级应急预案和城市轨道交通内
部应急预案三个层次，每个层次又包括总体应急预案和专项应急预案，如图9-4所示。

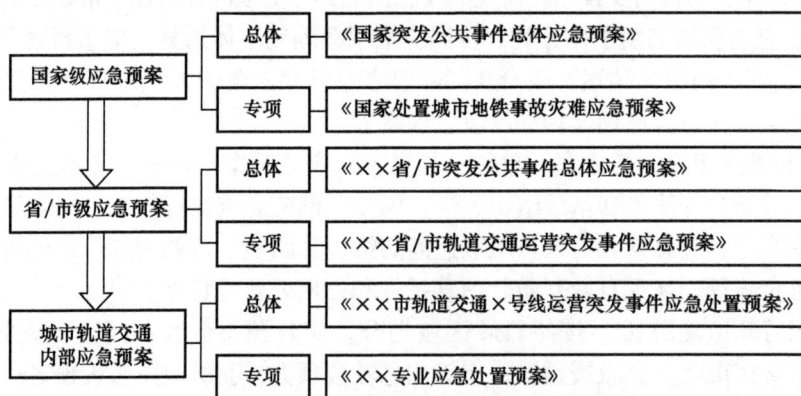

图9-4　城市轨道交通应急预案体系

注：城市轨道交通内部应急预案的专项应急预案中的"专业"主要包括行车调度专业、客运专业、
　　车辆专业、供电专业、信号与通信专业、机电设备专业、线路与道岔专业等。

9.3.3　应急预案管理

1. 应急预案管理的原则

应急预案管理要遵循统一规划、分类指导、分级负责和动态管理的原则。

2. 应急预案管理的内容

应急预案管理的内容主要包括：预案的编制、审批、备案和公布，应急演练，评估和修订，培训和宣传教育，以及组织保障等。

生产经营单位应急预案管理的内容见表9-1。

表9-1 生产经营单位应急预案管理的内容

序 号	包 含 内 容	含 义
1	应急预案培训	明确对本单位人员开展的应急预案培训计划、方式和要求，使有关人员了解相关应急预案的内容，熟悉应急职责、应急程序和现场处置方案。如果应急预案涉及社区和居民，要做好宣传教育和告知等工作
2	应急预案演练	明确生产经营单位不同类型应急预案演练的形式、范围、频次、内容及演练评估、总结等要求
3	应急预案修订	明确应急预案修订的基本要求，并定期进行评审，实现可持续改进
4	应急预案备案	明确应急预案的报备部门，并进行备案
5	应急预案实施	明确应急预案实施的具体时间、负责制定与解释的部门

任务9.4 应急预案编制

学习目标

1. 知识目标

1）掌握应急预案的编制流程。

2）掌握应急预案的核心要素。

2. 能力目标

1）能够描述应急预案的编制流程。

2）能够描述应急预案的核心要素。

学习重点

应急预案的编制流程；应急预案的核心要素。

学习难点

应急预案的编制流程；应急预案的核心要素。

2013 年 10 月 25 日，国务院办公厅印发《突发事件应急预案管理办法》（国办发〔2013〕101 号）对应急预案的编制进行了如下明确规定：

第十三条 各级人民政府应当针对本行政区域多发易发突发事件、主要风险等，制定本级政府及其部门应急预案编制规划，并根据实际情况变化适时修订完善。

单位和基层组织可根据应对突发事件需要，制定本单位、本基层组织应急预案编制计划。

第十四条 应急预案编制部门和单位应组成预案编制工作小组，吸收预案涉及主要部门和单位业务相关人员、有关专家及有现场处置经验的人员参加。编制工作小组组长由应急预案编制部门或单位有关负责人担任。

第十五条 编制应急预案应当在开展风险评估和应急资源调查的基础上进行。

1）风险评估。针对突发事件特点，识别事件的危害因素，分析事件可能产生的直接后果以及次生、衍生后果，评估各种后果的危害程度，提出控制风险、治理隐患的措施。

2）应急资源调查。全面调查本地区、本单位第一时间可调用的应急队伍、装备、物资、场所等应急资源状况和合作区域内可请求援助的应急资源状况，必要时对本地居民应急资源情况进行调查，为制定应急响应措施提供依据。

第十六条 政府及其部门在应急预案编制过程中应当广泛听取有关部门、单位和专家的意见，与相关的预案作好衔接。涉及其他单位职责的，应当书面征求相关单位意见。必要时，向社会公开征求意见。

单位和基层组织在应急预案编制过程中，应根据法律、行政法规要求或实际需要，征求相关公民、法人或其他组织的意见。

9.4.1　应急预案编制中要注意的问题

1. 要注重预案的科学性

应急预案的编制从事件或灾情设定、信息收集传输与整合、力量部署、物资调集到实施行动都要讲究科学，必须在科学论证的基础上确定方案，在实战演练中完善方案，在科学决策的基础上采取行动。

2. 要关注预案的可操作性

应急预案是针对可能发生的事故（件）编制的，主要目的是在事故（件）发生后，能按照预案进行力量部署、采取处置对策和组织实施，将灾害损失控制在最低程度。应急预案的关键在于"能够有效使用"，因此，应急预案要具有可操作性。

3. 要充分认识预案的复杂性

编制应急预案是一项细致而复杂的工作。从方案的内容上说，应急预案既包括突发性公共事件，又包括自然灾害、事故灾难、公共卫生和社会安全等方面；从方案的制订过程来看，需要收集资料、调查研究、方案编制、演练检验和反复修订等环节；从预案的实施过程来看，由于预案是制订者根据对事故设想发生的情景来制订的，因此，容易受到制订者认识的局限性、灾害事故发生的不确定性及事故现场千变万化等因素影响。

4. 要明确预案之间的衔接性

要避免预案内容前后矛盾、应急响应级别与响应行为衔接混乱、部门职责交叉和矛盾等问题。应急预案的编制应注重系统性，做到与相关部门和单位应急预案相衔接。

9.4.2　应急预案的编制流程

应急预案的编制主要包括以下流程，如图9-5所示。

（1）成立编制小组 成立编制小组包括选择小组领导、选择小组成员、选择组织方式和制订进度计划等。

（2）危险识别与分析、评估应急能力 危险识别与分析、评估应急能力包括现有资料的调研、危险分析、应急能力评估、应急事件的分类和应急事件的分级等。

（3）编制应急预案 编制应急预案包括编排格式和条文、编排预案的基本结构等。

（4）应急预案评审与发布 应急预案评审与发布包括评审的方法、程序、要点等。

（5）应急预案的实施 应急预案的实施包括模拟演练、修订完善和应急预案培训等。

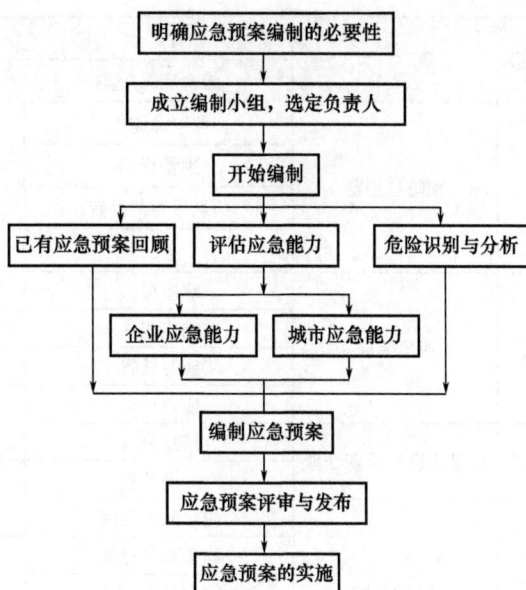

应急预案的编制、修订完善是一个动态的过程，不可能一蹴而就。应急预案的修订完善要不断贯穿于编制流程的各个方面，要不断提高应急预案的处置效率和水平。

图 9-5 应急预案的编制流程

9.4.3 应急预案的核心要素

应急预案是各级部门应对突发事件的重要参考文件和依据，与各级管理部门和具体执行部门的业务具有紧密的关联。应急预案根据层级和适用范围分为三类：综合应急预案、专项应急预案和现场处置方案。这三类应急预案的侧重点不同，因此，应急预案的内容表述存在差别。应急预案的核心要素划分见表 9-2。

表 9-2 应急预案的核心要素划分

序号	项　　目	基　本　内　容		
		综合应急预案	专项应急预案	现场处置方案
1	总则	编制目的	编制目的	编制目的
		编制依据	编制依据	编制依据
		适用范围	适用范围	适用范围
		工作原则	应急处置基本原则	
		预案体系		
2	风险分析	单位概况	事故类型与危害程度分析	事件特征
		风险源与风险分析	事故分级	
		突发事件分级		
3	组织机构及职责	应急组织体系	应急组织体系	应急救援指挥部
		应急指挥领导小组主要职责	应急指挥领导小组主要职责	指挥部人员职责

153

（续）

序号	项 目	基 本 内 容		
		综合应急预案	专项应急预案	现场处置方案
4	预防与预警	危险源监控	风险监测	
		预警行动	预警发布与预警行动	
		信息报告与处置	预警结束	
			信息报告	
5	应急响应	响应分级	响应分级	应急处置
		响应程序	响应程序	注意事项
		应急处置	应急处置	
		应急结束	应急结束	
6	信息沟通与后期处理	信息公开	后期处置	
		后期处置		
7	保障措施	应急队伍保障	应急队伍保障	
		物资装备保障	物资装备保障	
		通信与信息保障	通信与信息保障	
		经费保障	经费保障	
		其他保障	其他保障	
8	培训与演练	培训与演练	培训与演练	
9	附则	术语和定义	术语和定义	
		预案备案	预案备案	
		预案修订	预案修订	
		制定与解释	制定与解释	
		预案实施	预案实施	
10	附件	规范化格式文本		
		有关部门、机构或人员的联系方式		
		应急物资装备名录或清单		
		关键的路线、标识和图纸		
		有关协议或备忘录		
		有关流程		

任务9.5 应急预案的宣传、培训和演练

学习目标

1. 知识目标

1）了解应急演练的目的和原则。

2）了解应急演练的组织实施过程。

2. 能力目标

能够进行应急演练方案的编制。

学习重点

应急演练方案编制。

学习难点

应急演练的组织实施。

《突发事件应急预案管理办法》对应急预案的宣传、培训和演练进行了如下规定：

第五章　应急演练

第二十二条　应急预案编制单位应当建立应急演练制度，根据实际情况采取实战演练、桌面推演等方式，组织开展人员广泛参与、处置联动性强、形式多样、节约高效的应急演练。

专项应急预案、部门应急预案至少每3年进行一次应急演练。

地震、台风、洪涝、滑坡、山洪泥石流等自然灾害易发区域所在地政府，重要基础设施和城市供水、供电、供气、供热等生命线工程经营管理单位，矿山、建筑施工单位和易燃易爆物品、危险化学品、放射性物品等危险物品生产、经营、储运、使用单位，公共交通工具、公共场所和医院、学校等人员密集场所的经营单位或者管理单位等，应当有针对性地经常组织开展应急演练。

第二十三条　应急演练组织单位应当组织演练评估。评估的主要内容包括：演练的执行情况，预案的合理性与可操作性，指挥协调和应急联动情况，应急人员的处置情况，演练所用设备装备的适用性，对完善预案、应急准备、应急机制、应急措施等方面的意见和建议等。

鼓励委托第三方进行演练评估。

第七章　培训和宣传教育

第二十八条　应急预案编制单位应当通过编发培训材料、举办培训班、开展工作研讨等方式，对与应急预案实施密切相关的管理人员和专业救援人员等组织开展应急预案培训。

各级政府及其有关部门应将应急预案培训作为应急管理培训的重要内容，纳入领导干部培训、公务员培训、应急管理干部日常培训内容。

第二十九条　对需要公众广泛参与的非涉密的应急预案，编制单位应当充分利用互联网、广播、电视、报刊等多种媒体广泛宣传，制作通俗易懂、好记管用的宣传普及材料，向公众免费发放。

9.5.1　应急预案的宣传

应急预案的宣传主要包括面向全社会的宣传和面向特定群体的宣传。

面向全社会的宣传的主要目的是向公众普及突发公共事件的预防、避险、自救、互救和减灾等应急防护知识，增强公共安全意识和社会责任意识，提高应对突发公共事件的素质和能力。可以采用多种形式，如向公众发放科普读物、安全知识手册，公共场所设置宣传栏，利用媒体进行公益宣传、科普讲座、知识竞赛等。

面向特定群体的宣传往往针对性更强，并且要求更高。例如，对企业员工的应急预案宣传，在提高员工安全意识的同时，应使其掌握应急救援的运行程序和方法，明确自身职责，提高实操能力。因此，宣传往往伴随着教育、培训和演练。

9.5.2　应急预案的培训

应急预案培训的主要范围包括：政府主管部门的培训、社区居民的培训、企业全员的培训和专业应急救援队伍的培训等。

应急预案培训的主要内容包括：法规、条例和标准，以及安全知识、各级应急预案、岗位专业知识、抢险维修方案、应急救护技能、风险识别与控制、案例分析等。根据培训人员的层次不同，教育的内容也有不同侧重。

9.5.3　应急预案的演练

应急预案的演练是针对可能发生的突发情景，依据应急预案而模拟开展的应急活动。

1. 应急预案演练的主要目的

（1）检验预案　发现应急预案中存在的问题，提高应急预案的科学性、实用性和可操作性。

（2）锻炼队伍　熟悉应急预案，提高应急人员在紧急情况下妥善处置事故的能力。

（3）磨合机制　完善应急管理相关部门、单位和人员的工作职责，提高协调配合能力。

（4）宣传教育　普及应急管理知识，提高参演和观摩人员风险防范意识和自救互救能力。

（5）完善准备　完善应急管理和应急处置技术，补充应急装备和物资，提高其适用性和可靠性。

2. 应急演练的原则

（1）符合相关规定　按照国家相关法律、法规、标准及有关规定组织开展演练。

（2）切合企业实际　结合企业生产安全事故特点和可能发生的事故类型组织开展演练。

（3）注重能力提高　以提高指挥协调能力、应急处置能力为主要出发点组织开展演练。

（4）确保安全有序　在保证参演人员及设备设施安全的条件下组织开展演练。

3. 应急演练的分类

（1）按照演练内容分类　按照演练内容分类，应急演练包括综合演练和单项演练。综合演练是针对应急预案中多项或全部应急响应功能开展的演练活动。单项演练是针对应急预案中某项应急响应功能开展的演练活动。

（2）按照演练形式分类　按照演练形式分类，应急演练包括现场演练和桌面演练。现场演练是指选择（或模拟）生产经营活动中的设备、设施、装置或场所，设定事故情景，依据应急预案而模拟开展的演练活动。桌面演练通常在室内完成，是指参演人员利用地图、沙盘、流程图、计算机模拟、视频会议等辅助手段，针对事先假定的演练情景，讨论和推演应急决策及现场处置的过程，从而促进相关人员掌握应急预案中所规定的职责和程序，提高指挥决策和协同配合能力。

4. 应急演练的组织实施

应急演练的组织实施主要包括以下工作：

（1）计划与方案编制阶段　本阶段主要内容包括：

1）制订应急演练计划，包括演练的目的、类型（形式）、时间、地点，以及演练主要内容、参加单位和经费预算等。

2）成立演练领导小组。领导小组可根据演练规模的大小而定，通常下设策划组、执行组、保障组和评估组等专业工作组。

3）编制演练工作方案，包括应急演练的目的及要求、应急演练事故情景设计、应急演练的规模及时间、参演单位和人员主要任务及职责、应急演练筹备工作内容、应急演练主要步骤、应急演练技术支撑及保障条件、应急演练评估与总结等。

其中，应急演练保障条件包括人员、经费、物资和器材、场地、安全、通信等方面的保障措施，并要求针对演练过程中可能发生的意外情况，明确应急处置措施及责任部门，以及应急演练意外情况中止条件与程序等。应急演练评估需要明确应急演练各环节应达到的目标评判标准，并以此对应急演练的准备工作、组织与实施、演练效果等进行评估。

（2）演练组织与实施阶段　本阶段主要内容包括：

1）熟悉任务和角色。参演单位和人员熟悉各自的参演任务和角色，并按照演练方案要求组织开展相应的演练准备工作。

2）实施前的安全检查。确认演练所需的工具、设备、设施、技术资料及参演人员到位；对应急演练安全保障方案及设备、设施进行检查确认，确保安全保障方案可行，所有设备、设施完好。

3）实施中的记录与评估。在应急演练的实施过程中，需要安排专门人员采用文字、照片和音像等手段做好演练过程的记录。此外，演练评估人员对实施过程进行评估，并在应急演练结束后对演练中发现的问题、不足及取得的成效进行点评。

（3）实施总结阶段　演练结束后，演练组织单位应根据演练记录、演练评估报告、应急预案、现场总结等材料，对应急演练进行总结，形成应急演练总结报告。

小　结

本项目主要讲述了应急管理的概念、原则和运行模式；应急管理体系的整体结构；我国应急管理体系的核心内容、组织体系；应急管理运行机制；应急管理保障机制；应急预案的概念和分类；应急预案体系；应急预案管理的原则和内容；应急预案的编制流程；应急预案的核心要素等。

思考与练习

1. 什么是应急管理？应急管理的基本原则是什么？
2. 应急管理的四个阶段是什么？
3. 我国应急管理体系的"一案三制"指的是什么？

4. 我国应急管理运行机制的基本原则是什么？

5. 应急处置程序主要包括什么？

6. 我国应急管理保障机制主要包括哪些？

7. 什么是应急预案？应急预案的重要性有哪些？

8. 综合应急预案、专项应急预案和现场应急预案分别是什么？它们之间有何联系？

9. 我国的五级应急预案体系指的是什么？

10. 应急预案管理的原则是什么？

11. 应急预案管理的主要内容包括哪些？

12. 请描述应急预案编制的流程。

13. 请为你所在的学校或单位设计一次应急演练。

项目 10

消防安全事故预防

任务 10.1　消防安全概述

学习目标

1. 知识目标
1) 了解消防安全与公共安全的关系。
2) 掌握消防安全工作的意义与方针。
2. 能力目标
1) 能够描述消防安全的概念。
2) 能够描述消防安全工作的重要性及贯彻的方针。

学习重点

消防安全的概念；消防安全工作的重要性；消防安全工作的方针。

学习难点

消防安全工作的任务、重要性及方针。

发生火灾时，拨打"119"火灾电话向公安消防队报警，但必须讲清楚以下内容：

1) 发生火灾单位或个人的详细地址，包括：街道名称，门牌号码，靠近何处；农村发生火灾要讲明县、乡（镇）、村庄名称；大型企业要讲明分厂、车间或部门；高层建筑要讲明第几层等。总之，地址要讲得明确、具体。

2) 起火场所和起火物。起火场所例如，房屋、商店、油库和露天堆放场等，房屋着火最好讲明建筑类型，如棚屋、砖木结构、新式工房、高层建筑等；尤其要注意讲明的是起火物为何物，如液化石油气、汽油、化学试剂、棉花、麦秸等，以便消防部门根据情况派出相应的灭火车辆。

3）炎热情况。例如，只见冒烟，有火光，火势猛烈，有多少间房屋着火等。

4）报警人姓名及所用电话的号码，以便消防部门电话联系，了解火场情况。报警之后，还应派人到路口接应消防车。

10.1.1 消防与公共安全

在我国，凡是预防火灾发生，减少火灾危害，扑灭火灾的所有事务都称为消防。

消防安全是指人们的生命健康或财产免受火灾危害的状态。消防安全与公共安全关系密切，是公共安全的重要组成部分。

公共安全涉及自然灾害、事故灾难、公共卫生安全和社会安全。在这四大类事务中，除了公共卫生安全，其他公共安全都与消防安全有直接或间接的联系。一方面，自然灾害、事故灾难和社会安全都会导致火灾发生。例如，自然灾害中地震就容易引发火灾；事故灾难本身就包括火灾；许多社会安全事件也常常伴随火灾的发生，如 2005 年法国巴黎骚乱引发多起火灾。另一方面，火灾也会引发其他次生灾害事故。

在我国，消防与安全既有联系又有区别，说它们有联系是因为安全包括消防；说它们有区别是指在我国现有行政管理体制下将消防安全与其他安全分开，分属不同的政府部门管理。

10.1.2 消防工作的意义

消防工作是国民经济和社会发展的重要组成部分，是发展社会主义市场经济不可缺少的保障条件。消防工作直接关系人民生命财产的安全和社会的稳定。近年来，我国发生的一些重特大火灾，一把火就造成几十人甚至数百人的伤亡，造成百万元、上千万元甚至几亿元的经济损失，这不但给许多家庭带来不幸，而且还使大量的社会财富化为灰烬。不仅如此，事故的善后处理往往也需要政府花费很多精力，严重影响了经济建设的发展和社会的稳定，有些火灾事故还成为国内外舆论的焦点，造成了不良的社会影响，这些教训是十分沉重和深刻的。因此，做好消防工作，预防和减少火灾事故，特别是预防和减少群死群伤的恶性火灾事故的发生，具有十分重要的意义。

消防工作是一项社会性很强的工作，它涉及社会的各个领域，与各个行业和人们的生活都有着十分密切的关系。随着社会的发展，仅就用火、用电和用气的广泛而言，消防安全问题所涉及的范围几乎无处不在。全社会每个行业、每个部门、每个单位甚至每个家庭，都面临预防火灾和确保消防安全的问题。总结以往的火灾教训，绝大多数火灾都是由于一些领导、管理者和群众思想麻痹、行为放纵、不懂消防规章或有章不循、管理不严、明知故犯、冒险工作造成的。火灾发生后，有不少人缺乏起码的消防科学知识，遇到火情束手无策，不知如何报警，甚至不会逃生自救，最终导致严重的后果。"隐患险于明火，防患胜于救灾，责任重于泰山"的科学论断，用辩证唯物主义观点科学地阐述了消防安全工作的重要意义，深刻地揭示了消防安全工作的内在规律，突出强调火灾预防是做好消防安全工作的关键性问题，对指导和加强消防安全工作具有十分重要的现实意义和深远的历史意义。因此，全社会、各部门、各行业、各单位及每个社会成员都要高度重视并认真做好消防工作，认真学习并掌握基本的消防安全知识，共同维护公共消防安全。只有这样，才能从根本上提高一个城市、一个地区乃至全社会预防和抗御火灾的整体能力。

10.1.3 消防安全工作的方针

我国消防安全工作的方针是"预防为主，防消结合"。消防工作包括防火与灭火两个方面。

"预防为主"是指在同火灾做斗争中，必须把预防火灾的工作放在首位，从思想上、组织上、制度上及物资保障上采取各种积极措施，防止火灾的发生。

"防消结合"是指在积极做好预防火灾工作的同时，在人力、物力和技术上积极做好灭火的充分准备，加强公安消防部队、企事业专职和义务消防队的建设，配备足够的消防器材装备，加强灭火训练，做好战备执勤，做到常备不懈，有备无患，一旦发生火灾能及时扑灭，把火灾损失减少到最低限度。

任务 10.2 防火与灭火的基本知识

学习目标

1. 知识目标
1）掌握燃烧的定义、必要条件和主要类型。
2）掌握火灾的定义、分类和燃烧产物。
3）掌握灭火的原理与方法。
2. 能力目标
1）能够描述燃烧的三要素，会对燃烧类型进行分析。
2）能够进行火灾的分类，描述防火与灭火的基本原理，会针对不同类型的火灾选择不同的灭火方法。

学习重点

燃烧的定义、要素和类型；火灾的定义和分类；预防火灾的原理；灭火的原理与方法。

学习难点

燃烧的要素、类型；火灾的分类；不同类型火灾的灭火方法。

10.2.1 燃烧的概述

1. 定义

燃烧是可燃物与氧化剂作用发生的一种放热发光的剧烈化学反应，通常伴有火焰、发光和发烟的现象。

2. 要素

燃烧需要可燃物、助燃物和引火源，我们称之为燃烧的三要素。这三要素同时存在时才能发生燃烧。缺少其中的任何一个，均不能引起燃烧。

（1）可燃物　可燃物是指能与空气中的氧或其他氧化剂发生化学反应的物质，如汽油、木材等。

（2）助燃物　助燃物主要是指能帮助和支持燃烧的物质，如空气、氧气。

此外，氧化剂（氯酸盐、过氧化物）等易释放氧的物质也是助燃物。

（3）引火源　引火源是指供给可燃物与助燃物发生燃烧反应的能量来源。除烟火外，电火花、摩擦、撞击产生的火花及发热，以及造成自然起火的氧化热等许多物理或化学现象都能成为引火源。

3. 主要类型

燃烧有许多类型，主要有闪燃、着火、自燃和爆炸等。

（1）闪燃　在液体（固体）表面上能产生足够的可燃蒸汽，遇火能产生一闪即灭的燃烧现象称为闪燃。发生闪燃的最低温度称为闪点，闪点在消防工作中具有重要的意义，其是衡量物质的火灾危险性的重要参数。液体的闪点越低，火灾危险性越大。

（2）着火　可燃物质发生持续燃烧的现象叫着火。可燃物开始持续燃烧的所需要的最低温度叫燃点（又称为着火点），通俗来说就是引起着火的最低温度。物质的燃点越低，越容易起火。根据可燃物质的燃点高低，可以鉴别其火灾危险程度。

（3）自燃　可燃物在没有外部火花、火焰等火源的情况下，因受热或自身发热并蓄热所产生的燃烧称作自燃。可燃物产生自燃的最低温度是该物质的自燃点。物质的自燃点越低则其发生火灾的危险性越大。

（4）爆炸　由于物质急剧氧化或分解反应产生温度、压力分别增加或同时增加的现象称为爆炸。爆炸时，化学能或机械能转化为动能，释放出巨大的能量。常见的爆炸分为物理爆炸和化学爆炸。

1）物理爆炸。由于液体变成蒸汽或气体迅速膨胀，压力急速增加，并大大超过容器的极限压力而发生的爆炸称为物理爆炸，如蒸汽锅炉、液化气钢瓶等的爆炸。

2）化学爆炸。因物质本身的化学反应，产生大量气体和高温而发生的爆炸称为化学爆炸。可燃气体和粉尘与空气混合物的爆炸属于此类化学爆炸。

10.2.2　火灾的概述

1. 定义

火灾是指在时间和空间上失去控制的燃烧所造成的灾害。

2. 分类

根据《火灾分类》（GB/T 4968—2008）和物质及其燃烧特性，将火灾分为：

（1）A 类火灾　A 类火灾是指普通固体物质的火灾。这种物质具有有机物的性质，一般在燃烧时能产生灼热的余烬，如木材、棉、毛、麻和纸张等。

（2）B 类火灾　B 类火灾是指液体火灾或可熔化的固体物质的火灾，如石油制品、有机溶剂等。

（3）C 类火灾　C 类火灾是指可燃气体物质的火灾，如煤气、天然气、烷类气体、乙炔、乙烯和氢气等。

（4）D 类火灾　D 类火灾是指金属物质的火灾，如钾、钠、镁、铝及合金等。

（5）E 类火灾　E 类火灾是指电器设备及燃烧时带电电线缆的火灾。

（6）F 类火灾　F 类火灾是指烹饪器具内的烹饪物（如动植物油脂）的火灾。

3．火灾中的燃烧产物

由燃烧或热解作用产生的全部的物质称为燃烧产物，通常指燃烧生成的气体、热量和烟等。

（1）气体　燃烧生成的气体一般是指一氧化碳、氰化氢、二氧化碳、氯化氢和二氧化硫等。

（2）热量　大多数物质的燃烧是一种放热的化学氧化过程。从这种过程放出的能量以热量的形式表现，形成热气的对流与辐射。热量对人体具有明显的物理伤害。

（3）烟　由燃烧或热解作用所产生的悬浮在大气中可见的固体和（或）液体颗粒总称为烟。这种含碳物质中大多数物质是在火灾中不完全燃烧所生成的。

燃烧产物的数量、组成等，随着物质的化学组成及温度、空气的供给情况等的变化而不同。

10.2.3　防火与灭火的基本方法

1．预防火灾的基本方法

一切防火措施都是为了防止产生燃烧的条件，防止燃烧条件互相结合、互相作用。

1）控制可燃物：控制燃烧的基础或缩小可能燃烧的范围。

2）控制助燃物：控制燃烧的助燃条件。

3）消除引火源：消除或控制燃烧的引火源。

4）阻止火势蔓延：不使新的燃烧条件形成，防止或限制火势扩大。

2．灭火的基本方法

物质燃烧必须同时具备三个必要条件，即可燃物、助燃物和引火源。根据这些基本条件，一切灭火措施都是为了破坏已经形成的燃烧条件，或者终止燃烧的连锁反应而使火熄灭及把火势控制在一定范围内，最大限度地减少火灾损失，这就是灭火的基本原理。根据这一原理和实践经验，现行的灭火的基本方法有四种：

（1）隔离法　将周围未燃烧的可燃物质移开或与正在燃烧的物质隔离，中断可燃物质的供给，使燃烧因缺少可燃物而停止。具体方法有：将火源附近的可燃物品、易燃物品、易爆物品和助燃物品搬走；关闭可燃气体、可燃液体管道的阀门，减少和阻止可燃物质进入燃烧区；设法阻拦流散的易燃液体、可燃液体；拆除与火源毗连的易燃建筑物，形成防止火势蔓延的空间地带。

（2）冷却法　设法将已经燃烧或有可能燃烧的物品的温度降低到该物质的燃点以下而阻止物品燃烧。冷却的主要办法是喷水或将灭火剂直接喷射到燃烧物上，以降低燃烧物的温度；或者将水和灭火剂喷洒在火源附近的可燃物上，使其温度降低，防止辐射热影响而形成新的火点。冷却法是灭火的主要方法，主要用水和液态二氧化碳来冷却降温。但必须注意，对禁水物资和部位切不可用水进行扑救。

（3）窒息法　设法使助燃物特别是空气中的氧气减少或消失从而终止燃烧。窒息法是一种简易常用的灭火应急方法。实际运用时，可以用石棉毯、湿棉被、黄沙和泡沫等一时不易燃烧的物质迅速覆盖在燃烧物上阻止燃烧；用水蒸气或二氧化碳等惰性气体灌注容器设备来抑制燃烧；用沙土覆盖燃烧物或封闭起火的建筑和设备门窗、孔洞等来阻止燃烧等。

应该注意的是，运用窒息法灭火要动作快捷，当火苗压住以后，应该检查火源是否彻底熄灭，如有余烬，应补以其他灭火措施，以防止覆盖物未能到位而引燃更大的火种。窒息法在容器失火时使用较为有效，如油锅着火，只要立即盖上锅盖，火就可熄灭。

（4）抑制法　将化学灭火药剂喷射在燃烧区，使之参与燃烧的化学反应，而使燃烧反应停止。采用这种方法可使用的灭火剂有干粉和卤代烷灭火剂。灭火时，一定要将足够数量的灭火剂准确地喷射在燃烧区内，使灭火剂参与和阻断燃烧反应，否则将起不到阻止燃烧的作用。同时还要采取必要的冷却降温措施，以防复燃。

灭火方法是多种多样的，在具体运用时应做到不拘一格，灵活运用。在具体选择灭火方法时主要考虑两点：一要看是否便捷；二要看是否有利于火灾的扑灭和有效地减少损失。

应针对不用类型的火灾采取不同的灭火方法，具体介绍如下。

1）扑救 A 类火灾：一般可采用水冷却法，但对于忌水的物质，如布、纸等应尽量减少水渍所造成的损失。对珍贵图书、档案应使用二氧化碳灭火剂、卤代烷灭火剂、干粉灭火剂灭火。

2）扑救 B 类火灾：首先应切断可燃液体的来源，同时将燃烧区容器内的可燃液体排至安全地区，并用水冷却燃烧区可燃液体的容器壁，减慢蒸发速度，然后及时使用大剂量泡沫灭火剂、干粉灭火剂将液体火灾扑灭。

3）扑救 C 类火灾：首先应关闭可燃气阀门，防止可燃气发生爆炸，然后选用干粉灭火剂、卤代烷灭火剂、二氧化碳灭火剂灭火。

4）扑救 D 类火灾：D 类火灾是指金属物质的火灾，如钾、钠、镁、铝及合金等，水及其他普通灭火剂无效。

5）扑救 E 类火灾：E 类火灾是指带电火灾，用干粉灭火器、二氧化碳灭火器效果好，因为这两种灭火器的灭火药剂绝缘性能好，不会发生触电伤人的事故。

6）扑救 F 类火灾：F 类火灾是指烹饪器具内的烹饪物（如动植物油脂）火灾，可盖锅盖扑灭或用泡沫灭火器扑灭。

任务 10.3　消防设备设施及其使用方法

学习目标

1. 知识目标

1）掌握火灾自动报警系统的组成及各部分的功能，以及火灾自动报警系统的工作原理。

2）了解自动灭火系统的类别，掌握自动灭火系统的基本工作原理。

3）掌握消火栓的作用、使用方法。

4）掌握防烟排烟系统的作用与工作原理。

5）掌握应急广播、应急照明和安全疏散设施的作用。

6）掌握灭火器的种类及使用方法。

2. 能力目标

1）能够描述主要消防设施设备的种类及其工作原理。

2）能够使用火灾自动报警系统进行火灾报警，会使用应急广播、应急照明和安全疏散设施进行火灾人员的疏散。

3）能够使用消火栓和灭火器进行初期火灾的扑救工作。

学习重点

消防设备设施的种类及其工作原理；消火栓和灭火器的使用方法。

学习难点

火灾自动报警系统各部分的功能与使用；消火栓和灭火器的类型与使用方法。

根据《中华人民共和国消防法》，消防设施是指火灾自动报警系统、自动灭火系统、消火栓系统、防烟排烟系统及应急广播和应急照明、安全疏散设施等。消防器材是指灭火器等移动灭火器材和工具。

10.3.1　火灾自动报警系统

1. 概念

火灾自动报警系统是探测火灾的早期特征、发出火灾报警信号，为人员疏散、防止火灾蔓延和启动自动灭火设备提供控制与指示的消防系统。

2. 组成

火灾自动报警系统的组成形式多样，但无论具体组成部分怎么划分，基本上可概括为触发装置、火灾报警装置、火灾警报装置、电源四部分，对于复杂系统还包括控制装置。

（1）触发装置　在火灾自动报警系统中，自动或手动产生火灾报警信号的设备称为触发装置，主要包括手动火灾报警按钮（见图 10-1）和火灾探测器。

手动火灾报警按钮是采用手动方式产生火灾报警信号的器件，也是火灾自动报警系统中不可缺少的组成部分之一。按下手动火灾报警按钮 3～5s，手动火灾报警按钮上的火警确认灯会点亮，这个状态灯表示火灾报警控制器已经收到火警信号，并且确认了现场位置。

火灾探测器（见图 10-2）是能对火灾参数（如烟、温、光、火焰辐射和气体浓度等）响应，并自动产生火灾报警信号的器件。火灾探测器的种类很多，按性能可分为感烟火灾探测器、感温火灾探测器、感光火灾探测器、可燃气体探测器和复合式火灾探测器。不同类型

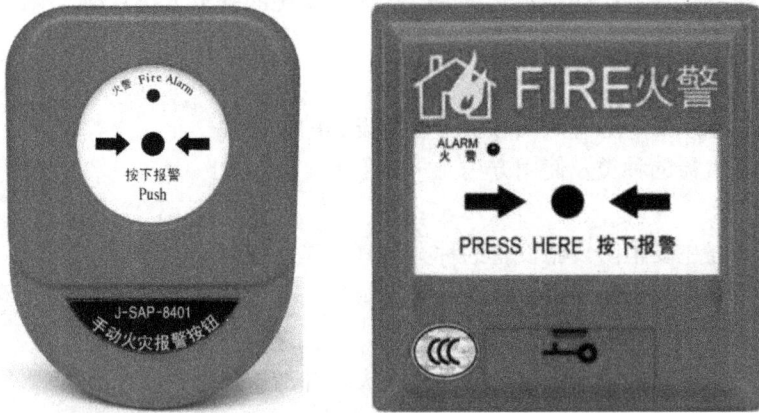

图 10-1 手动火灾报警按钮

图 10-2 火灾探测器

a）智能感烟探测器 b）智能感温探测器 c）红外火焰探测器 d）红外对射式感烟探测器 e）感温电缆

的火灾探测器适用于不同类型的火灾和不同的场所。

（2）火灾报警装置 在火灾自动报警系统中，用以接收、显示和传递火灾报警信号，并能发出控制信号和具有其他辅助功能的控制指示设备称为火灾报警装置。火灾报警控制器就是其中最基本的一种。

火灾报警控制器（见图 10-3）担负着为火灾探测器等外部设备提供稳定的工作电源，监视外部设备及系统自身的工作状态，接收、转换和处理火灾探测器输出的报警信号，进行声光报警，指示报警的具体位置及时间，同时执行相应的辅助控制等诸多任务，是火灾报警系统中的核心组成部分。

在火灾报警装置中还有一些如中断器、区域显示器和火灾显示盘等功能不完整的报警装置，它们可视为火灾报警控制器的演变或补充，在特定条件下应用，与火灾报警控制器同属火灾报警装置。例如，火灾显示盘用于接收火灾报警控制器发出的信号，显示发出火警的位置或区域，通常设置于经常有人员存在或活动而没有设置火灾报警控制器的现场区域。

（3）火灾警报装置 在火灾自动报警系统中，用以发出区别于环境的声、光的火灾警报信号的装置称为火灾警报装置。

声光警报器（见图 10-4）是一种最基本的火灾警报装置，通常与火灾报警控制器（如区域显示器、火灾显示盘、集中火灾报警器）组合在一起，它以声、光方式向报警区域发出火灾警报信号，以提醒人们展开安全疏散、灭火救灾等行动。

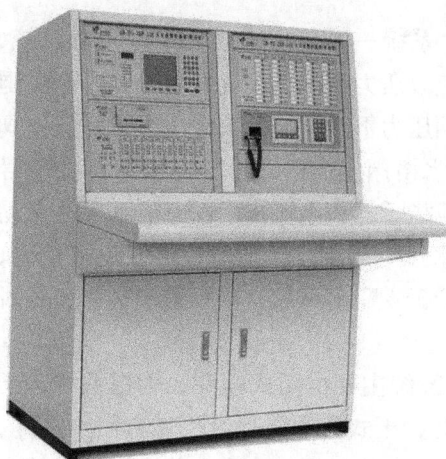

图 10-3　火灾报警控制器

图 10-4　声光警报器

警铃、讯响器也是一种火灾警报装置。火灾时，它们接收由火灾报警装置发出的控制信号，发出有别于环境声音的音响，大多安装于建筑物的公共空间部分，如走廊、大厅等。

（4）电源　火灾自动报警系统属于消防用电设备，应设有主电源和直流备用电源。其主电源应当采用消防电源，备用电源一般采用蓄电池组。系统电源除为火灾报警控制器供电外，还为与系统相关的消防控制设备等供电。

（5）消防控制装置　在火灾自动报警系统中，当其接收到火灾报警后，能自动或手动启动相关消防设备并显示其工作状态的装置称为消防控制装置。

消防控制装置主要包括火灾报警联动一体机，自动灭火系统的控制装置，室内消火栓系统的控制装置，防烟排烟系统及空调通风系统的控制装置，常开防火门、防火卷帘的控制装置，电梯迫降控制装置，以及火灾应急广播、火灾警报装置、消防通信设备、火灾应急照明与疏散指示标志的控制装置等中的部分或全部。

消防控制装置一般设置在消防控制中心，以便于实行集中统一控制。也有的消防控制装置设置在被控消防装置的所在现场，但其动作信号则必须返回消防控制室，实行集中与分散相结合的控制方式。

3. 工作原理

火灾自动报警系统的工作原理：火灾初期所产生的烟和少量的热被火灾探测器接收，将火灾信号传输给区域报警控制器，发出声光警报信号；区域（或集中）报警控制器输出外控接点动作，自动向失火层和有关层发出报警及联动控制信号，并按程序对各消防联动设备完成启动、关停操作（也可由消防人员手动完成）。该系统能自动（手动）发现火情并及时报警，以控制火灾的发展，将火灾的损失降到最低限度。

10.3.2　自动灭火系统

自动灭火系统主要有两大类：自动水灭火和自动气体灭火。其工作原理为：火灾发生的初期，温度或烟雾浓度上升到一定程度，迫使各种不同的感受元件发生变化进而使灭火系统自动运作，开始灭火。当温度等值回复常态之后，系统便自动停止。

1. 自动水灭火系统

（1）湿式自动喷水灭火系统　湿式自动喷水灭火系统一般包括闭式喷头、管道系统、湿式报警阀和供水设备。湿式报警阀的上下管网内均充以压力水。当火灾发生时，火源周围环境温度上升，导致火源上方的喷头开启、出水、管网压力下降，报警阀后压力下降致使阀板开启，接通管网和水源供水灭火。与此同时，部分水由阀座上的凹形槽经报警阀的信号管，带动水力警铃发出报警信号。如果管网中设有水流指示器，水流指示器感应到水流流动也可发出电信号。如果管网中设有压力开关，当管网水压下降到一定值时也可发出电信号，启动水泵供水。湿式自动喷水灭火系统在环境温度不低于4℃且不高于70℃的建筑物和场所（不能用水扑救的建筑物和场所除外）都可采用。

（2）干式自动喷水灭火系统　干式自动喷水灭火系统主要由闭式喷头、管道系统、干式报警阀、充气设备、报警装置和供水设备组成。平时，干式报警阀后管网充有压力气体，水源至报警阀前端的管段内充有压力水。当火灾发生时，火源处温度上升，使火源上方喷头开启，首先排出管网中的压缩空气，于是报警阀后管网压力下降，干式报警阀阀前压力大于阀后压力致使干式报警阀开启，水流向配水管网，并通过已开启的喷头喷水灭火。平时，干式报警阀上下阀板的压力保持平衡，当系统管网有轻微漏气时，由空压机进行补气，安装在供气管道上的压力开关监视系统管网的气压变化状况。干式自动喷水灭火系统适用于环境温度低于4℃和高于70℃的建筑物和场所，如不采暖的地下停车场、冷库等。

2. 自动气体灭火系统

根据使用的灭火剂的不同，常用的自动气体灭火系统可以分为：二氧化碳灭火系统、七氟丙烷灭火系统、烟烙烬（IG 541）混合气体灭火系统等。

自动气体灭火系统的工作原理：当防护区发生火灾时，火灾探测器首先动作，并向火灾报警控制器报警，确认后发出声、光警报信号，同时启动联动装置（关闭防护区开口、停止空调和通风机等），延时一定时间（一般为30s）后打开气瓶的瓶头阀，利用气瓶中的高压氮气将储存容器上的容器阀打开，灭火剂经管道输送到喷头喷出实施灭火。灭火实施时，压力开关给出反馈信号，灭火控制器同时发出声、光警报信号。延时一定时间主要有三个方面的作用：一是考虑防护区内人员的疏散；二是及时关闭防护区的开口；三是判断是否有必要启动气体灭火系统。

自动气体灭火系统的启动方式有三种：联动自动启动、电气手动启动和机械应急启动。

（1）联动自动启动　联动自动启动是指系统从火灾探测报警到关闭联动设备和释放灭火剂均由系统自动完成，不许人员介入的操作与控制方式。

（2）电气手动启动　电气手动启动是指人员发现火灾或接到火灾自动报警信号并经确认后，按下手动控制盒或控制器上的手动控制按钮，通过灭火控制器操作联动设备和释放灭火剂的操作与控制方式。在自动控制状态下仍可实现电气手动控制。

（3）机械应急启动　机械应急启动是指系统在自动与手动操作均失灵时，人员用系统所设的机械启动机构释放灭火剂的操作与控制方式，在实施前必须关闭相应的联动设备。

当发出火灾警报，在延时时间内发现有异常情况，不需要启动灭火系统进行灭火时，可按下手动控制盒或火灾自动报警气体灭火控制器上的紧急停止按钮，即可阻止控制器灭火指令的发出。

10.3.3　消火栓系统

消火栓系统是利用消防积水系统提供的水扑灭与水接触不会引起燃烧、爆炸的火灾而设置的固定消防设施，一般由蓄水池、加压送水装置（水泵）及消火栓等主要设备构成，分为室外消火栓系统和室内消火栓系统两种。

1. 室外消火栓系统

室外消火栓系统由室外消火栓、供水管网和消防水池组成。室外消火栓（见图10-5）主要供消防车从市政给水管网或室外消防给水管网取水实施灭火，也可以直接连接水带、水枪出水灭火。

操作方法：一铺二接三开。将消防水带铺开；将水枪与水带快速连接，将水带与消火栓连接；打开消火栓出水阀门开关。由于地下消火栓上盖着厚重的井盖板，打开时一般由两个人用铁制的专用工具勾起井盖板，露出地下消火栓后再用加长的开关扳手深入到地下拧开阀门。

2. 室内消火栓系统

室内消火栓系统（见图10-6）由室内消火栓设备（由消火栓、水枪和水带组成）、给水管网、消防水池或水箱组成。

图 10-5　室外消火栓　　　　　　　图 10-6　室内消火栓

操作方法：一般由两个人同时操作，具体步骤如图10-7所示。

10.3.4　防烟排烟系统

火灾产生的烟气是十分有害的。火场的烟气包括烟雾、有毒气体和热气，不但影响到消防人员的扑救，而且会直接威胁人身安全。火灾时，水平和垂直分布的各种空调系统、通风管道及竖井、楼梯间和电梯井等是烟气蔓延的主要途径。要把烟气排出建筑物外，就要设置防烟排烟系统，机械排烟系统可以减少着火层烟气及其向其他部位的扩散，利用加压进风有可能建立无烟区空间并可防止烟气越过挡烟屏障进入压力较高的空间。因此，防烟排烟系统能改善着火地点的环境，增大建筑内的人员安全撤离现场的几率，使

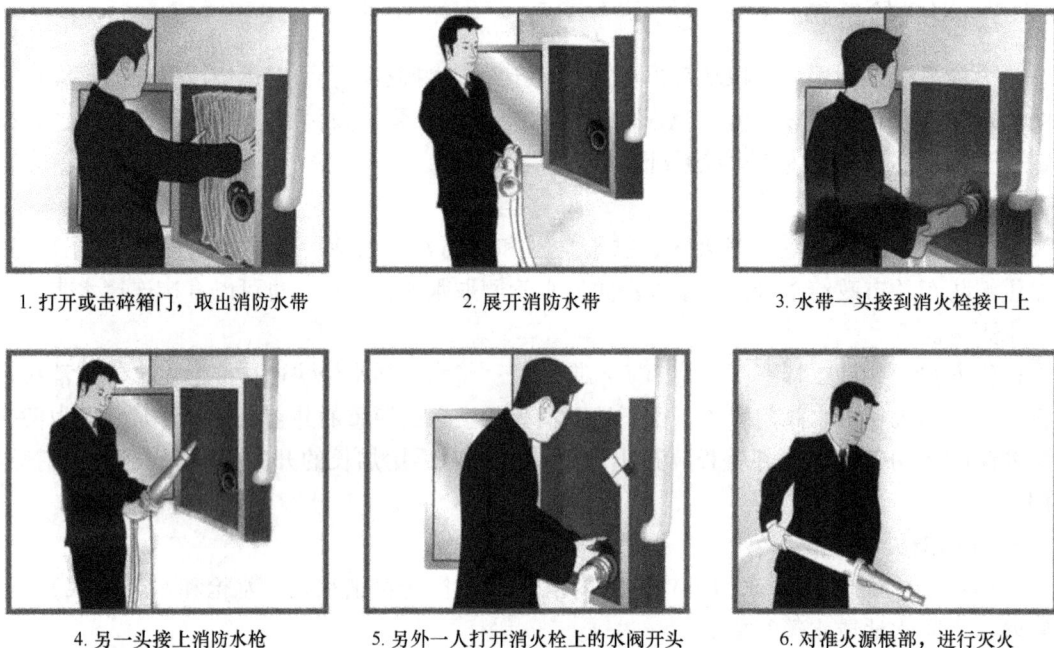

1. 打开或击碎箱门，取出消防水带	2. 展开消防水带	3. 水带一头接到消火栓接口上
4. 另一头接上消防水枪	5. 另外一人打开消火栓上的水阀开头	6. 对准火源根部，进行灭火

图 10-7　室内消火栓的操作方法

消防人员能迅速靠近火源，用最短的时间抢救被困人员，用最少的灭火剂在损失最小的情况下将火扑灭。此外，它能将未燃烧的可燃性气体在尚未形成易燃混合物之前驱散，避免轰燃或烟气爆炸的产生；还能将火灾现场的烟和热及时排去，减弱火势的蔓延，排除灭火的障碍，是灭火的配套措施。

排烟有自然排烟和机械排烟两种形式。排烟窗、排烟井是建筑物中常见的自然排烟形式，它们主要适用于烟气具有足够大的浮力、可能克服其他阻碍烟气流动的驱动力的区域。机械排烟可克服自然排烟的局限，有效地排出烟气。

防烟排烟系统由排烟阀、手动控制装置、排烟机和防烟排烟控制柜组成。火灾发生时，防烟排烟控制柜接到火灾信号，发出打开排烟机的指令，火灾区开始排烟，也可人为地通过手动控制装置进行人工操作，完成排烟功能。

10.3.5　应急广播和应急照明

消防应急广播是火灾发生时主要的救灾指挥工具，火灾初期用于广播通知人员疏散，后期可用于救灾指挥。

根据《火灾自动报警系统设计规范》的要求，控制中心报警系统应设置火灾广播，设置在走道、大厅等公共部位。

应急照明为人员疏散和发生火灾时仍需正常工作的场所提供照明，常用荧光灯，设置在楼梯间、走道、厅内、室内、楼梯口和安全出口等位置。

10.3.6　安全疏散设施

安全疏散设施的建立主要是为了人们能从发生火灾的区域迅速撤离到安全部位，尽可能减少火灾造成的人员与财产损失，也为消防人员提供有利的灭火条件等。安全疏散设施主要有安全出口（包括疏散门、防火门等）、疏散走道、疏散楼梯间和楼梯、消防电梯、避难层和避难走道、应急照明和安全疏散指示标志、应急广播、防烟排烟设施和屋顶直升机停机坪等。

10.3.7　灭火器

灭火器的种类很多，按其移动方式可分为手提式和推车式；按驱动灭火剂的动力来源可分为储气瓶式、储压式和化学反应式；按所充装的灭火剂则又可分为泡沫灭火器、干粉灭火器、卤代烷灭火器、二氧化碳灭火器、酸碱灭火器、清水灭火器等。我们常用的是干粉灭火器（BC 和 ABC 两类）灭火器、二氧化碳灭火器、泡沫灭火器等。

1. 干粉灭火器

干粉灭火器主要通过在加压气体作用下喷出的粉雾与火焰接触、混合时发生的物理、化学作用灭火，主要用于扑灭油类、可燃气体和电气设备等初起火灾。

干粉灭火器的使用方法：手提灭火器快速奔赴火场，在距燃烧处 5m 左右放下灭火器（如在室外应选择站在上风方向喷射），使用前先将灭火器上下颠倒几次，使筒内干粉松动；若是外置储气瓶式的，则一手紧握喷枪、另一手提起储气瓶上的开启提环，如果储气瓶的开启是手轮式的，则向逆时针方向旋开，并旋到最高位置，随即提起灭火器；若是储压式的，则应先拔下保险销，然后一手握住喷射软管前端的喷嘴，另一只手用力压下压把。

干粉灭火器扑救可燃、易燃液体火灾时，应对准火焰根部扫射，如果可燃液体呈流淌状燃烧时，应对准火焰根部由近而远，并左右扫射，直至把火焰全部扑灭。

用干粉灭火器时应注意灭火过程中应始终保持直立状态，不得横卧或颠倒使用，否则不能喷粉；同时注意干粉灭火器灭火后防止复燃，因为干粉灭火器的冷却作用甚微，在着火点存在炽热物的条件下，灭火后易产生复燃。

2. 二氧化碳灭火器

二氧化碳灭火器主要依靠窒息作用和部分冷却作用灭火。二氧化碳灭火器主要用于扑救贵重设备、档案资料、仪器仪表、600V 以下电气设备及油类的初起火灾。

手提式二氧化碳灭火器的使用方法：将灭火器提至火灾现场，在距离燃烧物 5m 左右放下灭火器并拔出保险销；一手握住喇叭筒根部的手柄，另一只手紧握启闭阀的压把，对没有喷射软管的二氧化碳灭火器，应把喇叭筒往上板 70°～90°；压下压把，对准火焰根部由近及远进行喷射。

推车式二氧化碳灭火器的使用方法：一般由两人操作，使用时两人一起将灭火器推或拉到燃烧处，在离燃烧物 10m 左右停下，一人快速取下喇叭筒并展开喷射软管后握住喇叭筒根部的手柄，另一人快速按逆时针方向旋动手轮并开到最大位置，对准火焰根部由近及远进行喷射。

灭火时，当可燃液体呈流淌状燃烧时，使用者将二氧化碳灭火器的喷流由近而远向火焰喷射。如果可燃液体在容器内燃烧时，使用者应将喇叭筒提起，从容器的一侧上部向燃烧的容器中喷射，但不能将二氧化碳喷流直接冲击可燃液面，以防止将可燃液体冲出容器而扩大火势，造成灭火困难。

在使用二氧化碳灭火器时，操作者不能直接用手抓住喇叭筒外壁或金属连接管，以防止手被冻伤。在室外使用时，应选择在上风方向喷射。在室内窄小空间使用时，灭火后操作者应迅速离开，以防窒息。

3. 泡沫灭火器

泡沫灭火器是通过筒体内酸性溶液与碱性溶液混合发生化学反应，将生成的泡沫压出喷嘴，喷射出去进行灭火的，主要用于扑救油品火灾，如汽油、煤油、柴油及苯、甲苯等的初起火灾，也可用于扑救一般固体物质火灾，但不适于扑救带电设备火灾及气体火灾。泡沫灭火器包括手提式泡沫灭火器、推车式泡沫灭火器和空气泡沫灭火器。

最常见的为手提式泡沫灭火器，其使用方法为：手提灭火器到现场；右手捂住喷嘴，左手执筒底边缘；把灭火器颠倒过来呈垂直状态，用劲上下晃动几下，然后放开喷嘴；右手抓筒耳，左手抓筒底边缘，把喷嘴朝向燃烧区，站在离火源 8m 左右的地方喷射，并不断前进兜围着火焰喷射，直至把火扑灭；灭火后，把灭火器卧放在地上，喷嘴朝下。

任务 10.4　火灾自救与逃生

学习目标

1. 知识目标
1）掌握火灾致死的主要因素。
2）了解火灾逃生时人的心理、行为特征。
3）掌握火灾逃生的原则。
4）掌握自救逃生的方法，懂得保护自己的生命。
2. 能力目标
1）能够描述火灾致死的主要原因，分析火灾逃生时人的心理特征。
2）能够使用火灾逃生自救方法保护自己并帮助他人。

学习重点

火灾致死的主要因素；火灾逃生时人的行为特征；火灾逃生的原则与方法。

学习难点

使用火灾逃生自救方法保护自己并帮助他人。

火灾自救与逃生是人们在遭受火灾严重威胁的情况下，为了保全自己的性命而采取的一种行为，是依靠个人的力量，无组织地从着火场所撤离的一种行为。

10.4.1　火灾致死因素

火灾中致人死亡的因素主要有以下几个：

1. 缺氧

火灾发生时，燃烧的物体消耗了大量氧气，很容易造成室内缺氧状况的出现。加上人在火场中过于紧张，快速奔跑，加大了对氧气的需求，更加容易出现缺氧症状。另外，火场燃烧中产生大量的二氧化碳，虽然其本身并无毒性，但它在火场中会降低空气中氧的含量，同样也会给人的生命造成威胁。在普通大火中，二氧化碳浓度增加到 2% 时，人就感到呼吸困难；达到 5% 以上时，人便会窒息死亡。

2. 火焰

烧伤主要是因为人体与火焰直接接触或热辐射引起的。如果皮肤温度在 66℃ 以上，仅持续 1s 就可以造成烧伤。所以，任何人在没有保护措施的情况下是绝不能在火焰中穿行的，尤其是火焰外围的外焰，其温度比焰心温度高出好几倍。因此，人在火场中千万不能靠近外焰。热辐射也容易把人灼伤，人在火场周围经常感到一股热浪迎面而来，这股热浪就是热辐射。火场中的热辐射往往非常强，即使与火焰相隔好几米远，人体也会被灼伤。

3. 高温

高温对火场中的人员也具有危险性。火焰产生的热空气能引起人体烧伤、热虚脱、脱水和呼吸不畅。人的生存极限气温是 130℃，超过这个温度，可以使血压下降，毛细血管破坏，以致血液不能循环，严重的会导致脑神经中枢被破坏而死亡。另外，物体发热还使其强度下降、牢度降低，建筑物受热作用后容易倒塌。

4. 毒气

火场中的有毒气体对人体呼吸器官或感觉器官产生刺激，使人窒息或昏迷。火场中，一些材料燃烧后产生的气体种类很多，有时多达上百种，这个混合气体中包含着大量有毒气体，如一氧化碳、二氧化氮和硫化氢等。

大量火灾死亡统计资料显示，大部分人因为吸入一氧化碳等有毒气体后在火场遇难。一般情况下，空气中一氧化碳含量达到 1% 时，人吸气数次后就丧失知觉，经 1~2min 就可能中毒死亡。即使含量只有 0.5%，人体吸入 20~30min 也有生命危险，甚至在火灾现场吸入一氧化碳而昏倒的人被救醒后，往往还会留下不同程度的后遗症。

5. 烟

很多人认为，火灾中人员死亡的主要原因是被火烧死。其实，物体燃烧后产生的烟气才是致死的主要原因。烟是物体燃烧的产物，由微小的固体、气体颗粒组成。建筑物起火后，大多数受害者首先见到的是烟。烟的迅速蔓延会使受害者呼吸困难、心率加快、判断力下降，造成恐慌心理。更加严重的是，烟降低了能见度，隐蔽了逃生线路，恶化了人员疏散条件。

在火灾现场，人们经常会见到既没有烧伤又无压伤的尸体。科学家对火灾中人的死亡原因进行统计分析，发现其中因缺氧窒息和中毒死亡的要占 70% 以上。因此可以说，火场上的浓烟比烈火更可怕，烟气是火场上的真正"杀手"。

10.4.2 火灾逃生时人的心理特征

1. 向光性

在火灾发生时，浓烟遮住了人们的视线或夜间突然停电照明灯熄灭，都会给人们带来不适和恐惧，此时，人们都具有习惯上的奔向能见度好、往明亮之处躲避的心理。通常烟雾少、能见度高的一方是距火点远的一方，如有安全疏散通道，奔向明亮方向逃生无疑是正确的。但若此方向无安全疏散通道或是火势蔓延的主要方向，则虽能暂时减轻烟热危害，随着时间的推移和火势的发展，此光明处却可能成为最危险之地。在实际火场中，有时走廊或楼梯的一段被烟火封住，若采取自我防护措施，果断冲过这一段光线昏暗处，逃生可能大有希望。

因此，火灾逃生时仅具有单纯的向光性是不可取的，应在判断分析的基础上慎重决定躲避的地点和方向。

2. 归巢心理

到公共场所的顾客、游客对环境不熟，对避难路线不了解，当发生火灾的时候，绝大多数的人会奔向来时的路线，选择逆向返回的逃生。回返性是人们在环境生疏的状况下的一种反应，带有普遍性。如果该通道畅通，则可逃生；倘若该通道被烟火封锁，立即就感到无路可逃，从而丧失信心，严重影响顺利逃生的进行。

为了避免上述情况的出现，要求公共场所管理者在大厅或通道等处张贴"紧急情况安全疏散路线示意图"，让人们能了解自我逃生的主要通道。知道这个通道，结果会大不一样。

3. 从众性

人们普遍具有人多壮胆、人多有依靠、人多有安全感的心理，因而随大流的从众性是在突发事件情况下，最容易发生的习惯性倾向。公共场所的人群本来是互无联系、无组织之众，在混乱之时，虽不相互认识，却都会有可以相互依赖的心理。这种在无任何指令或暗示的举动下形成的自然集结往往越变越多。但由于这样形成的群体，每个人都惶惶不安且存在盲目性，所以，一般情况下极容易盲目地按着错误信息或指令导向，走向更危险的境地。

4. 习惯性

如果平常习惯搭电梯上下楼，人们在火灾发生时往往习惯性地往电梯间走，造成错误的选择，习惯性也表现在人们只会朝经常使用的出入口和楼梯疏散，即使那里已挤成一团，还是争相夺路不肯离去。

5. 暂避倾向

火灾中，在火、烟、热和毒存在的情况下，人们往往向着不见烟和火焰的方向逃避，因而将逃生仅着眼于脱离暂时的危险处境上，变成只解决临时燃眉之急的单纯行动。在意向性支配下，人们表现出急于逃出着火区，从而导致无目的地乱跑乱窜或就地隐藏，钻入暂时烟火未延及的床下、桌下、和卫生间等处，甚至从楼上跳下等。这样做往往会贻误自我逃生时机，将自己送到更加危险的境地。实际上，火灾时的床、桌、椅等都是最易殃及的可燃物，不采取任何保护措施的洗手间的门也是可燃的，烟、热和毒也足以使人达到无法忍受或致死的地步。火灾时暂避的处所和方法确实是有的，但必须在有效措施的保护下才能实施，否则会获得相反的结果。

6. 盲目臆断

盲目臆断是指人们凭自己的主观意念支配自己行为的一种倾向，也称意向性。意向性容易发生于性格内向的人身上。当发生火灾时，自己虽然对逃生方法和路线不熟，对火势实际情况了解很少，但靠主观臆断或不切实际的幻想，盲目地决定自己的行动。这种人在火场上最不愿意听从别人的规劝和指挥，因而往往陷入最危险的境地。因此，发生火灾时，听从在场员工的指挥，冷静地判断火灾实际情况，才是可取的做法。

7. 混乱无序

混乱是大多数公共场所火灾中出现的一种可怕局面。混乱常起因于一两个或几个人的乱跑乱叫，给周围的人以强烈的影响，诱发成更加混乱的状态。一个群体的情感状态往往会随着其中某些人的情绪变化而变化。众多人存在的场所更具有一种增强效应和链式的相互感应。悲观情绪占上风的群体往往容易做出反常的事情来。

火灾发生时的混乱状态危害极大。它会严重干扰人的正常思维，引起行为错乱，干扰正确的引导疏散和消防救护。因此，给予适当的火场信息报导，保持逃生路线畅通，尽量减少外界因素的影响，对于预防火场逃生的混乱局面是十分重要的。

10.4.3　火灾逃生的原则

火灾逃生的原则基本上可用 16 个字来说明，即"确保安全，迅速撤离，顾全大局，救助结合"。

"确保安全，迅速撤离"是指被大火围困的人员或灭火人员，要抓住有利时机，就近利用一切可利用的便利工具、物品，想方设法地迅速撤离火灾危险区。一个人的正确行为能够带动更多人的跟随，就会避免一大批人的伤亡。不要因抢救个人贵重物品或钱财而贻误逃生良机。这里需要强调的是，如果逃生的通道均被封死，在无任何安全保障的情况下，不要急于采取过激的行为，以免造成不必要的伤亡。

"顾全大局，救助结合"包含三个方面的含义：

1）自救与互救相结合。当被困人员较多，特别是有老、弱、病、残在场时，要主动、积极地帮助他们首先逃离危险区，有秩序地进行疏散。

2）自救与抢险相结合。火场是千变万化的，如不扑灭火灾，不及时消除险情，就会造成毁灭性的灾害，带来更多的人员伤亡，给国家财产造成更大的经济损失。在能力和条件允许时要发扬自我牺牲精神，将自己的生死置之度外，奋不顾身地消除险情，延缓灾害发生的时间。

3）当逃生的路径被火灾封死后，要注意保护自己，等待救援人员开辟通道，逃离火灾危险区。

10.4.4　火灾自救与逃生方法

火灾自救与逃生方法分为十三诀。

1. 第一诀：逃生预演，临危不乱

每个人对自己工作、学习或居住所在的建筑物的结构及逃生路径要做到了然于胸，必要时可集中组织应急逃生预演，使人们熟悉建筑物内的消防设施及自救逃生的方法。这样，火灾发生时，人们就不会觉得走投无路了。

请记住：事前预演，临危不乱。

2. 第二诀：熟悉环境，暗记出口

当人们进入陌生环境时，为了自身安全，务必留心疏散通道、安全出口及楼梯的方位等，以便关键时候能尽快逃离现场。

请记住：居安思危，预留通路。

3. 第三诀：通道出口，畅通无阻

楼梯、通道和安全出口等是火灾发生时最重要的逃生之路，应保证畅通无阻，切不可堆放杂物或设闸上锁，以便紧急时能安全迅速地通过。

请记住：自断后路，后患无穷。

4. 第四诀：扑灭小火，惠及他人

当发生火灾时，如果发现火势并不大，周围有足够的消防器材，应奋力将小火控制并扑灭，千万不要惊慌失措地置小火于不顾而酿成大灾。

请记住：争分夺秒，扑灭小火。

5. 第五诀：保持镇定，明辨方向，迅速撤离

突遇火灾，面对浓烟和烈火，首先要保持镇定，迅速判断危险地点和安全地点，决定逃生的办法，尽快撤离险地。千万不要盲目地跟从人流和相互拥挤、乱冲乱窜。撤离时要注意朝外面空旷地方跑，要尽量往楼层下面跑，若通道已被烟火封阻，则应背向烟火方向离开，通过阳台、气窗和天台等往室外逃生。

请记住：沉着镇定，化险为夷。

6. 第六诀：不入险地，不贪财物

身处险境，应尽快撤离，不要因害羞或顾及贵重物品而把宝贵的逃生时间浪费在穿衣或寻找、搬离贵重物品上。已经逃离险境的人员，切莫重返险地，自投罗网。

请记住：莫惜钱财，生命第一。

7. 第七诀：简易防护，蒙鼻匍匐

逃生时经过充满烟雾的路线时，要防止烟雾中毒，预防窒息。可采用毛巾、口罩蒙鼻，匍匐撤离的办法。烟气比空气轻，飘于空气上部，所以，贴近地面撤离是避免烟气吸入、滤去毒气的最佳方法。穿过烟火封锁区，如果没有护具，可向头部、身上浇冷水或用湿毛巾、湿棉被和湿毯子等将头部、身体裹好，再冲出去。

请记住：尽量防护，安全逃生。

8. 第八诀：善用通道，莫入电梯

电梯的供电系统在火灾发生时随时会断电，或者因热的作用电梯变形而使人被困在电梯内，同时由于电梯井犹如贯通的烟囱直通各楼层，有毒的烟雾会直接威胁被困人员的生命，因此，千万不要乘普通的电梯逃生。

请记住：电梯逃生，自陷困境。

9. 第九诀：缓降逃生，滑绳自救

高层、多层公共建筑内一般都设有高空缓降器或救生绳，人员可以通过这些设施安全地离开危险楼层。如果没有这些专用设施，而安全通道又已被堵，救援人员不能及时赶到的情况下，被困人员可以迅速利用身边的绳索、床单、窗帘和衣服等自制简易救生绳，并用水打湿，从窗台或阳台沿绳缓滑到下面楼层或地面逃生。

请记住：胆大心细，善用工具。

10. 第十诀：避难场所，固守待援

逃生通道被切断且短时间内无人救援时，可采取创造避难场所、固守待援的办法。首先应关紧迎火的门窗，打开背火的门窗，用湿毛巾或湿布塞堵门缝或用水浸湿棉被蒙上门窗，然后不停用水淋透房间，防止烟火渗入，固守在房内直到救援人员到达。

请记住：冒险逃生，莫若等待。

11. 第十一诀：缓晃轻抛，寻求援助

被烟火围困暂时无法逃离的人员，应尽量待在阳台、窗口等易于被人发现和能避免烟火近身的地方。在白天可以向窗外晃动鲜艳衣物，或者向外抛掷轻型晃眼的东西；在晚上可以用手电筒不停地在窗口闪动或敲击东西，及时发出有效的求救信号，引起救援者的注意。通常消防人员进入室内都是沿墙壁摸索行进，所以，被困人员在被烟气窒息失去自救能力时，应努力滚到墙边或门边，便于消防人员寻找、营救；此外，滚到墙边也可防止房屋结构塌落砸伤自己。

请记住：暴露自己，吸引注意。

12. 第十二诀：火已及身，切勿惊跑

火场中的人如果发现身上着火，千万不可惊跑或用手拍打，因为奔跑或拍打时会形成风势，加速氧气的补充，促旺火势。当身上衣服着火时，应赶紧脱掉衣服或就地打滚，压灭火苗；能及时跳进水中或让人往身上浇水、喷灭火剂就更有效了。

请记住：滚压灭火，及时脱险。

13. 第十三诀：跳楼有术，虽损求生

身处火灾烟气中的人，精神上往往陷于极端恐惧和接近崩溃，极易导致不顾一切的伤害性行为，如跳楼逃生。应该注意的是：只有消防队员准备好救生气垫并指挥跳楼时或楼层不高（一般4层以下）非跳楼即烧死的情况下，才采取跳楼的方法。跳楼也要讲技巧，跳楼时应尽量往救生气垫中部跳或选择有水池、草地等方向跳；如有可能，要尽量抱些棉被、沙发垫等松软物品或打开大雨伞跳下，以减缓冲击力。

请记住：绝处跳楼，慎选方法。

任务 10.5　火灾人员疏散

学习目标

1. 知识目标

1）了解《中华人民共和国消防法》对火灾人员疏散的相关规定。

2）了解建筑的安全疏散设计要求。

3）掌握火灾人员疏散组织的内容。

2. 能力目标

能够进行所在区域的火灾人员疏散组织。

火灾人员疏散的主要内容。

建筑的安全疏散设计。

《中华人民共和国消防法》于1998年4月29日第九届全国人民代表大会常务委员会第二次会议通过，2008年10月28日第十一届全国人民代表大会常务委员会第五次会议修订，自2009年5月1日起施行。其内容包括：总则、火灾预防、消防组织、灭火救援、监督检查、法律责任和附则。

《中华人民共和国消防法》对人员密集场所的现场工作人员火灾时组织人员疏散进行了明确要求。其中，第四十四条规定："人员密集场所发生火灾，该场所的现场工作人员应当立即组织、引导在场人员疏散。"第六十八条规定："人员密集场所发生火灾，该场所的现场工作人员不履行组织、引导在场人员疏散的义务，情节严重，尚不构成犯罪的，处五日以上十日以下拘留。"

10.5.1 安全疏散设计

火灾事故中人员疏散的要求是当火灾发展到对人员构成危险之前，将所有人员疏散至安全区域。对于人员密集场所，火灾发生情况下人员的安全疏散是消防安全设计的根本目标。

安全疏散设计是要根据建筑物的高度、规模、使用性质、耐火等级和人在火灾事故时的心理状态与行为特点，合理设置安全疏散和避难设施，包括疏散出口、疏散走道与避难走道、疏散楼梯与楼梯间、避难层（间）及疏散指示标志等辅助设施，为人员的安全疏散创造有利的条件。

1. 疏散出口

疏散出口包括安全出口和疏散门。

安全出口是供人员安全疏散用的楼梯间、室外楼梯的出入口或直通室内外安全区域的出口。为了在发生火灾时能够迅速安全地疏散人员，在安全疏散设计时必须保证足够数量。每座建筑或每个防火分区的安全出口数目不应少于2个。安全出口应分散布置，并有明显标志。

疏散门是直接通向疏散走道的房间门、直接开向疏散楼梯间的门（如住宅的户门）或室外的门。疏散门是人员安全疏散的主要出口。其设置应满足下列要求：

1）疏散门应向疏散方向开启。

2）民用建筑及厂房的疏散门应采用平开门。

3）当门开启时，门扇不应影响人员的紧急疏散。

4）公共建筑内安全出口的门应设置在火灾发生时从内部易于开启的地方。

5）人员密集的公共场所，疏散出口不应设置门槛。

2. 疏散走道与避难走道

疏散走道是指发生火灾时，建筑内人员从火灾现场逃往安全场所的通道。疏散走道的设置应保证逃离火场的人员进入走道后能顺利地继续通行至楼梯间，到达安全地带。

避难走道是指设置防烟设施且两侧采用防火墙分隔，用于人员安全通行至室外的走道。

3. 疏散楼梯与楼梯间

疏散楼梯是建筑物发生火灾时最主要的垂直疏散设施。为了提高疏散楼梯的安全可靠程度，应满足以下防火要求：

1）疏散楼梯宜设置在标准层（或防火分区）的两端。

2）疏散楼梯宜靠近电梯设置。

3）疏散楼梯宜靠外墙设置。

楼梯间有敞开式、封闭式和防烟楼梯间等种类。楼梯间应满足以下要求：

1）楼梯间应能天然采光和自然通风，并宜靠外墙设置。

2）楼梯间不应设置烧水间、可燃材料储藏室。

3）楼梯间不应设置卷帘。

4）楼梯间不应有影响疏散的突出物或其他障碍物。

5）楼梯间内不应敷设或穿越甲、乙、丙类液体的管道。

6）除通向避难层错位的疏散楼梯外，建筑中的楼梯间在各层的平面位置不应改变。

4. 避难层（间）

避难层是超高层建筑中专供发生火灾时人员临时避难使用的楼层。为保证避难层在建筑物起火时能正常发挥作用，避难层应至少有两个不同的疏散方向可供疏散。通向避难层的防烟楼梯间，其上层、下层应错位或断开布置，为疏散人员提供继续疏散还是停留避难的选择机会。

5. 逃生疏散辅助设施

逃生疏散辅助设施主要包括：

1）疏散指示标志。

2）避难袋。

3）缓降器。

4）避难滑梯。

5）室外疏散救援舱。

6）缩放式滑道。

10.5.2　安全疏散组织

根据《中华人民共和国消防法》的规定，人员密集场所的现场工作人员具有引导在场人员疏散的义务。因此，火灾中人员的疏散要求现场工作人员不仅掌握火场逃生的技能，熟悉逃生路线、安全出口的位置，能够进行火灾自救和逃生，更要履行组织疏散的义务，确保发生火灾时能够及时引导人员疏散和协助救援。

火灾发生时，安全疏散的组织人员必须做到以下几点：

1）冷静面对现场情况，及时做出是否需要组织人员疏散的判断。

2）快速选择最适宜的疏散方向与疏散出口。

3）通过喊话、手势等方式告知现场人员开始疏散。

4）指挥疏散人群进入安全通道，对误入电梯或非安全通道的人员，阻止并引导其进入正确通道。

5）告知现场人员自救方法，如遇到烟时保持低姿、捂口等。

6）劝说不愿疏散的人员放弃手中物品或工作，尽快进行疏散。

7）帮助老人、孩子和其他行动不便的人员进行疏散。

8）搜索现场，确认是否有未疏散的人员。

9）疏散后，向单位消防安全负责人或专业救援人员报告所在区域的人员疏散情况。

任务 10.6　消防事故处理案例分析

学习目标

1. 知识目标

了解消防事故及其处理。

2. 能力目标

能够从消防事故中分析得出改进措施。

学习重点

事故的教训及启示。

学习难点

分析事故原因，分析改进措施。

火灾是危害城市轨道交通运营安全的重要因素，尤其是在地下空间中发生火灾，将比地面建筑发生火灾更具危险性。

10.6.1　事故基本情况

2005 年 8 月 26 日 7 时 23 分左右，北京地铁 2 号线一列内环列车由于排风扇电路老化短路，在朝阳门站引发火灾，但列车内没有出现明火。列车驾驶员在调度员的指挥下将列车驶回积水潭车辆段。列车在经过和平门站时出现明火，冒出浓烟，并发出异味，导致内环地铁停运 50 多分钟。此次事故没有造成人员伤亡。

10.6.2　处置措施

事故发生后，北京市地铁运营有限公司及时启动应急预案，车站管理人员立即疏散车内乘客，调度命令驾驶员将列车驶回积水潭车辆段。同时，外环列车继续运营，环线各车站发布通告，建议乘客乘坐外环线路或选择地面交通工具，西直门站采取暂时限流措施，13 号线不再发售与 2 号线的联票。车站工作人员持扩音器解释事故原因并指挥乘客有序乘车。7 时 40 分左右，和平门站东南口通风井冒出浓烟。公安、消防和急救人员立即赶到和平门站东南口待命，和平门站的四个入口被封闭。8 时 30 分，事故处理完毕，地铁内环恢复运营。

10.6.3　教训及启示

1. 存在的问题和漏洞

1）车辆本身存在安全隐患。发生故障的列车已运行 20 多年，车辆上没有火灾探测报警系统，列车驾驶员无法及时掌握火灾信息；列车上没有有效的火灾传感装置，地铁运营公司无法及时发现此类危险因素，存在一定的安全隐患。

2）应急预案有待完善。事故发生后调度命令车辆继续行驶至车辆段内，这种应急措施是否合理值得探讨。

3）乘客疏散存在问题。事故发生后，地面交通未能及时配合乘客转移，造成地面交通发生拥堵。

2. 事故的启示

1）应建立包括公安、消防、交通及医疗救护等部门的综合应急救援系统。

2）应组织专家对应急预案进行评审，确保应急预案的科学性和可操作性。

3. 事故后的改进措施

1）对地铁 1 号线、2 号线的陈旧设备进行了改造和更新，提高设备的安全可靠性。

2）更新了部分车辆，通过维修将车辆分阶段升级改造。

3）实施消除隐患的改造工程。

4）实施对车站环境与设备的综合监控。

小　　结

本项目主要讲述了消防安全与公共安全的关系，消防安全工作的意义与方针；燃烧的定义、要素、类型；火灾的定义、分类及燃烧产物；防火、灭火的基本方法；火灾自动报警系统的组成、功能、工作原理和使用；自动灭火系统的种类与工作原理；消火栓的种类与操作方法；防烟排烟系统的作用与工作原理；应急广播、应急照明的作用；安全疏散设施的作用与种类；灭火器的种类，常见灭火器的使用方法；火灾致死的主要因素；火灾逃生时人的心理特征；火灾逃生的原则；火灾自救与逃生的方法；火灾人员疏散的安全设计与组织方法等。

思考与练习

1. 消防安全工作的意义与方针是什么？
2. 什么叫作燃烧？如何理解燃烧的条件？燃烧分为哪些类型？
3. 火灾按燃烧对象的不同是如何分类的？
4. 举例说明燃烧产物有哪些毒害作用。
5. 灭火的基本方法有哪些？
6. 什么是火灾自动报警系统？它由哪些部分组成？各组成部分的功能是什么？
7. 什么是火灾探测器件？有哪些种类？
8. 火灾自动报警系统的工作原理是什么？
9. 自动灭火系统有哪些种类？工作原理是什么？
10. 简述消火栓的操作方法。
11. 防烟排烟系统的作用是什么？
12. 应急广播、应急照明的作用是什么？
13. 安全疏散设施有哪些？
14. 简述干粉灭火器、二氧化碳灭火器的操作方法。
15. 火灾致死的因素有哪些？
16. 火灾自救与逃生的方法有哪些？
17. 火灾报警的方法有哪些？
18. 火灾人员疏散的组织工作有哪些？

突发事件现场应急处置

城市轨道交通受各种外界条件、设备因素及人员作业因素的影响，不可避免地会发生突发事件或事故，发生突发事件后，正确地进行应急，往往能最大限度地减少人员伤亡与财产损失。

本项目介绍了城市轨道交通应急设备的种类及其使用方法、应急急救的知识及常发事故的应急处置措施。

任务 11.1 突发事件概述

学习目标

1. 知识目标
1）掌握突发事件的基本概念、分类和特点。
2）了解突发事件的处理原则、环节。
3）了解突发事件预防。
4）了解突发事件信息通报的内容及流程。
2. 能力目标
能够理解突发事件预防。

学习重点

突发事件；突发事件的处理原则、环节；突发事件预防；突发事件信息通报的内容及流程。

学习难点

突发事件的处理原则；突发事件预防。

11.1.1 概述

1. 突发事件的定义

根据2007年11月1日起施行的《中华人民共和国突发事件应对法》的规定，突发事件是指突然发生，造成或可能造成严重社会危害，需要采取应急处置措施予以应对的自然灾害、事故灾难、公共卫生事件和社会安全事件。

2. 突发事件的分类

（1）影响类型　根据影响类型突发事件可分为自然灾害、事故灾难、公共卫生事件和社会安全事件等四类。

1）自然灾害：主要包括强台风、强降雨和地震等。

2）事故灾害：主要包括火灾、爆炸、列车脱轨、列车冲突、列车颠覆、接触网断线、严重水浸、大面积停电和地铁构筑物坍塌等。

3）公共卫生事件：主要包括恶性传染病疫情、食品安全与职业危害事件等。

4）社会安全事件：主要包括突发性大客流、重大刑事案件（炸弹恐吓、毒气及劫持）、有毒化学物质泄漏和放射性物质扩散等。

（2）危害程度　一般依据突发事件可能造成的危害程度、波及范围、影响力大小、人员及财产损失等情况，由高到低划分为特别重大（Ⅰ级）、重大（Ⅱ级）、较大（Ⅲ级）和一般（Ⅳ级）四个级别，并依次采用红色、橙色、黄色和蓝色来加以表示。

3. 突发事件的特点

（1）引发突然性　突发事件是事物内在矛盾由量变到质变的飞跃过程，是通过一定的契机诱发的，诱因具有一定的偶然性和不易发现的隐蔽性。它以什么方式出现，在什么时候出现，是人们所无法把握的。也就是说，突发事件发生的具体时间、实际规模、具体态势和影响深度是难以预测的。

（2）目的明确性　任何突发事件（除自然事件外）都有明确的目的性和欲望性，因为人们选择和行为的目标都是为了满足某种需要。自然事件本身虽无目的性，但是在处理这类事件的过程中，人们的目的性也是十分明显的。

（3）瞬间的聚众性　任何一类突发事件都必然要涉及一部分人的切身利益，使其产生心理压力和变化，引起人们的关注和不安也属正常。尤其是社会性的突发事件，多是由少数人操纵，通过宣传鼓动把一些群众卷到事件中来。例如，在一些地方因地界、征地和拆迁安置而发生的突发性事件，往往是一人纠合，数人响应，使其具有聚众性。

（4）行为的破坏性　不论什么性质和规模的突发事件都必然不同程度地给国家和人民造成政治、经济和精神上的破坏与损失。

（5）状态的失衡性　如果我们将社会的正常秩序看作是均衡状态的话，那么突发事件则使社会偏离正常发展轨道而出现了失衡。由于事件的发生会使人们的生活处于不稳定状态，昔日和谐安宁的社会环境遭到了破坏，常规工作方式和工作程序已失去了作用，必须用特殊的手段才能奏效，整个组织处于混乱无序之中。

11.1.2　突发事件的处理

1. 原则

基本原则：以人为本，减轻危害；统一领导，分级负责；社会动员，协调联动；属地先期处置；依靠科学，专业处置；鼓励创新，迅速高效。

1）坚持高度集中、统一指挥、逐级负责的原则。

2）坚持"先救人，后救物；先全面，后局部"的原则，优先组织人员疏散、伤员抢救，同时兼顾重点设备和环境的防护，将损失降至最低限度。

3）员工在处理突发事件时应沉着冷静，反应迅速，积极开展工作，做到早发现、早报告和早控制。严格执行规定的标准和程序，做好乘客疏导和安抚工作，维持乘客秩序和减少乘客恐慌。通知车站员工执行紧急疏散程序时，应使用统一代号，以免引起恐慌。

4）在突发事件应急处理过程中，应兼顾现场的保护工作，以利于公安、消防和事件调查部门的现场取证。

5）坚持就近处理的原则。突发事件发生时，在上一级应急处理负责人到达现场前，员工按规定担任现场临时的应急处理负责人；在上一级应急处理负责人到达现场后，则由上一级应急处理负责人担任现场指挥。

2. 环节

环节包括：接警与初步研判；先期处置；启动应急预案；现场指挥与协调；抢险救援；扩大应急；信息沟通；临时恢复；应急救援行动结束；调查评估。

11.1.3　突发事件预防

1. 健全体系

健全社会预警体系，加强应急管理工作。突发事件发生前的预防是突发事件管理的重点，预防是突发事件管理中最简便、成本最低的方法。各监测部门应健全监测、预测工作，及时收集各种信息，并对这些信息进行分析、辨别，有效觉察潜伏的危机，对危机的后果事先加以估计和准备，预先制订科学而周密的危机应变计划，建立一套规范、全面的危机管理预警体系，明确各政府部门的责任，对危机采取果断措施，为危机处理赢得主动，从而预防和减少自然灾害、事故灾难、公共卫生事件和社会安全事件及其造成的损失，保障国家安全、人民群众生命财产安全，维护社会稳定发展。

2. 加强协调

各部门加强协调，对突发事件迅速做出反应。政府应该建立突发事件应急反应机制，进一步明确各部门的职责，将部门协调行动制度化，以保障各部门和领导能在第一时间对危机作出判断，迅速反应，政令畅通，各部门协调配合，临事不乱。各地区各部门要树立大局意识和责任意识，不仅要加强本地区本部门的应急管理，落实好自己责任范围内的专项预案，还要按照总体应急预案的要求，做好纵向和横向的协同配合工作。

3. 健全法制

加快应急管理的法制建设。由于突发事件的不确定性，在采取措施时没有相应的法律条款来支撑，可能对应急管理形成障碍，使形势不能得到及时遏止，因此，要把应急管理纳入规范化、制度化和法制化轨道，使法律跟上突发事件的发展要求。还要高度重视运用科技提高应对突发公共事件的能力，加强应急管理科学研究，提高应急装备和技术水平，加强应急管理信息平台建设，形成国家公共安全和应急管理的科技支撑体系。

11.1.4 突发事件信息通报的内容及流程

1. 突发事件信息通报的内容

（1）信息通报的通信方法 突发事件信息通报采取的通信方法如下：

1）同一现场人员的信息通报可采用面对面口述的方法。

2）同地点各岗位间的信息通报可使用各种通信工具，竭力保障信息迅速传递。

3）一般控制中心调度值班主任设有一部专门的内线电话作为事故（事件）专用报告电话，供没有直通调度电话可使用的员工作事故（事件）应急报告使用。

（2）信息通报的内容 突发事件信息通报的内容一般应包括以下几点：

1）报告人姓名、职务及单位。

2）事件发生类别、时间及地点。

3）事件发生概况、原因（若能初步判断时）及影响运营的程度。

4）人员伤亡情况、设施设备损毁情况。

5）已采取的措施。

6）需要的援助（包括救援、救护和支援）。

7）其他必须说明的内容及要求。

一般来说，信息通报遵循这样一个流程：突发事件现场→控制中心→应急处理专业机构和外部支援。

2. 突发事件信息通报流程（见图11-1）

在进行信息通报时，发生立即需要外部支援的突发事件，如火灾、爆炸、人员伤亡和治安（刑事）事件等时，应坚持就近迅速通报的原则。

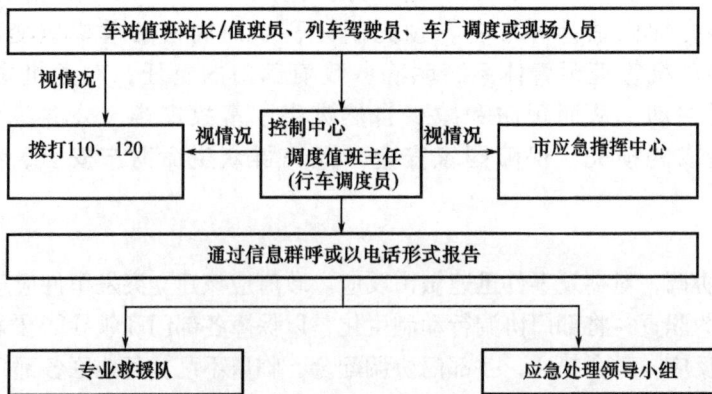

图 11-1 突发事件信息通报流程

任务 11.2　应急设备及其操作

　　城市轨道交通系统的地铁列车是在封闭状态下运营的大型载客交通工具，因设备故障、技术行为、人为破坏和不可抗力等原因，均可能会发生突发事故。为能保证紧急情况下乘客的人身安全，在地铁列车和车站都安装有相应设备，当出现紧急情况时，乘客可以通过应急设备进行报警或自救。

11.2.1　地铁列车应急设备

　　一般情况下，地铁列车上应配备的应急设备有紧急对讲装置、紧急解锁装置、灭火器和逃生装置。

　　（1）紧急对讲装置　地铁列车的客室紧急对讲装置位于列车门区的立柱罩板上，每节车厢设有 4 个。紧急情况下，乘客可打破防护盖，根据防护罩板上的提示进行操作，与驾驶室内的驾驶员进行对话。

　　（2）紧急解锁装置　地铁列车的客室车门紧急解锁装置安装于客室门区侧顶上方的盒体内，每节车厢设有 4 个。紧急情况下，乘客可打开盒盖旋转把手，把锁闭的车门打开，一旦车门被打开，列车将立即失去牵引力，并实施紧急制动。

　　（3）灭火器　地铁列车上的灭火器（见图 11-2）布置在客室座椅下方（拖车每节车厢 4 个，动车每节车厢 6 个），在其对应的上方侧顶处设有相应标志。列车若出现火情，乘客可自行取出灭火器，按要求对

图 11-2　地铁列车配置的灭火器

准起火点进行灭火作业。

（4）逃生锤　地铁列车上的逃生锤安装于列车侧顶上方的盒体内，每节车厢设有2个。当列车发生紧急状况时，乘客可打开盒盖，取下逃生锤，用锤子击碎玻璃逃生。

需要提醒的是，上述各种装置只限在地铁列车发生紧急情况，需要灭火或逃生时方可使用。日常运营过程中，如有乘客擅自使用，对地铁列车的运营秩序造成影响，运营公司将按相关规定对当事人进行处罚。

11.2.2　车站应急设施

1）火灾紧急报警器。每个车站的站厅、站台墙上均安装有火警手动报警器，供发生火灾时使用。

2）自动扶梯紧停装置。车站内所有自动扶梯两端都安装有电梯紧停装置，发生紧急情况时，乘客可按压紧停按钮停止电梯运行。

3）车站站台紧急停车按钮。每侧站台墙上或立柱上各设有2个紧急停车按钮，发生危及安全的情况时，击碎玻璃按压按钮3s以上即可。

4）安全门手动解锁装置。每个车门对应的安全门上均安装有手动解锁装置，当列车进站停稳后，安全门无法自动开启时使用。

另外，每个车站的车控室配备一个紧急用品箱，箱面印有"紧急用品"字样。箱内至少配备如图11-3所示的工具和用品。

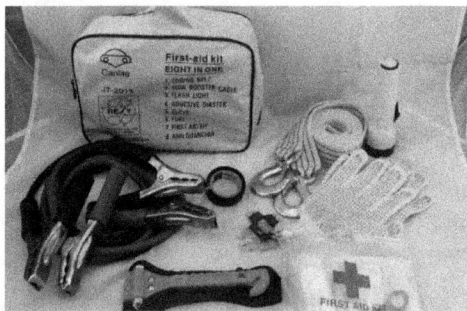

图11-3　车站应急工具和用品

任务11.3　伤害急救常识

学习目标

1. 知识目标
1）掌握机械伤害的急救方法。
2）了解触电伤害的急救方法。
3）了解中暑、高空坠落和中毒等其他伤害的急救方法。
2. 能力目标
1）能够掌握机械伤害的急救方法。
2）能够掌握触电伤害的急救方法。

机械伤害的急救方法；触电伤害的急救方法；其他伤害的急救方法。

机械伤害的急救方法；触电伤害的急救方法。

人们在任何生产活动过程中都可能会发生一些人身伤害事故，城市轨道交通系统也不例外，而发生事故后的现场急救对抢救作业非常关键，如果现场急救正确、及时，不仅可以减轻伤者的痛苦，降低事故的严重程度，而且可以争取抢救时间，挽救伤者的生命。

11.3.1　机械伤害的急救方法

机械伤害造成的受伤部位可以遍及人们全身各个部位，如头部、眼部、颈部、胸部、腰部、脊柱和四肢等，有些机械伤害会造成人体多处受伤，后果非常严重。现场急救非常关键，如果现场急救正确及时，不仅可以减轻伤者的痛苦，降低事故的严重程度，还可以争取抢救时间，挽救更多人的生命。

1. 机械伤害急救的基本要点

1）发生机械伤害事故后，现场人员不要害怕和慌乱，要保持冷静，迅速对受伤人员进行检查。急救检查应先看神志、呼吸，接着摸脉搏、听心跳，再查瞳孔，有条件者测血压，然后检查局部有无创伤、出血、骨折和畸形等变化，根据伤者的情况，有针对性地采取人工呼吸、心脏按压、止血、包扎和固定等临时应急措施。

2）迅速拨打急救电话，向医疗救护单位求援。记住报警电话很重要，我国通用的医疗急救电话为120，但除了120以外，各地还有一些其他的急救电话，也要适当留意。在发生伤害事故后，要迅速拨打急救电话，拨打急救电话时，要注意以下问题：①在电话中应向医生讲清伤员的确切地点、报警人的联系方法（如电话号码）和行驶路线；②简要说明伤员的受伤情况、症状等，并询问清楚在救护车到来之前应该做些什么；③派人到路口准备迎候救护人员。

3）遵循"先救命、后救肢"的原则，优先处理颅脑伤、胸伤、肝破裂、脾破裂等危及生命的内脏伤，然后处理肢体出血、骨折等伤。

4）检查伤者呼吸道是否被舌头、分泌物或其他异物堵塞。

5）如果呼吸已经停止，立即实施人工呼吸。

6）如果脉搏不存在，心脏停止跳动，立即进行心肺复苏。

7）如果伤者出血，进行必要的止血及包扎。

8）大多数伤者可以直接抬送医院，但对于颈部和背部严重受损者要慎重，以防止其二次受伤。

9）让伤者平卧并保持安静，如有呕吐，同时无颈部骨折时，应将其头部侧向一边以防止呕吐物吸入气管。

10）动作轻缓地检查伤者，必要时剪开其衣服，避免突然挪动增加伤者痛苦。

11）救护人员既要安慰伤者，自己也应尽量保持镇静，以消除伤者的恐惧。

12）不要给昏迷或半昏迷者喝水，以防液体进入呼吸道而导致窒息，也不要用拍击或摇动的方式试图唤醒昏迷者。

2. 现场急救技术

（1）人工呼吸　对口（鼻）吹气法是现场急救中采用最多的一种人工呼吸方法，其具体操作方法是：

1）对伤员进行初步处理：将需要进行人工呼吸的伤员放在通风良好、空气新鲜、气温适宜的地方，解开伤员的衣领、裤带和内衣等，清除口鼻分泌物、呕吐物及其他杂物以保证呼吸道畅通。

2）使伤员仰卧，施救人员位于其头部一侧，捏住伤员的鼻孔，深吸气后，将自己的嘴紧贴伤员的嘴吹入气体。之后，离开伤员的嘴，放开鼻孔，以一手压伤员胸部，助其呼出体内气体。如此有节律地反复进行，每分钟进行 15 次。吹气时不要用力过度，以免造成伤员肺泡破裂。

3）吹气时，应配合对伤员进行胸外心脏按压。一般吹一次气后，做四次心脏按压。

（2）心肺复苏　胸外心脏按压是心脏复苏的主要方法，它是通过压迫胸骨，对心脏给予间接按压，使心脏排出血液，参与血液循环，以恢复心脏的自主跳动。其具体操作方法是：

1）让需要进行心脏按压的伤员仰卧在平整的地面上或木板上。

2）施救人员位于伤员一侧，双手重叠放在伤员胸部两乳正中间处，用力向下挤压胸骨，使胸骨下陷 3～4cm，然后迅速放松，放松时手不离开胸部，如此反复有节律地进行。按压速度为每分钟 60～80 次。胸外心脏按压时的注意事项：①胸部严重损伤、肋骨骨折、气胸或心包填塞的伤员不应采用此法；②胸外心脏按压应与人工呼吸配合进行；③按压时，用力要均匀，力量大小看伤员的身体及胸部情况而定，按压时手臂不要弯曲，用力不要过猛，以免使伤员肋骨骨折；④随时观察伤员情况，做出相应的处理。

（3）止血　当伤员身体有外伤出血现象时，应及时采取止血措施。常用的止血方法有以下几种：

1）伤口加压法。伤口加压法主要适用于出血量不太大的一般伤口，通过对伤口的加压和包扎减少出血，让血液凝固。其具体做法是：如果伤口处没有异物，用干净的纱布、布块、手绢和绷带等物或直接用手紧压伤口止血；如果出血较多时，可以用纱布、毛巾等柔软物垫在伤口上，再用绷带包扎以增加压力，达到止血的目的。

2）手压止血法。手压止血法是临时用手指或手掌压迫伤口靠近心端的动脉，将动脉压向深部的骨头上，阻断血液的流通，从而达到临时止血的目的。这种方法通常是在急救中和其他止血方法配合使用的，其关键是要掌握身体各部位血管止血的压迫点。手压止血法仅限于无法止住伤口出血，或者准备敷料包扎伤口的时候。施压时间切勿超过 15min。如果施压过久，肢体组织可能因缺氧而损坏，以致不能康复，继而还可能需要截肢。

3）止血带法。止血带法适合于四肢伤口大量出血时使用，主要有布止血带绞紧止血、布止血带加垫止血和橡皮止血带止血三种。使用止血带法止血时，绑扎松紧要适宜，以出血停止、远端不能摸到脉搏为好。使用止血带的时间越短越好，最长不宜超过 3h。并在此段时间内每隔 0.5h（冷天）或 1h 慢慢解开、放松一次。每次放松 1~2min，放松时可用指压法暂时止血。不到万不得已时不要轻易使用止血带，因为止血带能把远端肢体的全部血流阻断，造成组织缺血，时间过长会引起肢体坏死。

（4）搬运转送　转送是危重伤病员经过现场急救后由救护人员安全送往医院的过程，是现场急救过程中的重要环节。因此，必须寻找合适的担架，准备必要的途中急救力量和器材，尽可能调度速度快、振动小的运输工具。同时，应注意掌握各种伤病员的搬运方式：

1）上肢骨折的伤员托住固定伤肢后，可让其自行行走。

2）下肢骨折的伤员用担架抬送。

3）脊柱骨折的伤员，用硬板或其他宽布带将伤员绑在担架上抬送。

4）昏迷伤员，头部可稍垫高并转向一侧，以免呕吐物吸入气管。

11.3.2　触电伤害的急救方法

触电伤害的急救基本原则是动作迅速、方法正确。

1. 迅速脱离电源

人体触电以后，可能由于痉挛或失去知觉等原因而紧抓带电体，不能自己摆脱电源。抢救触电者的首要步骤就是使触电者尽快脱离电源。

使触电者脱离电源的方法：

1）立即将闸刀打开或将插头拔掉，切断电源。要注意，普通的电灯开关（如拉线开关）只能关断一根线，有时关断的不是相线，并未真正切断电源。

2）找不到开关或插头时，可用绝缘的物体（如干燥的木棒、竹竿或手套等）将电线拨开，使触电者脱离电源。

3）用绝缘工具（如带绝缘的电工钳、木柄斧头及锄头等）切断电源。

4）遇高压触电事故，立即通过有关部门停电。

总之，要因地制宜，灵活运用各种方法快速切断电源，防止事故扩大。

2. 现场急救方法

当触电者脱离电源后，应根据触电者的具体情况迅速对症救护，力争在触电后 1min 内进行救治。国内外一些资料表明，触电者在触电后 1min 内得到救治的，90% 以上有良好的效果，而超过 12min 再开始救治的，基本无救活的可能。现场应用的主要方法是口对口人工呼吸和体外心脏按压法，严禁打强心针。

触电者一般有以下四种症状，可分别给予正确的对症救治：

1）神志尚清醒，但心慌力乏，四肢麻木。该类病人一般只需将其扶到清凉通风之处休息，让其自然慢慢恢复。但要派专人照料护理，因为有的病人会在几小时后发生病变而突然死亡。

2）有心跳，但呼吸停止或极微弱。该类病人应该采用口对口人工呼吸法进行急救。

3）有呼吸，但心跳停止或极微弱。该类病人应该采用人工胸外心脏按压法来恢复病人的心跳。

4）心跳、呼吸均已停止者。该类病人的危险性最大，抢救的难度也最大。应该把以上两法同时使用，即采用"人工氧合"的方法。最好是两人一起抢救，如果仅有一人抢救时，应先吹气 2~3 次，再按压心脏 15 次，如此反复交替进行。

11.3.3 其他伤害的急救方法

1. 中暑

中暑是指人长时间处于高温环境，不能充分出汗降低体温而引起的威胁生命的疾病。症状通常发展很快，需要立即处理。根据不同临床表现可分为先兆中暑、轻症中暑、重症中暑。其中又根据发病机制的不同将重症中暑分为热痉挛、热衰竭和热射病等类型。

（1）中暑的病因　人们在高温（一般指室温超过35℃）环境中或烈日曝晒下从事一定时间的劳动，并且无足够的防暑降温的措施，常易发生中暑。有时气温虽未达高温，但由于湿度较高和通风不良，也可发生中暑。常见易患因素有：

1）环境因素。环境因素为必备因素，包括高温、高湿度和通风不良，导致人体获热增多而散热障碍。

2）热适应障碍。慢性疾病、肥胖、营养不良、年老体弱、孕产妇、衣着过多、过度疲劳、缺少体育锻炼、睡眠不足、饮酒和脱水等均可干扰机体的热适应。

3）机体产热增多。机体产热增多主要见于从事重体力劳动，以及代谢亢进，如感染、发热和甲状腺功能亢进等。

4）机体散热障碍。机体散热障碍主要见于汗腺功能障碍，如先天性汗腺缺乏、汗腺损伤、皮肤大面积受损（大面积烧伤、硬皮病等）、过敏性疾病及抗胆碱能药物（如阿托品）等；在湿度较高和通风不良的环境，也容易发生机体散热障碍；心血管疾病患者凼心血管调节反应迟钝可影响散热机制。

（2）中暑的急救方法　处理一般中暑的措施：给患者降温。应尽快将患者移至清凉的地方。用凉的湿毛巾敷前额和躯干，或者用湿的大毛巾、床单等将患者包起来。用电风扇和有凉风的电吹风或扇子使其降温。注意：不要用酒精擦其身体，不要让其进食或喝水。

处理严重中暑的急救措施：将患者移至清凉处；让患者躺下或坐下，并抬高下肢；降温，用凉的湿毛巾敷前额和躯干，或者用大的湿毛巾、湿的床单等把患者包起来。用电风扇和有凉风的电吹风或扇子以促其降温。注意：不要用酒精擦患者的身体；让神志清楚的患者喝清凉的饮料，如果患者神志清楚，呼吸及吞咽均无困难，可以让其喝盐水（每100mL水加盐0.9g），不要喝酒或咖啡；如果患者病情无好转，应送医院急救。

2. 高空坠落

高处坠落在建筑业是"三大伤害"之一，发生率最高，危险性极大，是由于高处作业引起的，故可以根据高处作业的分类形式对高处坠落事故进行简单的分类。

（1）基本分类　根据《高处作业分级》（GB/T 3608—2008）的规定，凡在坠落高度基准面2m以上（含2m）有可能坠落的高处进行的作业，均称为高处作业。根据高处作业者工作时所处的部位不同，高处作业坠落事故可分为：临边作业高处坠落事故、洞口作业高处坠落事故、攀登作业高处坠落事故、悬空作业高处坠落事故、操作平台作业高处坠落事故、交叉作业高处坠落事故等。

了解高处作业坠落事故的分类情况，对于在工作中对高处作业坠落事故进行原因分析及采取预防措施是有帮助的。

（2）原因特点　根据事故致因理论，事故致因因素包括人的因素和物的因素两个主要方面。

1）从人的不安全行为分析　从人的不安全行为分析主要有以下原因：

① 违章指挥、违章作业和违反劳动纪律的"三违"行为，主要表现为：

a. 指派无登高架设作业操作资格的人员从事登高架设作业，如项目经理指派无架子工操作证的人员搭拆脚手架即属违章指挥。

b. 不具备高处作业资格（条件）的人员擅自从事高处作业，根据《建筑安装工人安全技术操作规程》有关规定，从事高处作业的人员要定期体检，凡患高血压、心脏病、贫血、癫痫病及其他不适合从事高处作业的人员不得从事高处作业。

c. 未经现场安全人员同意擅自拆除安全防护设施，如砌体作业班组在做楼层周边砌体作业时擅自拆除楼层周边防护栏杆即为违章作业。

d. 不在规定的通道进入作业面，而是随意攀爬阳台、吊车臂架等非规定通道。

e. 拆除脚手架、井字架、塔吊或模板支撑系统时无专人监护且未按规定设置足够的防护措施，许多高处坠落事故都是在这种情况下发生的。

f. 高空作业时不按劳动纪律规定穿戴好个人劳动防护用品（安全帽、安全带和防滑鞋）等。

② 人操作失误，主要表现为：

a. 在洞口、临边作业时因踩空、踩滑而坠落。

b. 在转移作业地点时因没有及时系好安全带或安全带挂不牢而坠落。

c. 在安装建筑构件时，因作业人员配合失误而导致相关作业人员坠落。

③ 注意力不集中，主要表现为作业或行动前不注意观察周围的环境是否安全而轻率行动，如没有看到脚下的脚手板是探头板或已腐朽的板而踩上去导致坠落造成伤害事故，或者误进入危险部位而造成伤害事故。

2）从物的不安全状态分析　从物的不安全状态分析主要有以下原因：

① 高处作业的安全防护设施的材质强度不够、安装不良和磨损老化等，主要表现为：

a. 用作防护栏杆的钢管、扣件等材料因壁厚不足、腐蚀和扣件不合格而折断、变形失去防护作用。

b. 吊篮脚手架钢丝绳因摩擦、锈蚀而破断导致吊篮倾斜、坠落而引起人员坠落。

c. 施工脚手板因强度不够而弯曲变形、折断等导致其上人员坠落。

d. 因其他设施设备（手拉葫芦、电动葫芦等）破坏而导致相关人员坠落。

② 安全防护设施不合格、装置失灵而导致事故，主要表现为：

a. 临边、洞口和操作平台周边的防护设施不合格。

b. 整体提升脚手架、施工电梯等设施设备的防坠装置失灵而导致脚手架、施工电梯坠落。

c. 劳动防护用品缺陷，主要表现为高处作业人员的安全帽、安全带、安全绳和防滑鞋等用品因内在缺陷而破损、断裂和失去防滑功能等引起的高处坠落事故。有的单位贪图便宜，购买劳动防护用品时只认价格高低，而不管产品是否有生产许可证、产品合格证，导致工人所用的劳动防护用品本身质量就存在问题，根本起不到安全防护作用。

（3）应急自救　当发生高处坠落事故后，抢救的重点放在对休克、骨折和出血上进行处理。

1）颌面部伤员首先应保持呼吸道畅通，摘除义齿，清除移位的组织碎片、血凝块和口腔分泌物等，同时松解伤员的颈部、胸部纽扣。

2）发现脊椎受伤者，创伤处用消毒的纱布或清洁布等覆盖伤口，用绷带或布条包扎。搬运时，将伤者平卧放在帆布担架或硬板上，以免受伤的脊椎移位、断裂造成截瘫，招致死亡。抢救脊椎受伤者，搬运过程严禁只抬伤者的两肩与两腿或单肩背运。

3）发现伤者手足骨折，不要盲目搬动伤者。应在骨折部位用夹板临时固定，使断端不再移位或刺伤肌肉、神经或血管。固定方法：以固定骨折处上下关节为原则，可就地取材，用木板、竹片等。

4）复合伤要求平仰卧位，保持呼吸道畅通，解开衣领扣。

5）周围血管伤，压迫伤部以上动脉干至骨骼。直接在伤口上放置厚敷料，绷带加压包扎以不出血和不影响肢体血循环为宜，常有效。当上述方法无效时可慎用止血带，原则上尽量缩短使用时间，一般以不超过 1h 为宜，做好标记，注明上止血带的时间。

（4）预防措施 预防措施包括：

1）加强安全自我保护意识教育，强化管理安全防护用品的使用。

2）重点部位项目，严格执行安全管理专业人员旁站监督制度。

3）随施工进度及时完善各项安全防护设施，各类竖井安全门栏必须设置警示牌。

4）各类脚手架及垂直运输设备搭设、安装完毕后，未经验收禁止使用。

5）安全专业人员加强安全防护设施巡查，发现隐患及时落实解决。

3. 有毒有害气体中毒的急救规则

1）发现有人中毒或受其他伤害，应立即打电话通知卫生急救部门。

2）救护人员佩戴好自身的防护器材，以两人为一组相互照顾，进入毒区抢救中毒者。如果进入酸区，必须穿戴好防酸衣靴和手套。

3）迅速将受害者抬到空气新鲜、温度适宜处，解开领口、腰带，脱去被毒物污染的衣物，清除呼吸道异物，注意保暖，根据毒物的性质和中毒的程度予以急救。

4）受害者在塔、罐和容器内部中毒，如一时难以救出，应先给其戴上防护面具，以防进一步中毒，再设法等待专业人员到场急救。

5）在发生多人中毒和伤害时，救护人员必须听从当班负责人统一指挥；在处理机器、设备事故时，必须听从车间相关人员的意见，不得瞎指挥和擅自操作，以防事故扩大。

6）在抢救工作中，救护人员必须随时注意自己使用防护器材的情况，若感到身体不适和呼吸困难，空气瓶压力降到 $40kg/cm^2$，应立即撤出毒区，有病者不准参加抢救。

7）麻醉性、窒息性气体中毒时，若中毒者已停止呼吸，应立即施行人工呼吸和强制输氧，不得中断，直至患者呼吸恢复正常，或者经医生确认死亡时方可停止。

8）对氨气、氯气、硫化氢、氟化氢、二氧化硫和三氧化硫等刺激性毒物中毒时，除电击式的停止呼吸外，一般情况禁止施行人工呼吸，只能给予输氧，并尽快送医院处理。

9）对于呼吸转弱和面色青紫的缺氧患者，应迅速给予自主输氧，对于一氧化碳中毒患者，最好给予含 5% ~7% 二氧化碳的氧气，并应予以较长时间的自主输氧。

10）当眼睛、皮肤被液体酸、碱等化学灼伤时，应用大量水冲洗，但被浓硫酸灼伤时，一定不可用水直接冲洗，应迅速将酸液擦去再用水大量冲洗，以免发热过高引起更大痛苦。

11）当苛性碱类溅入眼内时，要用 3% 的硼酸溶液清洗，然后再用净水冲洗；当酸类物质溅入眼内时，要用 4% 碳酸氢钠溶液冲洗，再用净水冲洗。

任务 11.4　案　　例

学习目标

1. 知识目标

掌握应急预案的编制、实施，以及应急队伍、应急装备、应急演练、事故报告和事故调查处理等环节。

2. 能力目标

通过案例能够理解应急预案的编制、实施，以及应急队伍、应急装备、应急演练、事故报告和事故调查处理等环节。

学习重点

应急预案的编制、实施，以及应急队伍、应急装备、应急演练、事故报告和事故调查处理。

学习难点

应急预案的编制；应急演练。

某公司高度重视应急预案编制的可行性，一旦发生安全事故，结合已有的应急演练经验，各小组人员严格按照预案工作程序紧张有序地执行好各自的任务。同时，第一时间向上级管理单位及领导上报应急救援进展和安全事故处理情况。

1. 预案制订

公司建立了事故应急预案制度。应急救援是为预防、控制和减少安全生产事故的发生对人身和财产造成损害，保障员工、公众安全和社会稳定所采取的安全监控预防措施。应急预案是开展应急救援行动的计划和实施指南，是一个透明和标准化的反应程序，使应急救援活动能按照预先周密的计划和最有效的实施步骤有条不紊地进行。

公司要求各单位都根据识别出的重大危险源和重要环境因素，组织对潜在事故和紧急事件编制应急反应计划或应急预案。按照规定每年至少组织一次应急预案救援演练，验证应急预案与相关准备、响应的有效性。

公司各单位除履行好职责、规范要求外，应积极配合和协调当地政府、安全生产监督部门、工会、纪检监察部门、公安交警和消防部门、卫生医疗部门、技术监督部门及其他有关部门（单位），妥善、高效地救援发生的安全事故。

公司编制了《生产安全事故应急救援预案》。其中综合性应急预案《××路桥工程股份有限公司生产安全事故综合应急救援预案》1 件，《坍塌事故专项应急救援预案》等专项应急预案 7 部。

公司严格按照程序文件的要求，对各种应急预案进行定期评审和修订。

2. 预案实施

应急预案针对各项目部承建的所有公路、桥梁和隧道施工过程中的水灾、中毒、坍塌、高空坠落、触电、机械伤害、爆炸和交通伤害等安全生产事故及重大异常情况进行了编制。应急救援预案实施时，实行统一指挥，分级管理，分级实施；各司其职，各负其责。

接警后，公司主要领导询问事件现状并亲自或委派专人负责指挥，立即组织人员赶赴现场核实有关情况，听取现场救援小组应急救援措施后，可补充完善并制订临时的应急救援措施和临时现场实施方案，及时进行救援、抢险，并进行有效控制，防止事故的蔓延。

公司各有关领导和相关部门严格按照职责做好救援、抢险和救援响应工作，随时向上级部门报告事故情况及所需的应急救援援助响应工作情况，并要求现场应急救援小组及有关人员切实做好救援、抢险和善后处理等各项工作。

3. 应急队伍

公司人力资源中心负责组建抢险、救灾预备队，人数不少于 50 人，主要应在事故发生就近的在建项目中筹备，以满足抢险、救灾工作的紧迫性。

公司所属各单位经常组织职工学习有关安全生产法律、法规、规章制度和安全生产专业技能知识，开展广泛的自查自纠工作，增强职工的应急应变技能和自我保护能力，以提高全员安全文化素质。

4. 应急装备

公司材料设备部负责组建抢险设备组，应包括挖掘机 2 台、装载机 2 台、推土机 4 台、8t 自卸车 10 辆、8t 起重机一辆和 25t 起重机一辆，设备主要来源于设备租赁维修公司和事故发生附近在建项目。

公司行政办公室负责抢险物资的采购和储备，包括装砂编织袋、铁锹、绳索、钢丝、石料、救生衣、安全帽、消防用具、急救设备和用具、生活用品和行政车辆等。

公司选择处于良好工作状态的机械设备投入应急抢险，并定期进行检测与维护。应急救援结束后，及时补充应急救援物资。

5. 应急演练

公司机关总部组织了破坏性地震应急演练，并对演练情况进行了及时评估。

部分分公司组织了火灾事故应急救援演练。一些项目部根据项目特点及施工需要，进行了防洪防汛、火灾和高空坠落等应急救援演练。

6. 事故报告

发生安全生产事故后依据《生产安全事故报告和调查处理条例》（国务院令第 493 号）的要求，根据生产安全事故造成的人员伤亡或直接经济损失确定事故等级。事故报告应当及时、准确和完整，任何单位和个人对事故不得迟报、漏报、谎报或瞒报。发生一般以上（包括一般事故）的安全生产事故，必须以最快的方式将事故发生的时间、地点、经过、事故原因、事故直接经济损失及现场控制措施向公司及总公司报告，总公司接到报告后，应当于 1h 内向事故发生地的市、县级安全生产监督管理部门报告，并在 24h 内写出书面报告，逐级上报；发生一般以下的安全生产事故，应 24h 之内向总公司上报。

公司、分公司和项目部及时上报安全事故报表，严格实行"零事故"上报制度。

7. 事故处理

现场负责人在接到事故报告后，立即启动事故相应应急预案，迅速组织人员采取有效措施抢救伤员和财产，防止事故继续扩大，减少伤亡损失。同时，严格保护事故现场，通知当事人、目击者在现场等候处理，封闭事故现场，禁止无关人员进入，保护现场现状，防止因二次事故造成不必要的伤亡和经济损失。因抢救人员、疏导交通等原因需要移动现场物件时，应当进行标记，绘制现场简图并做出书面记录，妥善保存现场重要痕迹、物证，有条件的可以拍照或录像，任何单位和个人不得破坏事故现场，毁灭相关证据。

一般安全生产事故的调查处理由事故发生地的县级人民政府组织安全生产监督管理部门、建设行政主管部门、公安、检察、劳动保障和工会等部门成立调查组负责进行。公司积极配合各级人民政府组织的事故调查，随时接受事故调查组的询问，如实提供有关情况。

事故调查处理坚持实事求是、尊重科学的原则，及时、准确地查清事故经过、事故原因和事故损失，查明事故性质，认定事故责任，总结事故教训，提出整改措施，修订完善管理中的薄弱环节和安全措施，杜绝重大安全事故再次发生，并对事故责任者依法追究责任。

发生事故后，及时召开安全生产分析通报会，对事故当事人的聘用、培训、考评、上岗及安全管理等情况进行责任倒查。

事故处理坚持事故原因未查清不放过、责任者未处理不放过、整改措施未落实不放过、员工未受到教育不放过的"四不放过"原则。

小　结

本项目主要讲了突发事件的概念、分类和特点；突发事件的处理原则、环节；突发事件的预防；突发事件信息通报的内容及流程；地铁列车上的应急设备；车站应急设施及其使用；机械伤害急救方法；触电伤害的急救方法；中暑、高空坠落、中毒等其他伤害的急救方法；举例说明应急救援和安全事故处理步骤。

思考与练习

1. 什么是突发事件？
2. 简述突发事件的分类、特点。
3. 简述突发事件的处理原则、环节。
4. 突发事件如何预防？
5. 简述突发事件信息通报的内容及流程。
6. 地铁列车上的应急设备有哪些？
7. 车站应急设施有哪些？
8. 如何进行站厅火灾的应急处理？
9. 简述机械伤害急救方法。
10. 简述触电伤害的急救方法。
11. 简述中暑、高空坠落、中毒等其他伤害的急救方法。
12. 举例说明应急救援和安全事故处理步骤。

项目 12

职业健康安全管理体系

任务 12.1 概 述

学习目标

1. 知识目标
1) 掌握职业健康安全管理体系的概念、产生原因。
2) 了解职业健康安全管理体系的发展情况。
3) 了解职业健康安全管理体系的管理作用、特点和方法。
2. 能力目标
能够理解职业健康安全管理体系的作用与工作方法。

学习重点

职业健康安全管理体系;管理作用;体系特点;工作方法。

学习难点

职业健康安全管理体系的作用;工作方法。

12.1.1 概念及产生原因

1. 定义

职业健康安全管理体系是 20 世纪 80 年代后期在国际上兴起的现代安全生产管理模式,它与 ISO 9000 和 ISO 14000 等标准体系一并被称为"后工业化时代的管理方法"。

2. 产生原因

职业健康安全管理体系产生的主要原因是企业自身发展的要求。企业规模的扩大和生产集约化程度的提高,对企业的质量管理和经营模式提出了更高的要求。企业必须采用现代化的管理模式使包括安全生产管理在内的所有生产经营活动科学化、规范化和法制化。

职业健康安全管理体系产生的另外一个重要原因是世界经济全球化和国际贸易发展的需要。世界贸易组织（WTO）的最基本原则是"公平竞争"，其中包含环境和职业健康安全问题。关税及贸易总协定（GATT，世界贸易组织的前身）乌拉圭回合谈判协议就已提出：各国不应由法规和标准的差异而造成非关税壁垒和不公平贸易，应尽量采用国际标准。欧美等发达国家提出：发展中国家在劳动条件改善方面投入较少使其生产成本降低所造成的不公平是不能被接受的。他们已经开始采取协调一致的行动对发展中国家施加压力和采取限制行为。北美和欧洲地区都已在自由贸易区协议中规定："只有采取同一职业健康安全标准的国家与地区才能参加贸易区的国际贸易活动。"换句话说，如果没有实行统一职业健康标准的国家和地区的企业所生产的产品将不能在北美和欧洲地区销售。

我国已经加入 WTO，在国际贸易中享有与其他成员国相同的待遇，职业健康安全问题对我国社会与经济发展产生潜在和巨大的影响。因此，在我国必须大力推广职业健康安全管理体系。

12.1.2　发展情况

1996 年，英国颁布了 BS8800《职业健康安全管理体系指南》；同年，美国工业卫生协会制定了《职业健康安全管理体系》指导性文件；1997 年，澳大利亚和新西兰提出了《职业健康安全管理体系原则、体系和支持技术通用指南》草案，日本工业安全卫生协会（JISHA）提出了《职业健康安全管理体系导则》，挪威船级社（DNV）制定了《职业健康安全管理体系认证标准》；1999 年，英国标准协会（BSI）、挪威船级社（DNV）等 13 个组织提出了职业健康安全评价系列（OHSAS）标准，即 OHSAS18001《职业健康安全管理体系—规范》、OHSAS18002《职业健康安全管理体系—实施指南》，此标准并非国际标准化组织（ISO）制定的，因此不能写成"ISO 18001"；1999 年 10 月，我国原国家经贸委颁布了《职业健康安全管理体系试行标准》；2001 年 11 月 12 日，国家质量监督检验检疫总局正式颁布了《职业健康安全管理体系—规范》，自 2002 年 1 月 1 日起实施，标准号为 GB/T 28001—2001，属推荐性国家标准，该标准与 OHSAS18001 内容基本一致，最新版为 GB/T 28001—2011。

12.1.3　作用、特点与方法

1. 职业健康安全管理体系的管理作用

1）危险源辨识、风险评价和风险控制的策划是职业健康安全管理体系的基础。

2）职业健康安全管理体系具有实现遵守法规要求的承诺的功能。

3）职业健康安全管理体系的监控系统对体系运行的保障。

4）明确组织结构和职责是实施职业健康安全管理体系的必要前提条件。

5）其他职业健康安全管理体系要素具有的独特管理作用。

2. 职业健康安全管理体系的特点

1）采用建立管理体系的方式对职业健康安全绩效进行控制。

2）采用 PDCA 循环管理（戴明模式，P 是指策划，D 是指行动，C 是指检查，A 是指改进）的思想。

3）强调预防为主、持续改进及动态管理。

4）遵守法规的要求贯穿在体系的始终。

5）要求全员参与。

6）适用于各行各业，并作为认证的依据。

3. 职业健康安全管理体系的工作方法

六个字：说、做、记、查、改、验。说：阐述组织的方针；做：按照方针的要求去具体实施；记：将实施的具体情况记录在案；查：检查实施的情况和对实施情况所做的记录；改：对实施过程中出现的问题及时进行整改；验：对整改的情况及时进行追踪、验证。

任务 12.2　基本运行模式与要素

学习目标

1. 知识目标

1）掌握职业健康安全管理体系的运行模式。

2）了解职业健康安全管理体系的要素。

2. 能力目标

能够理解职业健康安全管理体系的运行模式。

学习重点

职业健康安全管理体系的运行模式；基本要素。

学习难点

职业健康安全管理体系的运行模式

12.2.1　运行模式

职业健康安全管理体系是一套系统化、程序化，同时具有高度自我约束、自我完善机制的科学管理体系。实施职业健康安全管理体系不仅可以强化企业的安全管理，完善企业安全生产的自我约束机制和激励机制，达到保护职工安全与健康的目的，也有利于增强企业的凝聚力和竞争力。

职业健康安全管理体系以戴明管理思想，即"戴明模式"或称为 PDCA 模型为基础。一个组织的活动可分为策划（Plan）、行动（Do）、检查（Check）、改进（Act）四个相互联系的环节来实现，通过此类方式可有效改善组织的职业健康安全管理绩效。

（1）计划环节　计划环节是对管理体系的总体规划，包括：确定组织的方针、目标；配备必要的资源，包括人力、物力等；建立组织机构，规定相应的职责、权限及其相关关系：识别管理体系运行的相关活动或过程，并规定活动或过程的实施程序和作业方法等。

（2）行动环节　行动环节是指对计划所规定的程序（如组织机构、程序和作业方法等）的实施。实施过程与计划的符合性及实施的结果决定了能否达到预期目标，所以，保证所有活动在受控状态下进行是实施的关键。

（3）检查环节　检查环节是为了确保计划行动的有效实施，需要对计划实施效果进行检查与衡量，并采取措施修正可能产生的行为偏差。

（4）改进环节　过程不可能是一个封闭的系统，需要随着管理的进程，针对管理活动中发现的缺陷或根据变化的内外部条件，不断进行管理活动的调整、完善。

12.2.2　基本要素

《职业健康安全管理体系规范》所规定的职业健康安全管理体系依据 PDCA 管理模式，提出了由职业健康安全方针、策划、实施与运行、检查与纠正措施、管理评审所组成的五大基本运行过程。其要素包括：

（1）总要求　组织应建立并保持职业健康安全管理体系。

（2）职业健康安全方针　必须经过最高管理者批准，必须包括最高管理者对"遵守法规"和"持续改进"的承诺。职业健康安全方针应：

1）适合于组织的职业健康安全风险的性质和规模。

2）包括持续改进的承诺。

3）包括组织遵守的现行职业健康安全法规和组织接受的其他要求的承诺。

4）形成文件，实施并保持。

5）传达到全体员工，使其认识各自的职业健康安全义务。

6）可为相关方所获取。

7）定期评审，以确保其与组织保持相关和适宜。

（3）策划　策划是组织建立与运行职业健康安全管理体系的启动阶段，目的是对如何实现职业健康安全方针做出明确的规划，包括：对危险源的辨识、风险评价和风险控制的策划；法规和其他要求；目标；职业健康安全管理方案。

1）对危险源的辨识、风险评价和风险控制的策划。辨识危险源时必须考虑：①常规和非常规活动；②所有进入工作场所的人员（包括合同方人员和访问者）的活动；③工作场所的设施（无论由本组织还是由外界所提供）。此外，危险源的辨识还是一个动态的过程，每当工作场所发生变化（如办公地点搬迁等），设备设施（如新购进一台搅拌机）及工艺（如由原来的合成生产改为来料加工）发生改变时，都要对危险源辨识重新进行辨识。

2）法规和其他要求。至少遵守现行的职业健康安全法律法规和其他要求，并将法律法规的文本进行收集，识别需要遵守或适用的条款。

3）目标。目标和职业健康安全管理方案通常是用来控制不可容许风险的，目标必须是能够完成的，如果条件允许，目标应当予以量化，以便于考核（如实现 1000 天无安全事故、驾驶员持证上岗率 100% 和重大责任事故为 0 等）。

4）职业健康安全管理方案。职业健康安全管理方案要与组织的实际情况相适应，并且必须具备职责、权限和完成时间表等要素，否则就不是一个完整的、规范的管理方案。

（4）实施与运行　实施与运行的目的是开发实现组织的方针、目标和指标所需要的能力和支持机制，以确保体系的有效运行和计划内容的有效实施，包括：结构和职责；培训、意识和能力；协商与沟通；文件和资料的控制；运行控制；应急准备和响应。

1）结构和职责。最高管理者应指定一名管理层成员作为管理者代表承担特定职责，管理者代表的职责是负责体系的建立和实施。除管理者代表之外，职业健康安全管理体系还应有一名或几名员工代表，参加协商和沟通。

2）培训、意识和能力。培训的目的在于提高员工的安全意识，使之具有在安全的前提下完成工作的能力。本要素重点关注的是员工的上岗资质及安全意识和能力。例如，驾驶员的驾驶证和上岗证，稽查人员的检查证和执法证，以及炊事员的健康证等。

3）协商与沟通。协商与沟通的主要内容有：参与风险管理、方针和程序的制订和评审；参与商讨影响工作场所职业健康安全的任何变化；参与职业健康安全事务；了解谁是职业健康安全的员工代表和管理者代表；关于职业健康安全方面的意见和建议。

4）文件和资料的控制。文件和资料的控制主要目的是便于查找，当文件发生变化时要及时传达到员工，保证重要岗位人员的作业手册是最新版本。

5）运行控制。组织应确定那些与已辨识的、需实施必要控制措施的危险源相关的运行和活动，以管理职业健康安全风险。

6）应急准备和响应。组织应建立、实施并保持一个或多个程序：①识别潜在的紧急情况；②对此紧急情况做出响应。如果可能，这些应急程序应当定期进行测试，也就是通常所说的应急预案演练。演练的目的是为了检测预案的可行性。

（5）检查与纠正措施　组织应通过检查与纠正措施这一基本过程来经常和定期地监督、测量和评价管理体系的运行情况，对发生偏离职业健康安全方针、目标和指标的情况及时加以纠正，并防止事故、事件和不符合事项的再次发生，包括：绩效测量和监视；事故、事件、不符合事项、纠正和预防措施；记录和记录管理；审核。

1）绩效测量和监视。绩效测量和监视主要是指对结果进行监测和检查的过程。

2）事故、事件、不符合事项、纠正和预防措施。事故、事件、不符合事项、纠正和预防措施是指在监测或检查时发现不遵守法律法规、制度、流程等方面的行为而采取的纠正、整改措施。

3）记录和记录管理。此处的记录是指体系运行中的各种记录。记录的作用在于它的可追溯性，也就是平时经常提到的"有据可查"。企业必须规定保存期限和保存地点，记录的管理必须便于检索，即需要查记录时，必须在很快的时间内找到该记录。

4）审核。审核是指职业健康安全管理体系的内部审核，即组织自我审核，也称为"第一方审核"，就是通常所说的"内审"，是检验职业健康安全管理体系的运行情况的重要手段。

（6）管理评审　管理评审是最高管理者的职责，一般至少每年进行一次，管理评审的目的是确保职业健康安全管理体系的持续适宜性、充分性和有效性。通俗地说，管理评审是指组织的某个部门在改进体系的职业健康安全业绩时，需要别的部门的配合、协助，或者是准备购买某种物品而需要使用资金等重大的、涉及面较广的、本部门不能独立完成的和需要上级批准的问题的解决过程。

管理评审应根据职业健康安全管理体系审核的结果、环境的变化和对持续改进的承诺，指出方针、目标及职业健康安全管理体系其他要素可能需要进行的修改。

评审工作应形成文件，并将有关结果向负责职业健康安全管理体系相关要素的人员、职业健康安全委员会、员工及其代表通报，以便他们能采取适当措施。

任务 12.3　建立的方法与步骤

学习目标

1. 知识目标
1) 了解职业健康安全管理体系建立的方法。
2) 掌握职业健康安全管理体系建立的步骤。
2. 能力目标
能够理解职业健康安全管理体系建立的步骤。

学习重点

学习与培训；初始评审；体系策划；文件编写；体系试运行；评审完善。

学习难点

职业健康安全管理体系建立的步骤。

建立职业健康安全管理体系是指企业将原有的职业健康安全管理按照体系管理的方法予以补充、完善及实施的过程。不同的组织在建立、完善职业健康安全管理体系时，可根据自己的特点和具体情况，采取不同的步骤和方法。但总体来说，建立职业健康安全管理体系可参考以下六个步骤：

1. 学习与培训

培养的对象主要分三个层次，即管理层培训、内审员培训和全体员工的培训。管理层培训的内容主要是职业健康安全管理体系的基本要求、主要内容和特点，以及建立与实施职业健康安全管理体系的重要意义与作用。培训的目的是统一思想，在推进体系工作中给予有力的支持和配合。

内审员培训是建立和实施职业健康安全管理体系的关键。企业应该根据专业的需要，通过培训确保他们具备开展初始评审、编写体系文件和进行审核等工作的能力。

全体员工培训的目的是使他们了解职业健康安全管理体系，并在今后的工作中能够积极主动地参与职业健康安全管理体系的各项实践活动。

2. 初始评审

初始评审的目的是为职业健康安全管理体系的建立和实施提供基础，为职业健康安全管理体系的持续改进建立绩效基准。初始评审主要包括以下内容：

1）相关的职业健康安全法律法规和其他要求，对其适用性及需遵守的内容进行确认，并对遵守情况进行调查和评价。

2）对现有的或计划的作业活动进行危险辨识和风险评价。

3）确定现有措施和计划采取的措施是否能够消除危害或控制风险。

4）对所有现行职业健康安全管理的规定、过程和程序进行检查，并评价其对管理体系要求的有效性和适用性。

5）分析以往企业安全事故情况及员工健康监护数据等相关资料，包括人员伤亡、职业病、财产损失的统计、防护记录和趋势分析。

6）对现行组织机构、资源配备和职责分工等情况进行评价。

初始评审的结果应形成文件，并作为建立职业健康安全管理体系的基础。为实现职业健康安全管理体系绩效的持续改进，企业还应参照基本要素，按照初始评审的要求定期进行复评。

3. 体系策划

体系策划包括：制订职业健康安全方针、目标和管理方案；进行职能分析和机构确定；进行职能分配；确定职业健康安全管理体系文件的结构和各层次文件清单，为建立和实施职业健康安全管理体系准备必要的资源等。

4. 文件编写

文件编写是职业健康安全管理体系的主要特点之一。按照职业健康安全管理体系的要求，根据企业自身的特点，对企业职业健康安全管理方针和目标、职业健康安全管理的关键岗位与职责、主要的职业健康安全风险及其预防和控制措施，以及职业健康安全管理体系框架内的管理方案、程序、作业指导书和其他内部文件予以文件化的规定，以确保所建立的职业健康安全管理体系在任何情况下均能得到充分理解和有效运行。职业健康安全管理文件的结构多数情况下采用手册、程序文件及作业指导书的方式。

5. 体系试运行

各个部门和所有人员都应按照职业健康安全管理体系的要求开展相关的健康安全管理和活动，对职业健康安全管理体系进行试运行，以检验体系策划与文件化规定的充分性、有效性和适宜性。

6. 评审完善

通过职业健康安全管理体系的试运行，特别是依据绩效监测和测量、审核及管理评审的结果，检查与确认职业健康安全管理体系各要素是否按照计划安排有效运行，是否达到了预期的目标并采取相应的改进措施，使所建立的职业健康安全管理体系得到进一步完善。

任务 12.4　审核与认证

学习目标

1. 知识目标
1) 了解职业健康安全管理体系认证审核阶段。
2) 掌握职业健康安全管理体系认证文件审核、第一阶段现场审核和第二阶段现场审核的步骤。
2. 能力目标
能够理解职业健康安全管理体系认证审核。

学习重点

职业健康安全管理体系认证文件的审核；第一阶段现场审核的步骤；第二阶段现场审核的步骤。

学习难点

职业健康安全管理体系认证审核。

职业健康安全管理体系认证是依据审核准则，由获得认可资格的认证机构，对受审核方的职业健康安全管理体系实施认证及认证评定，确认受审核方的职业健康安全管理体系的符合性，并颁发认证证书（见图 12-1）与标志的过程。认证的对象是组织的职业健康安全管理体系；认证的依据是职业健康安全管理体系规范。

职业健康安全管理体系认证是第三方从事的活动，第三方是独立于第一方（供方）和第二方（需方）之外的一方，强调这一点是为了确保认证活动的公正性。

职业健康安全管理体系认证审核通常分为两个阶段，即第一阶段审核和第二阶段现场审核。第一阶段审核又由文件审核和第一阶段现场审核两部分组成。

1. 文件审核

文件审核的目的是了解受审核方的职业健康安全管理体系文件（主要是管理手册和程序文件）是否符合职业健康安全管理体系审核标准的要求，从而确定是否要进行现场审核，同时通过文件审核，了解受审核方的职业健康安全管理体系运行情况，以便为现场审核作准备。

2. 第一阶段现场审核

第一阶段现场审核的目的主要有三个：一是在文件审核的基础上通过了解现场情况收集充分的信息，确认体系实施和运行的基本情况和存在的问题，并确定第二阶段现场审核的重点；二是确定进行第二阶段现场审核的可行性和条件，即通过第一阶段现场审核，审核组提

图12-1　职业健康安全管理体系认证证书

出体系存在的问题，受审核方应按期进行整改，只有在整改完成以后，方可进行第二阶段现场审核；三是现场对用人单位的管理权限、活动领域和限产区域等各个方面加以明确，以便确认前期双方商定的审核范围是否合理。

3. 第二阶段现场审核

职业健康安全管理体系认证审核的主要内容是进行第二阶段现场审核，其主要目的是：证实受审核方实施了其职业健康安全管理方针、目标，并遵守了体系的各项相应程序；证实受审核方的职业健康安全管理体系符合相应审核标准的要求，并能够实现其方针和目标。通过第二阶段现场审核，审核组要对受审核方的职业健康安全管理体系能否通过现场审核做出结论。

任务12.5　案　例

学习目标

1. 知识目标

1）了解公司关于职业健康安全管理体系的管理制度。

2）了解公司通过员工职业健康检查、工伤保险购置、劳动防护用品的配置与正确使用、增加劳动保护设施等措施，确保工作期间员工与作业人员的职业健康。

2. 能力目标

能够理解职业健康安全管理体系公司案例。

学习重点

职业健康安全管理体系管理制度案例；员工职业健康检查；工伤保险购置；劳动防护用品的配置与正确使用。

学习难点

公司职业健康安全管理体系案例分析。

12.5.1　案例一

某公司管理制度案例如下：

1. 目的

为了预防职业病危害，保护劳动者健康，增强员工安全生产意识，确保生产安全，特制定本制度。

2. 适用范围

1）适用于本公司范围内的职业健康管理。

2）职业病是指企业、事业单位和个体经济组织（统称用人单位）的劳动者在职业活动中，因接触粉尘、放射性物质和其他有毒、有害物质等因素而引起的疾病。

3）职业病危害是指对从事职业活动的劳动者可能导致职业病的各种危害。

4）本公司职业病危害因素包括：无。

3. 职责

1）主要负责人对本公司职业健康管理全面负责。

2）安全主任负责为易得职业病的岗位的相关工作人员进行安全培训，监督检查员工穿戴劳保用品的情况。

3）各班组负责人每日巡查员工穿戴劳保用品的情况。负责作业场所的职业卫生隐患检查及治理。

4）公司组织从事接触职业病危害因素的劳动者进行职业病检查，并建立相关的健康监护档案。

4. 工作程序及要求

（1）职业病危害的预防及现场管理　职业病危害的预防及现场管理包括：

1）职业病防治工作坚持"预防为主，防治结合"的方针，实行分类管理，综合治理。

2）员工依法参加工伤社会保险，确保职业病劳动者依法享受工伤社会保险待遇，工伤保险费的缴纳由公司负责。

3）定期组织有关职业病防治的宣传教育，普及职业病防治的知识，增强职业病防治观念，提高劳动者自我健康保护意识。宣传教育由安全主任负责。

4）员工应当学习和掌握相关的职业卫生知识，遵守职业病防治法律、法规、规章和操作规程，正确使用、维护职业病防治设备和个人使用的职业病防护用品，发现职业病危害事故隐患应当及时报告。

5）公司提供符合防治职业病要求的职业病防护设施和个人使用的职业病防护用品，要经常性地维护、检修，定期检测其性能和效果，确保其处于正常状态，不得擅自拆除或停用。

6）每年对工作场所进行职业病危害因素检测。检测结果存入单位职业病卫生档案。应当在醒目位置设置公告栏，公布有关职业病防治的规章制度、操作规程、职业病危害事故应急救援措施和职业病危害因素检测结果。

7）不安排孕期、哺乳期的女职工从事对本人和胎儿、婴儿有危害的作业。

8）可能产生职业病危害的建设项目在可行性论证阶段应当向卫生部门提出职业病危害预评价报告，对职业病危害因素和工作场所及职工健康的影响做出评价，确定危害类别和职业病防护措施。其防护设施费用应当纳入建设项目工程预算，并与主体工程同时设计，同时施工，同时投入生产和使用。

9）公司生产流程、生产布局必须合理，应确保使用有毒物品的作业场所与生活区分开，作业场所不得住人。有害作业与无害作业分开，高毒作业场所与其他作业场所隔离，使从业人员尽可能减少与职业危害因素的接触。

10）在可能发生急性职业损伤的有毒有害作业场所按规定设置警示标志、报警设施、冲洗设施和防护急救器具专柜，设置应急撤离通道和必要的泄险区。确定责任人和检查周期，定期检查、维护并记录，确保其处于正常状态。

11）安全主任应根据作业场所存在的职业危害，制订切实可行的职业危害防治计划和实施方案。防治计划或实施方案要明确责任人、责任部门、目标、方法、资金和时间表等，对防治计划和实施方案的落实情况要定期检查，确保职业危害的防治与控制效果。

12）公司发现职业病人或疑似职业病人时，应当及时向所在地卫生部门报告，确诊的职业病病人，还应当向所在地劳动保障人事部门报告。

（2）职业健康检查的管理　职业健康检查的管理包括：

1）公司负责组织从事接触职业病危害因素的作业人员进行上岗前、在岗期间、离岗职业健康检查。不得安排未进行职业健康检查的人员从事和接触职业病危害作业，不得安排职业禁忌症者从事禁忌的工作。

2）公司对职业健康检查中查出的职业病禁忌症及疑似职业病者，应根据职防机构提出的处理意见，安排其调离原有害作业岗位，并进行治疗、诊断等，同时进行观察。发现存在法定职业病目录所列的职业病危险因素，应及时、如实地向当地安监管理部门申报并接受其监督。

3）公司按规定建立健全员工职业健康监护档案，并按照国家规定的保存期限妥善保存，生产部对在生产作业过程中遭受或可能遭受急性职业病危害的员工应及时组织救治或医学观察，并记入个人健康监护档案。

4）体检中若发现群体反应，并与接触有毒有害因素有关时，公司应及时组织对生产作业场所进行调查，并会同政府有关部门提出防治措施。

5）所有职业健康检查结果及处理意见，均需如实记入员工健康监护档案，并由公司自体检结束之日起一个月内反馈给体检者本人。

6）应严格执行女工劳动保护法规条例，及时安排女工健康体检。安排工作时应充分考虑和照顾女工生理特点，不得安排女工从事特别繁重或有害妇女生理机能的工作；不得安排孕期、哺乳期（婴儿一周岁内）女工从事对本人、胎儿或婴儿有危害的作业；不得安排生育期女工从事有可能引起不孕症或妇女生殖机能障碍的有毒作业。

（3）职业健康教育与培训　职业健康教育与培训包括：

1）安全主任每年至少应组织一次全体员工安全培训，必须培训职业病防治的法规、预防措施等知识。

2）生产岗位的管理人员和作业人员必须掌握并能正确使用、维护职业卫生防护设施和个体职业卫生防护用品，掌握生产现场中毒自救互救基本知识和基本技能，开展相应的演练活动。

3）危险化学品的使用与储存岗位，以及存在生产性粉尘、噪声等的职业病危害作业岗位的员工上岗前必须接受职业卫生和职业病防治法规教育、岗位劳动保护知识教育及防护用具使用方法的培训，经考试合格后方可上岗操作。

12.5.2　案例二

某公司在全面开展生产经营的同时，也积极通过员工职业健康检查、工伤保险购置、劳动防护用品的配置与正确使用、增加劳动保护设施等措施确保工作期间员工与作业人员的职业健康。

1. 健康管理

公司成立了职业健康安全管理领导小组，配备了专（兼）职管理人员。

公司按规定对员工进行职业健康体检。40岁以下每两年检查一次，40岁以上每一年检查一次。

2. 工伤保险

公司为从事危险作业人员办理了意外伤害险。

3. 危害告知

根据《××路桥工程股份有限公司安全生产管理办法》中安全培训教育制度和职业健康安全管理制度要求，要求各项目对所有从业人员上岗前必须进行岗前安全教育、职业健康宣传教育，使其了解其作业场所和工作岗位存在的危险因素和职业危害、防范措施和应急处理措施。未参加培训或培训不合格的人员，一律不准上岗作业。

4. 劳动保护

分公司、各项目部必须为从业人员提供符合职业健康要求的工作环境和条件，配备与职业健康保护相适应的设施、工具。在人员集中场所，严禁出现个人使用热水煲私自加热烧水的现象，公司要求各项目部为员工、民工统一购置烧水器供给热水。在高空作业期间，要求作业人员必须正确佩戴与使用安全帽、安全绳和安全网等劳动防护用品。在电力作业期间，要求电工必须戴绝缘手套、穿绝缘鞋，并确保作业期间本人的人身安全。要求在沥青混凝土面层铺筑现场，摊铺机操作人员、沥青温度检测人员、沥青混合料虚铺厚度检测人员及摊铺作业靠近摊铺作业面施工人员必须正确佩戴和使用防毒气口罩，杜绝和预防职业病的发生。每天及时向摊铺现场送去矿泉水、绿豆汤和冰糖茶水等防暑降温饮料，为一线作业人员及时消暑降温。统一要求各项目部为员工、民工建立淋浴间，方便工人在工作后能及时洗上热水澡。

公司在严格要求作业人员遵守劳动纪律的同时，也在积极尝试各种办法做好作业人员劳动防护工作。针对沥青混凝土面层摊铺、高空作业等高强度工作岗位实行 4h 换班制，关注作业人员高温作业条件下防暑降温、缓解疲劳的措施，对因身体健康、精神状态不能从事工作的作业人员及时调换，确保施工作业连续开展，减少体力不支怠倦作业，避免造成安全隐患。

小　　结

本项目主要讲了职业健康安全管理体系概念、产生原因和发展情况；职业健康安全管理体系管理作用、特点和方法；职业健康安全管理体系的运行模式；基本要素；职业健康安全管理体系建立的方法与步骤；职业健康安全管理体系认证文件审核、第一阶段现场审核、第二阶段现场审核步骤；案例分析等。

思考与练习

1. 什么是职业健康安全管理体系？
2. 简述职业健康安全管理体系的产生原因。
3. 简述职业健康安全管理体系的发展情况。
4. 简述职业健康安全管理体系的管理作用、特点和方法。
5. 简述职业健康安全管理体系的运行模式。
6. 简述职业健康安全管理体系的基本要素。
7. 简述建立职业健康安全管理体系的步骤。
8. 简述职业健康安全管理体系认证文件审核、第一阶段现场审核、第二阶段现场审核步骤。
9. 举例分析职业健康安全管理体系的应用情况。

项目 13

安全案例分析

任务 13.1 杭州地铁湘湖站坍塌事故

学习目标

1. 知识目标
1）了解杭州地铁湘湖站坍塌事故的原因分析。
2）了解杭州地铁湘湖站坍塌事故的安全启示。
2. 能力目标
学会杭州地铁湘湖站坍塌事故原因分析的方法。

学习重点

事故工程概况；坍塌事故原因分析；安全启示。

学习难点

坍塌事故原因分析；安全启示。

1. 事故概况

2008 年 11 月 15 日 15 时 15 分，正在施工的杭州地铁湘湖站北 2 基坑现场发生大面积坍塌事故（见图 13-1），造成 21 人死亡，24 人受伤，直接经济损失达 4962 万余元，属重大事故。

2. 事故工程简介

杭州地铁事故基坑，长 107.8m，宽 21m，开挖深度 15.7 ~ 16.3m。设计采用 800mm 厚地下连续墙结合 4 道 φ609mm 钢管支撑的围护方案。地下连续墙深度分别为 31.5 ~ 34.5m。基坑西侧紧临大道，交通繁忙，重载车辆多，道路下有较多市政管线穿过，东侧有一河道。

基坑土方开挖共分为 6 个施工段，总体由北向南组织施工至事故发生前，第 1 施工段完

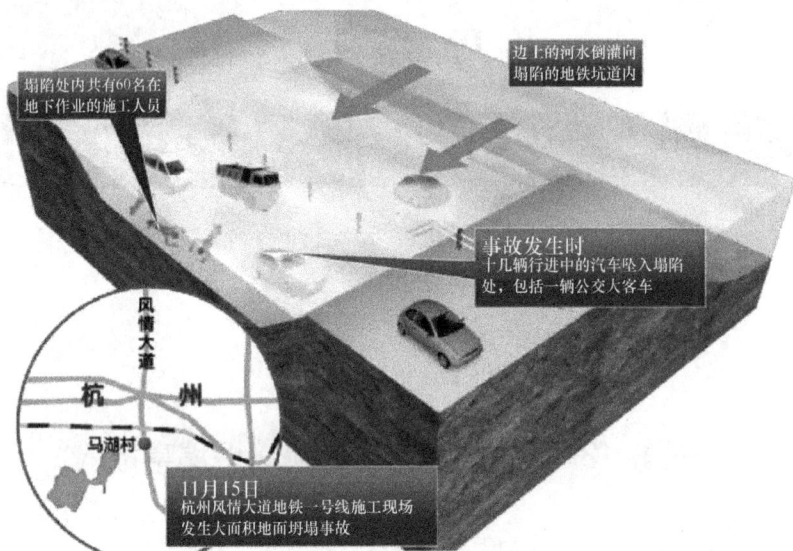

图 13-1　基坑坍塌示意图

成底板混凝土施工，第 2 施工段完成底板垫层混凝土施工，第 3 施工段完成土方开挖及全部钢支撑施工，第 4 施工段完成土方开挖及 3 道钢支撑施工、开始安装第 4 道钢支撑，第 5、第 6 施工段已完成 3 道钢支撑施工，正开挖至基底的第 5 层土方。事故发生时，第 1 施工段木工、钢筋工正在作业；第 3 施工段杂工进行基坑基底清理，技术人员安装接地铜条；第 4 施工段正在安装支撑、施加预应力，第 5、第 6 施工段坑内 2 台挖掘机正在进行第 5 层土方开挖。

　　首先西侧中部地下连续墙横向断裂并倒塌（见图 13-2），倒塌长度约 75m，墙体横向断裂处最大位移约 7.5m，东侧地下连续墙也产生严重位移，最大位移约 3.5m。由于大量淤泥涌入坑内，风情大道随后出现塌陷，最大深度约 6.5m。地面塌陷导致地下污水等管道破裂、河水倒灌造成基坑和地面塌陷处进水，基坑内最大水深约 9m。

图 13-2　杭州地铁湘湖站地下连续墙断裂倒塌

3. 原因分析

1）事故发生后，事故调查组形成了《杭州地铁湘湖站"11.15"基坑坍塌事故技术分析报告》及《岩土工程勘查调查分析》等9项专项调查分析报告。已查明，北2基坑坍塌是由于参与项目建设及管理的勘查、设计、施工、监测、管理咨询和地铁列车等单位，有关方面工作中存在一些严重缺陷和问题，没有得到应有的重视和积极防范整改，多方面因素综合作用最终导致了事故的发生，是一起重大责任事故。

2）直接原因。根据勘查结果对基坑土体破坏滑动面及地下连续墙破坏模式进行了分析：

① 西侧地下连续墙静力触探试验表明，在绝对标高 $-8\sim-10m$ 处（近基坑底部），qc 值（阻力值）为 0.20MPa（qc 值仅为原状土的30%左右），土体受到严重扰动，接近于重塑土强度，证明土体产生侧向流变，存在明显的滑动面。

② 西侧地下连续墙墙底（相应标高 $-27.0m$ 左右），C1孔静探 qc 值约为 0.6MPa（qc 值为原状土的70%左右），土体有较大的扰动，但没有产生明显的侧向流变，主要是地下连续墙底部产生过大位移所致。

勘查方的主要问题：

① 不符合规范要求：

a. 基坑采取原状土样及相应主要力学试验指标较少，不能完全反映基坑土性的真实情况。

b. 勘查单位未考虑薄壁取土器对基坑设计参数的影响，以及未根据当地软土特点综合判断选用推荐土体力学参数。

c. 勘查报告推荐的直剪、固结快剪指标值（c、Φ）采用的是平均值，未按规范要求采用标准值，指标偏高。

d. 勘查报告提供的2层的比例系数 m 值（$m=2500kN/m^4$）与类似工程经验值差异显著。

② 提供的土体力学参数互相矛盾，不符合土体力学基本理论：

a. 推荐用于设计的主要地层土的三轴不固结排水、固结不排水试验指标、无侧限抗压强度指标与验证值、类似工程经验值差异显著。

b. 试验原始记录已遗失，无法判断其数据的真实性。

设计方出现的问题：

设计单位考虑不周，经验欠缺。

① 设计单位未能根据当地软土特点综合判断、合理选用基坑围护设计参数，力学参数选用偏高，降低了基坑围护结构体系的安全储备。

② 设计中考虑地面超载20kPa较小。基坑西侧为一大道，对汽车动荷载考虑不足。根据实际情况，重载土方车及混凝土泵车对地面超载宜取30kPa，与设计方案20kPa相比，挖土至坑底时第三道支撑的轴力、地下连续墙的最大弯矩及剪力均增加4%~5%，也降低了一定的安全储备。

③ 设计图纸中未提供钢管支撑与地下连续墙的连接节点详图及钢管节点连接大样，也没有提出相应的施工安装技术要求。没有提出对钢管支撑与地下连续墙预埋件焊接要求。

④ 同意取消施工图中的基坑坑底以下3m深土体抽条加固措施，降低了基坑围护结构体

系的安全储备。经计算，采取坑底抽条加固措施后，地下连续墙的最大弯矩降低20%左右，第三道支撑轴力降低14%左右，地下连续墙的最大剪力降低13%左右，由于在坑底形成了一道暗撑，抗倾覆安全系数大大提高。

⑤ 从地质剖面和地下连续墙分布图中可以看出，对于本工程事故诱发段的地下连续墙插入深度略显不足，对于本工程应考虑墙底的落底问题。

⑥ 设计提出的监测内容相对于规范少了3项必测内容。

施工方面的主要问题：

① 土方超挖。土方开挖未按照设计工况进行，存在严重超挖现象，特别是最后两层土方（第四层、第五层）同时开挖，垂直方向超挖约3m，开挖到基底后水平方向多达26m范围内未架设第四道钢支撑，第三和第四施工段开挖土方到基底后约有43m未浇筑混凝土垫层。土方超挖导致地下连续墙侧向变形、墙身弯矩和支撑轴力增大。

② 支撑设计不合理。与设计工况相比，如第三道支撑施工完成后，在没有设置第四道支撑的情况下，直接挖土至坑底，第三道支撑的轴力增长约43%，作用在围护体上的最大弯矩增加约48%，最大剪力增加约38%，超过截面抗弯承载力设计值1463kN/m。

③ 钢管支撑与地下连续墙预埋件未进行有效连接。钢管支撑与地下连续墙预埋件没有焊接，直接搁置在钢牛腿上，没有有效连接易使支撑钢管在偶发冲击荷载或地下连续墙异常变形情况下丧失支撑功能。

监测问题：

① 监测数据不全。计算机中的原始数据被人为删除，通过对监测人员使用的计算机进行的数据恢复，发现以下三个问题：

a. 2008年10月9日开始有路面沉降监测点11个，至11月15日发生事故前最大沉降316mm，监测报表没有相应的记录。

b. 2008年11月1日49号（北端头井东侧地连墙）测斜管18m深处最大位移达43.7mm，与监测报表不符。

c. 2008年11月13日CX45号测斜管最大变形数据达65mm，超过报警值（40mm），与监测报表不符。

通过以上问题可以发现，计算机中的数据与报表中的数据不一致，实际变形已超设计报警值而未报警，可以认为监测方有伪造数据或对内对外两套数据的可能性。

② 监测内容不符：

a. 专项方案审批管理混乱，未严格按设计及规范要求监理。

b. 监理未按规定程序验收，违反监理规范。

c. 发现存在严重质量安全隐患，而未采取进一步措施予以控制。

环境因素：

① 经勘探事发路段属于淤泥质黏土，含水的流失性强，强度低，变形大。

② 事故坍塌所在地点风情大道来往车流量大，包括不少荷载量很大的客车、货车都来往于这条路上，这给基坑西面的承重墙带来太大冲击。

③ 2008年10月，杭州出现的一次罕见的持续性降雨过程使得地基土含水量和流动性进一步加大。

4. 深基坑安全事故启示

杭州地铁坍塌事故调查结束，10 名责任人被追究法律责任，另有 11 名责任人受到政纪处分。

1）要认真做好工程地质勘查工作，提供可靠的工程地质勘查报告。地铁车站、线路的选择应尽量避开不良地质区段。

2）施工应严格按审查后的施工组织设计进行。应及时安装支撑（钢支撑），及时分段分块浇筑垫层和底板，严禁超挖。基坑围护结构设计应方便施工，基坑工程施工应有合理工期。

3）基坑工程不确定因素多，应实施信息化施工。监测点设置应符合规范和设计要求。监测单位应认真进行科学测试，及时如实报告各项监测数据。项目各方要重视基坑的监测工作，通过监测施工过程中的土体位移、围护结构内力等指标的变化，及时发现隐患，采取相应的补救措施，确保基坑安全。

4）有多道内支撑的基坑围护体系应加强支撑体系的整体稳定性。对钢支撑体系应改进钢支撑节点连接形式，加强节点构造措施，确保连接节点满足强度及刚度要求。施工过程中应合理施加钢管支撑预应力。应明确钢支撑的质量检查及安装验收要求，加强对检查和验收工作的监督管理。

5）施工中应加强基坑工程风险管理，建立基坑工程风险管理制度，落实风险管理责任。每个环节都要重视工程风险管理，要加强技术培训、安全教育和考核，严格执行基坑工程风险管理制度，确保基坑工程安全。

任务 13.2　某铁路隧道口重大坍塌事故

学习目标

1. 知识目标
1）了解某铁路隧道口重大坍塌事故的原因分析及事故性质认定。
2）了解某铁路隧道口重大坍塌事故的安全启示。
2. 能力目标
学会某铁路隧道口重大坍塌事故的原因分析方法。

学习重点

事故工程概况；坍塌事故的原因分析；安全启示。

学习难点

重大坍塌事故的原因分析。

1. 事故发生情况

2007 年 11 月 20 日 7 时 5 分领工员兼爆破员点火起爆，8 时 44 分挖掘机正准备对导洞地板进行清理时，洞内开始掉渣，洞外岩石坍塌（见图 13-3），坍塌体造成正在洞外排架上作业的 4 名施工人员 1 人死亡、1 人受伤、两人失踪。与此同时，一辆客车正好经过事故处，被 3000 多 m³ 坍塌体中的部分岩体砸中并完全掩埋。经核查确认，共有 35 人在事故中死亡，1 人受伤，直接经济损失达 1498.68 万元。

图 13-3　某铁路隧道口重大坍塌事故

2. 事故原因分析及事故性质认定

（1）直接原因　调查组调查认定，直接原因是隧道洞口边坡岩体受施工爆破动力作用，沿原生节理面与母岩分离，在其自身重力作用下失稳向坡外滑出，岩体瞬间向下崩塌解体，造成事故发生。

（2）间接原因　一是勘查设计单位提交的相关勘查文件中有关此隧道边坡稳定性的地质勘查结论与现场实际不符，地质勘查工作深度不够，勘查设计方案中的部分措施指导性不够。二是施工单位在施工前，超前地质预报工作未做到位；施工地质工作有缺陷；洞口段未严格按照批准的设计方案组织爆破施工；对导洞施工、洞口围岩监控监测和高边坡防护工程技术措施不到位。三是监理单位的部分监理人员不具备隧道监理资质，现场监理力量不足；未做到旁站监理，疏于现场监理。四是建设管理单位对勘察设计的技术管理不够严格；日常施工安全检查不严格；对监理单位的合同履约疏于监管，对现场监理的管理不到位。

（3）事故性质　经调查认定，该铁路隧道口"11.20"特别重大坍塌事故是一起生产安全责任事故。

3. 对事故有关责任人员和单位的处理

给予党纪、政纪处分的人员共 26 人。对事故相关单位及有关负责人的行政处罚：

1）责成该铁路建设总公司向国务院国有资产管理委员会、国家安全生产监督管理总局做出深刻检查。

2）依据《安全生产法》《生产安全事故报告和调查处理条例》《建设工程安全生产管理条例》等法律规定，对相关责任单位和责任人予以行政和经济处罚。

任务 13.3　珠海"6.16"特大火灾和厂房倒塌事故

学习目标

1. 知识目标
1）了解珠海"6.16"特大火灾和厂房倒塌事故的原因。
2）了解珠海"6.16"特大火灾和厂房倒塌事故的安全启示。
2. 能力目标
学会珠海"6.16"特大火灾和厂房倒塌事故原因分析的方法。

学习重点

事故发生情况；事故原因分析；安全启示。

学习难点

事故原因分析。

1. 事故发生情况

1994 年 6 月 16 日 16 时 30 分，珠海市天安消防工程安装公司在前山裕新织染厂 A 厂房一楼棉仓安装消防自动喷淋系统时，工人使用冲击钻，用手拉动夹在棉堆缝的电源线时，造成电线短路，棉堆起火，因工人不会用灭火器，火势加大，工人逃离现场。16 时 45 分，消防部门接到通知后，先后出动 68 辆消防车，近 300 名消防队员灭火，17 日 3 时，大火基本扑灭。17 日 3 时 30 分，消防队相继撤离，只留 40 多人、4 台消防车扑灭余火，由于扎紧的绵包在明火扑灭后仍在阴燃，火场指挥部调动挖掘机和推土机进厂房将阴燃的棉包铲出。17 日 8 时左右，应指挥部要求，厂方两次组织 50 人到三楼协助消防人员清理现场。17 日 13 时左右，厂方自主组织 400 人进入火场搬运残存的棉包，14 时 10 分，A 厂房西半部突然倒塌造成大量人员伤亡（死亡 93 人，受伤住院 156 人）和财产损失（毁坏厂房 18135m² 及原材料、设备，直接损失达 9515 万元）。

2. 事故原因分析

（1）起火原因　珠海市天安消防工程安装公司职工在棉花仓库用冲击钻打孔时，带驳接口的电源线被夹在可燃物中，当用力拉扯电线时发生短路引燃了仓库的棉花，这是引起火灾的直接原因。

（2）火灾扩大的原因　香洲区前山镇工业集团总公司在厂房消防设施尚未竣工验收的情况下就将厂房提前交付给裕新织染厂使用，造成边施工边生产。厂方将纺织车间作为棉仓，堆放大量的棉花，并在库内存放柴油、氧气瓶等，当电线短路引燃棉花时，氧气瓶发生爆炸，加剧火势的发展；加之在场的天安消防工程安装公司和厂方职工缺乏消防常识，自救能力差；厂内缺乏消防用水，消防队要到离火场 3km 以外的地方取水，未能将初始火灾扑灭。这是火灾迅速蔓延扩大的主要原因。

（3）厂房倒塌的原因　裕新织染厂 A 厂房是土建验收合格的高层框架结构建筑物。大火持续燃烧十多个小时，使厂房结构严重受损，加之扑救大火时二、三楼被喷射了大量的水，二楼以上的荷载及大火基本扑灭后多台履带式的推土机、挖掘机在厂房内搬运棉花时产生的震动等因素所形成的综合作用，致使厂房倒塌。

（4）人员伤亡的原因　扑灭余火期间，现场警戒人员已先行撤离。厂方组织过多的工人进入火场清理阴燃和散落的棉花。楼房倒塌时，大批工人仍在火场。这是楼房倒塌时造成重大人员伤亡的主要原因。

综上所述，前山裕新织染厂于 1994 年 6 月 16 日发生的特大火灾和厂房倒塌事故，是由于珠海市天安消防工程安装公司、前山镇工业集团总公司、裕新织染厂一连串违章行为和扑灭余火期间现场指挥员经验不足造成的，是一起重大的责任事故。

任务 13.4　某工程安全综合分析案例

学习目标

1. 知识目标
1）了解安全综合分析工作程序。
2）了解主要危险、有害因素辨识分析。
3）了解分析方法的选择和分析单元的划分。
4）了解安全综合分析方法。
2. 能力目标
能够理解工程安全综合分析报告的编写内容。

学习重点

安全综合分析工作程序；主要危险、有害因素辨识分析；分析方法的选择和分析单元的划分；安全综合分析方法；工程安全综合分析报告的内容。

学习难点

安全综合分析工作的程序；分析单元的划分；安全综合分析方法。

某市林阳寺至岭头段路面拓宽改造工程安全综合分析报告主要内容如下：

1. 概述

（1）安全综合分析工作程序　安全综合分析工作程序如图 13-4 所示。

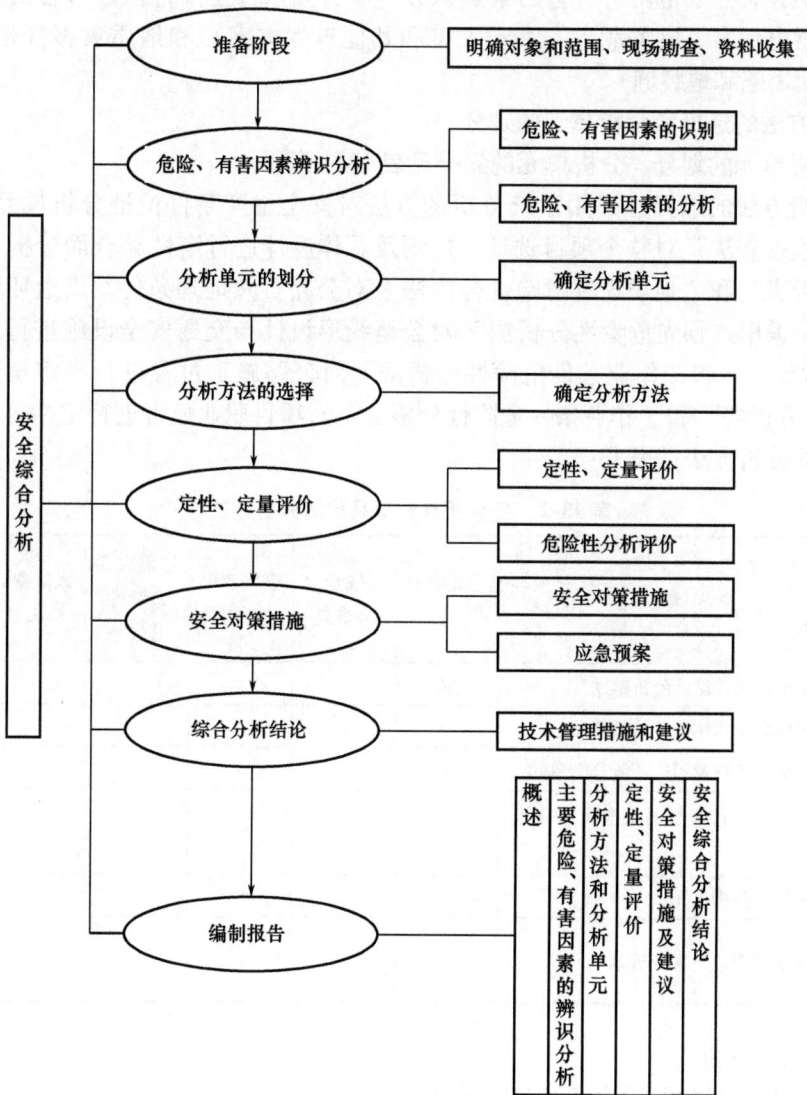

图 13-4　林阳寺至岭头段路面拓宽改造工程安全综合分析程序

（2）安全综合分析的依据　安全综合分析的依据包括：法律、法规、规章；有关技术标准；建设项目相关文件。

2. 主要危险、有害因素辨识分析

（1）项目主要危险物质　项目主要危险物质包括：水泥、沥青、汽油、柴油。

（2）施工期间危险、有害因素辨识分析　施工期间危险、有害因素辨识分析包括路面施工现场危险、有害因素辨识、旧路改建危险、有害因素辨识。

（3）运营期间危险、有害因素辨识分析　运营期间危险、有害因素辨识分析包括：道路线形不良；视距不足；交叉工程危险因素；横断面不合理；危险路段存在；桥涵运营期危险有害因素；交通安全防护设施不足；道路交通标志、标线缺失或错误；路面质量不良；路基损坏；公路安全管理因素。

（4）自然条件主要危险、有害因素辨识分析　自然条件主要危险、有害因素辨识分析包括气象（雷电危害、风灾危害、洪涝灾害和其他自然灾害）和地质灾害（地震、滑坡、泥石流、地面塌陷和地裂缝）。

3. 分析方法的选择和分析单元的划分

（1）分析单元的划分　分析单元的划分见表13-1所示。

（2）分析方法的选择　采用系统分析的方法对安全生产条件论证分析单元进行分析，采用"安全检查表法"对整个项目选址、规划及总体设计进行定性和全面分析。采用"预先危险性分析法"和"地质灾害危险性分级法"对公路自然地理条件及周边环境进行定性与定量分析。采用"预先危险性分析法"对公路线形设计与交通安全设施进行分析。采用"风险指标体系法"和"作业条件危险性分析法"对公路施工过程进行半定量分析。采用"预先危险性分析法"和"作业条件危险性分析法"对项目职业危害进行定性分析。各分析单元拟采用的分析方法见表13-1。

表13-1　各分析单元拟采用的分析方法

序号	评价单元	文字阐述	安全检查表	预先危险性分析法	地质灾害危险性分级法	风险指标体系法	作业条件危险性分析法
1	安全生产条件论证分析单元	√					
2	工程规划及总体设计分析单元		√				
3	自然地理条件及周边环境分析单元			√	√		
4	公路线形设计与交通安全设施分析单元			√			
5	公路施工分析单元					√	√
6	公路项目职业危害分析单元			√			√

4. 安全综合分析

（1）自然地理条件及周边环境分析单元　根据该区域气象水文特点，分析判断该线路在运营期容易发生的灾害气候类型，并运用预先危险分析进行风险评估（见表13-2）。

表13-2　运营期气候灾害分析

危险因素	影　　响	事故后果	检查情况	严重等级	可能性等级	危险程度	防治对策
高温	车辆轮胎爆胎、制动性能下降等故障 驾驶员容易疲劳中暑 使路面拱起	车辆故障；驾驶员中暑或因疲劳引发交通事故	多年平均气温为19℃，35℃以上的酷暑极少见	Ⅳ	D极少	安全	加强车辆技术保养；驾驶员保证足够的休息和睡眠

（续）

危险因素	影响	事故后果	检查情况	严重等级	可能性等级	危险程度	防治对策
暴雨	在降雨环境中，能见度下降，驾驶员往往出现焦虑、注意力不集中和视线受阻情况 对于车辆，易引起水膜滑溜现象，汽车轮胎附着力下降，不能承受侧滑力的作用，使方向失控 暴雨还容易引发滑坡、塌方和泥石流等地质灾害	导致驾驶员判断失误，引起交通事故；车辆不能承受侧滑力，失控冲出路面等交通事故	多年平均降水量为1650mm，最大降水量为2552.6mm，5～6月为梅雨，7～9月多台风和暴雨	Ⅲ	B 很可能	危险	搭建气象信息管理和服务系统、改善路面摩擦因数 在易冲出路面的路段设置护栏 公路施工及公路运营应建立暴雨预警应急机制
浓雾	能见度下降，影响视距，妨碍驾驶员的视觉，目标物难于识别	冲出路面事故，追尾事故	测区内水系较发达，年平均相对湿度80%。本项目受水汽和温差影响，可能存在雾天能见度低的情况	Ⅱ	C 有时	危险	搭建气象信息管理和服务系统 建议在设计过程中增加防雾照明、警示标志等防雾灾安全设施。运营过程中在浓雾易发路段予以警示
台风	兼有横风与暴雨的影响，大风使公路标志牌、电线杆倒伏、倾斜、树木拔起、倾倒，并直接影响车辆行驶	附着力不足失控；侧翻事故，使车辆偏离行车路线，冲出路面事故	受台风影响机会较多，台风为当地最主要的灾害性天气，台风来临或发生短时强降雨，时常伴随山洪、山地灾害	Ⅲ	B 很可能	危险	搭建气象信息管理和服务系统，完善突发灾害天气预警应急
霜雪冻害	汽车轮胎与路面的摩擦因数减小，附着力大大降低，车辆行驶稳定性与车辆的制动性与驱动性极差	冲出路面事故，追尾事故	多年平均气温为19℃	Ⅱ	D 极少	临界	搭建气象信息管理和服务系统；及时清除积雪，铲除结冰；车辆自身防滑措施 在易冲出路面的路段设置护栏

（续）

危险因素	影　响	事故后果	检查情况	严重等级	可能性等级	危险程度	防治对策
雷电	桥梁、电气设备、输变电系统、通信监控系统受雷击损坏，可能使行驶车辆被雷击，造成火灾和爆炸二次事故	设备设施损坏，车辆被雷击	根据该地区雷暴日等级划分，该地区年平均雷暴日为57.6天，为高雷区	Ⅲ	C有时	临界	搭建气象信息管理和服务系统，完善公路防雷设施

周边环境对公路影响的分析见表13-3。

表13-3　公路周边环境影响分析

序号	分析项目	分析依据	检查结果	可能的风险	建议措施
1	周边建筑物和构筑物				
	在公路建筑控制区内，除公路保护需要外，禁止修建建筑物和地面构筑物	《公路安全保护条例》	该项目沿线存在村庄、民居。有对公路建筑控制区内构筑物进行拆迁处理	公路建成后，容易出现公路街道化现象，容易出现建筑物、构筑物影响视距及遮挡公路标志等问题	根据《公路安全保护条例》的规定，禁止公路建筑控制区内修建建筑物和地面构筑物
2	作业				
	禁止在国道公路用地外缘起向外100m、乡道的公路用地外缘起向外50m、公路渡口和中型以上公路桥梁周围200m、公路隧道上方和洞口外100m内从事采矿、采石、取土和爆破作业等	《公路安全保护条例》第十七条	根据现场勘查，公路沿线保护范围内无各类矿场，但在公路营运期采石、取土和爆破作业并不能完全排除	影响公路地基、桥梁结构及隧道结构的稳定	加强公路沿线的巡查管理，根据《公路安全保护条例》的规定，加强保护区范围内各类作业的审批审核
3	危险设施				
(1)	除按照国家有关规定设立的为车辆补充燃料的场所、设施外，禁止在公路用地外缘起向外100m、公路渡口和中型以上公路桥梁周围200m、公路隧道上方和洞口外100m内设立生产、储存、销售易燃、易爆、剧毒、放射性等危险物品的场所、设施	《公路安全保护条例》第十八条	根据现场勘查，目前公路沿线未查到有生产、储存、销售易燃、易爆、剧毒、放射性等危险物品的场所、设施，但并不能排除将来是否存在	一旦危险物品的场所、设施中的毒物发生泄漏，就会影响公路正常运营，造成行车人员二次中毒事故	根据《公路安全保护条例》的规定，完善公路周边危险物品的场所、设施建设审批；加强公路沿线的巡查管理，及时发现，及时处理

（续）

序号	分析项目	分析依据	检查结果	可能的风险	建议措施
(2)	禁止利用公路桥梁进行牵拉、吊装等危及公路桥梁安全的施工作业。禁止利用公路桥梁（含桥下空间）、公路隧道、涵洞堆放物品，搭建设施及铺设高压电线和输送易燃、易爆或其他有毒有害气体、液体的管道	《公路安全保护条例》第二十二条	根据现场勘查，目前公路沿线未查到有穿越公路的高压输电和输送易燃、易爆或其他有毒有害气体、液体的管道等，但并不能排除将来是否存在	一旦危险品泄漏，铺设高压电线绝缘损坏，易造成中毒事故、触电事故	根据《公路安全保护条例》的规定，禁止高压输电及输送易燃、易爆或其他有毒有害气体、液体的管道等穿越公路及桥涵
4	施工活动				
	因修建铁路、机场、供电、水利、通信等建设工程需要占用、挖掘公路、公路用地或使公路改线；跨越、穿越公路修建桥梁、渡槽或架设、埋设管道、电缆等设施；在公路用地范围内架设、埋设管道、电缆等设施；利用公路桥梁、公路隧道、涵洞铺设电缆等设施等，应当向公路管理机构申请，并提供安全技术、安全应急等材料	《公路安全保护条例》第二十八条	根据现场勘查，目前公路沿线不存在相关施工活动，但并不能排除将来是否存在	存在交叉作业风险，存在破坏公路设施风险，存在影响交通正常运行风险，导致交通中断	根据《公路安全保护条例》的规定，完善各类建设工程的审批，特别加强施工安全方案、事故应急措施等的制订、论证审核及实施

公路项目对周边环境影响分析见表 13-4。

表 13-4　公路项目对周边环境影响分析

危险因素	影　　响	后　　果	严重等级	可能性等级	危险程度	防治对策
1. 施工阶段						
施工运输	增加交通流，影响现有交通正常运行，影响周边村民正常出行及交通安全	导致交通拥堵，诱发交通事故	Ⅲ	B 很可能	危险	做好施工路段、施工时间及施工运输的规划，避开正常高峰交通流；做好信息发布和路线诱导；重视施工运输安全管理，避免超载运输
施工扬尘	影响周边空气环境质量，影响交通通行能见度	导致周边居民出行困难，严重的可能导致硅肺病	Ⅲ	C 有时	临界	对容易产生扬尘的作业采用密闭作业或湿式作业，对运输便道和作业场地采取洒水降尘
施工噪声、振动	影响周边居民正常的生产生活，特别是睡眠	影响周边居民正常的生产生活，诱发与村民的矛盾	Ⅲ	D 极少	临界	避免夜间作业，选用低噪声低振动作业工艺及设备

（续）

危险 因素	影 响	后 果	严重 等级	可能性 等级	危险 程度	防 治 对 策
旧路拆除 或占用	影响居民正常 出行	导致居民选择不 安全的道路或选择 不安全的运输方式 出行	II	C有时	危险	制订绕行替代方案，制订客货 分流方案
施工临时便 道及沟槽	占用耕地，使水 利设施受影响	导致周边耕地灌 溉及排水受影响， 导致农作物受损	IV	C有时	安全	尽量不破坏现有水利设施， 或者采取临时管涵保证灌溉及 排水不受影响
施工污染	施工运输车辆及 施工机械油品泄漏， 生活污水、泥浆废 水和设备、车辆冲 洗废水、施工垃圾 等容易造成农田 污染	农作物受损，农 田土壤肥力下降	IV	D很 可能	安全	为防止跑、冒、滴、漏现 象，加强设备的维护保养和采 取收集和集中处理措施，以防 污染道路、场所和水源
2. 运营阶段						
运输噪声	公路路线穿越村 庄，夜间行车，噪 声影响周边居民 休息	影响居民休息	IV	A频繁	临界	设置声屏障，栽植绿化林带
危险品运输 车辆泄漏	泄漏的危险品一 旦发生爆炸，将对 周边居民的生命造 成威胁，泄漏危险 品还可能导致居民 中毒及环境污染	居民中毒、受伤 或死亡，环境污染， 财产损失	I	D极少	危险	加强危险品运输车辆行驶线 路的审批，避开居民集中区； 加强危险品运输车辆及驾驶员 的日常安全管理；提升危险品 运输车辆泄漏应急处置能力
车辆意 外冲入	在穿越村庄路线 区域发生冲出路面 事故，容易冲入周 边居民住宅或商铺	毁坏建筑，容易 造成二次伤害事故	II	D极少	临界	公路与周边村庄保持足够安 全距离，确保居民不占用公路 区域，设置安全护栏、警示标 志等
对行人 造成威胁	公路周边行人穿 越公路或在公路上 行走，有可能与行 驶车辆发生碰撞 危险	导致交通事故的 发生	II	C有时	危险	在视距不良路段设施安全标 志，加强居民安全教育，避免 随意穿越公路行为

（续）

危险因素	影　　响	后　　果	严重等级	可能性等级	危险程度	防治对策
对家禽、宠物及牲畜的影响	公路周边居民所养家禽、宠物及牲畜在公路上行走，有被碾压、碰撞的危险	导致周边居民财产损失	IV	A 频繁	临界	设置安全标志，加强居民的安全教育，确保家禽、宠物及牲畜不随意在公路上行走

（2）公路线形设计与交通安全设施分析单元　路线安全检查分析见表 13-5。

表 13-5　路线安全检查分析

序号	分析项目及内容	分析依据	检查情况	分析结论及建议
1	设计速度为 30km/h 的路线圆曲线最小半径一般为 65m，极限值为 30m	《公路路线设计规范》第 7.3.2 条	本项目设计速度为 30km/h，平曲线最小半径为 30m	符合要求
2	设计速度为 30km/h 时，停车视距为 30m；超车视距一般为 150m，最小为 100m	《公路路线设计规范》第 7.9.1 条和第 7.9.4 条	本项目设计速度为 30km/h，停车视距为 30m，超车视距 150m	符合要求
3	设计速度为 30km/h 的最大纵坡为 8%	《公路路线设计规范》第 8.2.1 条	本项目设计速度为 30km/h，最大纵坡为 7.89%	符合要求
4	设计速度为 30km/h 时，凸型竖曲线最小半径一般值为 400m，极限值为 250m；凹型竖曲线最小半径一般值为 400m，极限值为 250m	《公路路线设计规范》第 8.6.1 条	本项目设计速度为 30km/h，凸型竖曲线最小半径为 500m，凹型竖曲线最小半径为 750m	符合要求
5	路基设计洪水频率：三级公路为 1/25	《公路路线设计规范》第 8.1 条	三级公路，路基涵洞设计洪水频率为 1/25	符合要求

公路线形安全预先危险分析见表 13-6。

表 13-6　线形设计安全分析

序号	分析项目	分析结果	可能的风险	建议措施
1	平面			
(1)	三级公路单个急弯平曲线半径为 30m	可提出公路主要技术指标中最小平曲线半径采用值为 30m（三级）	满足《公路路线设计规范》，但接近极限值的弯道处，由于车速过快可能会造成两车相撞、单车碰撞山体或车辆驶出路外风险	设置向左（右）弯路等警告标志；设置限速标志、禁止超车标志；路侧设置线形诱导标、轮廓标；根据路侧危险程度在弯道外侧设置护栏

（续）

序号	分析项目	分析结果	可能的风险	建议措施
（2）	涵洞接小半径曲线	本项目涉及涵洞较多，平曲线半径为30m	安全隐患与单个急弯路段类似，但由于事故形态以碰撞涵洞护栏和冲到沟下为主，因此具有更高的严重程度	除采用急弯路段处治措施外，还可重点考虑降速和被动防护措施：涵洞前设置警示标志，曲线外侧设置视线诱导设施；根据路侧危险程度可以设置护栏，并注意路基上设置的护栏与涵洞护栏之间的过渡；在车速较快又存在涵洞的路段可采用强制性减速设施
2	纵面			
（1）	陡坡：设计速度为30km/h的最大纵坡为9%	本项目中设计速度为30km/h，公路最大纵坡为7.89%	虽满足《公路路线设计规范》，但在较大纵坡处由于车速过快或连续制动导致车辆制动失效，可能造成追尾或对撞事故	设置下陡坡警告标志或其他文字警告标志；设置限速标志、减速设施和视线诱导设施；根据路侧危险程度设置护栏
（2）	连续下坡路段：连续里程大于3km，且平均纵坡大于5%	经实地考察，本项目不存在连续下坡路段	/	/
（3）	视距不良路段：设计速度为30km/h时，停车视距为30m。超车视距一般为150m，最小为100m	本项目设计速度为30km/h，停车视距30m，超车视距150m	停车视距虽满足《公路路线设计规范》，但车辆占用对向车道时易造成对撞事故	设置鸣喇叭标志、限速标志和禁止超车标线；设置线形诱导设施、强制减速设施；根据路侧危险程度设置护栏；修剪、处置弯道内侧树木，使弯道内侧通视
（4）	路侧险要路段：陡崖、沟深、填方边坡高度或路肩挡墙高度大于或等于4m的路段，或者至路肩边缘不足3m有湖泊、高速公路等路段	经实地勘查，本项目存在部分临水、较大落差处	车辆驶出路外的事故并造成二次事故，后果严重	根据路侧危险程度设置防撞护栏；设置"超速危险"等警告标志；设置视线诱导设施；根据需要设置强制减速措施

（3）公路施工安全分析单元　路基风险评估见表 13-7。

表 13-7　路基工程 LEC 法风险评估

作 业 内 容	事 故 类 型	风 险 评 估				
		事故发生可能性 L	人员暴露频率 E	后果严重程度 C	风险大小 D	危险程度
路基土石方工程施工	物体打击	3	6	3	54	一般危险
	车辆伤害	3	6	7	126	显著危险
	机械伤害	3	6	3	54	一般危险
	高处坠落	3	6	3	54	一般危险
路基排水工程施工	车辆伤害	3	6	7	126	显著危险
	机械伤害	3	6	3	54	一般危险
过水涵洞工程施工	机械伤害	3	6	3	54	一般危险
	车辆伤害	3	6	7	126	显著危险
	坍塌	1	6	1	6	稍有危险
施工运输与居民出行交通组织	车辆伤害	3	6	15	270	高度危险

路面工程施工安全风险分析见表 13-8。

表 13-8　路面工程施工 LEC 法风险分析

作 业 内 容	事 故 类 型	风 险 评 估				
		事故发生可能性 L	人员暴露频率 E	后果严重程度 C	风险大小 D	风险等级
10cm 厚填隙碎石垫层	车辆伤害	3	6	15	270	高度危险
	机械伤害	3	6	3	54	一般危险
20cmC20 碾压混凝土基层	车辆伤害	3	6	15	270	高度危险
	机械伤害	3	6	3	54	一般危险
沥青混凝土面层	车辆伤害	3	6	15	270	高度危险
	触电	3	3	3	27	一般危险
	机械伤害	3	6	3	54	一般危险

（4）桥涵施工安全风险分析　桥涵施工安全风险分析见表 13-9。

表13-9 桥涵施工 LEC 法风险评估

作业内容	事 故 类 型	可能致险因子	风 险 评 估				
			事故发生可能性 L	人员暴露频率 E	后果严重程度 C	风险大小 D	风险等级
基坑开挖	起重伤害	违章作业 机械故障 天气恶劣	1	6	15	90	显著危险
	机械伤害	操作不当 机械故障 机械缺陷	3	6	3	54	一般危险
	坍塌	不良地质 方法缺陷 支护不当	3	6	15	270	高度危险
浇筑基础混凝土	物体打击	违章作业 防护装置缺乏	3	6	3	54	一般危险
	高处坠落	不安全装束 作业不当	3	6	15	270	高度危险
	起重伤害	操作不当 机械故障	3	3	15	135	显著危险
	坍塌	操作不当 支护不当	1	6	40	240	高度危险
	触电	违章作业 机械故障	1	6	15	90	显著危险
箱底浇筑	物体打击	违章作业 防护装置缺乏	3	6	3	54	一般危险
	高处坠落	不安全装束 作业不当	3	6	15	270	高度危险
	起重伤害	操作不当 机械故障	3	3	15	135	显著危险
	坍塌	操作不当 支护不当	1	6	40	240	高度危险
	触电	违章作业 机械故障	1	6	15	90	显著危险

（续）

作业内容	事故类型	可能致险因子	风险评估				
			事故发生可能性 L	人员暴露频率 E	后果严重程度 C	风险大小 D	风险等级
涵身浇筑	物体打击	违章作业 防护装置缺乏	3	6	7	126	显著危险
	高处坠落	作业不当 恶劣天气	3	6	15	270	高度危险
	起重伤害	操作不当 机械故障	3	3	15	135	显著危险
	机械伤害	操作不当 机械故障 机械缺陷	3	6	7	126	显著危险
	坍塌	地质处理不合要求、模板不合要求、支护不合要求	1	6	40	240	高度危险
	触电	违章作业 机械故障	1	6	15	90	显著危险
盖板现浇	高处坠落	不安全装束 作业不当	3	3	15	135	显著危险
	机械伤害	操作不当 机械故障 机械缺陷	3	6	7	126	显著危险
	坍塌	地质处理不合要求、模板不合要求、支护不当	1	6	40	240	高度危险
	触电	违章作业 机械故障	1	6	15	90	显著危险

（5）公路项目职业危害分析单元　职业危害总体分析见表 13-10。

表 13-10　施工过程职业危害因素总体风险分析

职业危害因素	作业或工种	形成事故原因	影响	风险等级	措施
粉尘	1. 路基开挖、电焊作业等 2. 混凝土搅拌车驾驶员、砂石上料工、材料试验工、平刨机工、金属除锈工、石工、风钻工、电（气）焊等工种	含游离的二氧化硅粉尘、木屑尘、电焊烟尘、金属粉尘	长期吸入较高浓度粉尘可引起肺部弥漫性、进行性纤维化为主的全身疾病（尘肺）；如吸入铅、铜、锌、锰等毒性粉尘，会引起全身性中毒	Ⅱ严重	1. 个体防护：给施工作业人员提供扬尘防护口罩等 2. 作业场所防护措施：加强水泥等易扬尘的材料的存放处、使用处的扬尘防护，任何人不得随意拆除，在易扬尘部位设置警示标志 3. 生产工艺措施：湿式作业、密闭作业、利用通风除尘等

（续）

职业危害因素	作业或工种	形成事故原因	影 响	风险等级	措 施
生产性毒物	1. 喷漆作业 2. 油漆工、喷漆工、电焊工、气焊工等工种 3. 沥青搅拌作业	1. 喷漆作业会产生苯、甲苯等毒物 2. 沥青毒物	1. 喷漆作业容易引起苯中毒 2. 沥青搅拌易引起沥青烟尘中毒	II严重	1. 对于喷漆作业要避免受限空间作业，加强通风 2. 对于接触沥青作业工，应当佩戴防尘、防毒口罩，加强通风
噪声	1. 路基开挖作业、打桩作业、混凝土浇筑作业等 2. 混凝土振动棒工、打桩机工、推土机工、平刨工等工种	来源于打桩机、搅拌机、电动机、空压机、钢筋加工机械和木工加工机械等	对神经系统、心血管系统及全身其他器官功能产生不同程度的危害，导致噪声性耳聋；影响休息，导致情绪不稳等	II严重	1. 作业场所防护措施：在作业区设置防职业病警示标志，对噪声大的机械加强日常保养和维护，减少噪声污染 2. 个人防护措施：为施工操作人员提供劳动防护耳塞，采取轮流作业，杜绝施工操作人员的超时工作
振动	混凝土振动棒工、风钻工、打桩机驾驶员、推土机驾驶员、挖掘机驾驶员	施工现场振动主要有混凝土振动棒、风钻、打桩机、推土机、挖掘机等	导致振动病	III轻微	1. 作业场所防护措施：在作业区设置防职业病警示标志，在振源与需要防振的设备之间安装具有弹性性能的隔振装置，使振源产生的大部分振动被隔振装置所吸收 2. 个人防护措施：机械操作工要持证上岗，提供振动机械防护手套，采取延长换班休息时间，杜绝作业人员的超时工作
弧光辐射	电焊作业	电焊作业产生的电弧光	导致电光眼	III轻微	个人防护措施：佩戴护目镜
高温	夏季露天作业	太阳辐射	中暑	III轻微	1. 作业场所防护措施：在高温期间，为职工备足饮用水、防中暑药品和器材 2. 个人防护措施：减少工人工作时间，尤其是延长中午休息时间

作业过程职业危害分析见表13-11。

表13-11 各分项工程施工过程职业危害因素风险分析

项目类型	职业危害因素	作业环境	可能导致的伤害	L	E	C	D	风险等级
路基工程	噪声	挖掘机挖土、凿岩机使用、风钻使用、混凝土破碎机使用	失聪、心情烦躁	3	6	7	126	3
	粉尘	凿岩机使用、风钻使用、混凝土破碎机使用	影响健康、尘肺病	6	0.5	40	120	3

（续）

项目类型	职业危害因素	作业环境	可能导致的伤害	作业条件危险性评价				风险等级
				L	E	C	D	
路面工程	噪声	推土机的使用、压路机使用、压夯机使用、装卸机使用、泥土及沥青运输、洒水机的使用	失聪、心情烦躁	6	6	3	108	3
	粉尘	水泥拌和、沥青拌和、推土机的使用、装卸机使用、摊铺机施工	影响健康、尘肺病	6	3	7	126	3
	生产性毒物	燃油导热油炉排放烟气、沥青烟气	中毒	3	3	7	63	2
	高温	高温施工	中暑伤亡	3	3	7	63	2

5. 安全对策措施及建议（略）

6. 安全综合分析结论（略）

任务 13.5 工程安全管理台账

下面以一个安全管理台账实例的目录来了解安全管理的基本工作内容（见图 13-5）。这个安全管理台账目录集中了施工现场主要的和基本的安全管理，但不是全部的安全管理资料。安全管理资料与现场安全管理是施工安全工作的两个组成部分。安全管理台账遵循"如实记录工作、真实反映现状"的原则，使现场与内业管理真正统一起来，从而全面、全员和全过程地实施安全管理。

图 13-5 工程安全管理台账

工程安全管理台账

第 01 档案盒　在建工程安全监督及相关证件

01　工程基本情况及现场勘察概况

02　规划许可证

03　中标通知书

04　施工许可证

05　企业安全生产资格证

06　项目管理人员一览表及相关证件

07　专职安全员、安全资料员配备情况及相关证件

08　项目主要管理人员企业任命文件

09　现场安全管理保证体系

10　其他有关证件

第 02 档案盒　安全生产责任制度

01　各级各部门及管理人员安全生产责任制度

02　管理人员花名册

03　安全生产管理制度（含安全管理责任目标考核办法）

04　各工种及主要机具安全技术操作规程

第 03 档案盒　目标管理

01　安全管理责任目标考核办法

02　项目部安全责任目标分解表

03　安全管理目标部门考核表

04　项目经理安全责任目标考核表

05　质量员安全责任目标考核表

06　施工技术人员安全责任目标考核表

07　安全员安全责任目标考核表

08　班（组）长安全责任目标考核表

第 04 档案盒　安全施工组织设计

01　施工组织设计（方案、技术措施）目录表

02　施工组织设计审批表

03　总体施工组织设计

04　安全施工组织设计

05　文明施工组织设计

06　专业性较强项目的安全施工组织设计（方案、技术措施）

07　针对性的各类应急预案

第 05 档案盒　分部、分项工程安全技术交底

01　安全技术交底规定

02　安全技术交底登记表

03　分部、分项工程安全技术交底记录

04　各工种安全技术交底记录

第 06 档案盒　安全检查

01　安全检查制度

02　项目部安全日查记录表

03　项目定期安全检查记录

04　安全隐患整改通知书

05　事故隐患整改情况报告书

06　处罚通知单

07　违章违纪人员教育记录表

第 07 档案盒　安全教育

01　安全教育培训制度

02　职工安全教育培训花名册

03　安全教育记录

04　特种作业人员安全教育培训记录

05　施工管理人员年度安全培训记录

第 08 档案盒　班前安全活动

01　班前安全活动制度

02　安全例会制度

03　班前安全活动记录

04　项目部安全例会记录

第 09 档案盒　特种作业持证上岗管理

01　特种作业人员管理办法

02　特种作业人员花名册

03　特种作业人员证件

04　特种设备安拆资格证

第 10 档案盒　工伤事故处理

01　工伤事故调查和处理制度

02　伤亡事故报告单

03　伤亡（重大未遂）事故记录

04　因工伤亡事故调查处理结案审批表

05　职工意外伤害保险

第 11 档案盒　安全标志

01　安全标志使用台账

02　现场安全标志平面布置图

第 12 档案盒　安全防护用具及机械设备相关证件管理

01　现场施工机械设备登记表

02　现场安全防护用具登记表

03　机械设备安装备案表

04　安全防护用具（机械设备）使用备案表

05　有关机械设备（防护用具）生产许可证、出厂合格证、产品质量技术鉴定报告书等相关证件

第 13 档案盒　机械设备、设施验收检测记录

01　机械设备、设施验收检测记录表

02　机械设备施工（生产）运行情况记录

03　机械设备维修保养记录

04　安全防护设施验收记录表

第 14 档案盒　施工临时用电

01　施工临时用电定期检查制度

02　临时用电施工组织设计（方案）

03　施工临时用电技术交底记录

04　临时用电验收表

05　电工日常检查巡视记录

06　电工维修记录

第 15 档案盒　文明施工

01　文明施工组织设计（方案）

02　文明施工保证体系图

03　施工现场平面布置图

04　施工防尘、防噪及不扰民措施

05　文明施工达标管理考评

06　应急演练记录

第 16 档案盒　劳动保护

01　劳动保护工作制度

02　项目部劳动保护经费的提取和使用情况

03　项目部全员劳动保护培训记录

04　安全知识竞赛试题

05　项目部劳动保护工作竞赛活动

小　结

　　本项目主要讲了杭州地铁湘湖站坍塌事故原因分析、事故安全启示；某铁路隧道口重大坍塌事故原因分析及事故性质认定、事故安全启示；珠海"6.16"特大火灾和厂房倒塌事

故原因分析、事故安全启示；某工程安全综合分析工作程序、主要危险、有害因素辨识分析、分析方法的选择和分析单元划分、安全综合分析方法、工程安全综合分析报告编写内容等。

思考与练习

1. 简述杭州地铁湘湖站坍塌事故的原因与安全启示。
2. 简述本项目中某铁路隧道口重大坍塌事故原因分析及安全启示。
3. 简述珠海"6.16"特大火灾和厂房倒塌事故原因分析、事故安全启示。
4. 简述本项目中某工程安全综合分析工作程序。
5. 简述本项目中某工程主要危险、有害因素辨识内容。
6. 简述本项目中某工程安全分析方法的选择和分析单元的划分。
7. 简述本项目中某工程安全综合分析方法。
8. 工程安全综合分析报告的编写主要包括哪些内容？

附 录

安全标志牌的尺寸

（单位：m）

型 号	观察距离 L	图形标志的外径	三角形标志的外边长	正方形标志的边长
1	0 < L ≤ 2.5	0.070	0.088	0.063
2	2.5 < L ≤ 4.0	0.110	0.142	0.100
3	4.0 < L ≤ 6.3	0.175	0.220	0.160
4	6.3 < L ≤ 10.0	0.280	0.350	0.250
5	10.0 < L ≤ 16.0	0.450	0.560	0.400
6	16.0 < L ≤ 25.0	0.700	0.880	0.630
7	25.0 < L ≤ 40.0	1.110	1.400	1.000

注：允许有3%的误差。

参 考 文 献

[1] 张新宇，王富饶. 城市轨道交通安全管理 [M]. 北京：人民交通出版社，2012.

[2] 耿幸福，宁斌. 城市轨道交通运营安全 [M]. 北京：人民交通出版社，2012.

[3] 连义平. 城市轨道交通安全管理 [M]. 成都：西南交通大学出版社，2011.

[4] 邢娟娟. 企业事故应急救援与预案编制技术 [M]. 北京：气象出版社，2008.

[5] 刘志刚，谭复兴. 城市轨道交通安全工程概论 [M]. 北京：中国铁道出版社，2010.

[6] 交通运输部道路运输司. 国内外城市轨道交通事故案例评析 [M]. 北京：人民交通出版社，2011.

[7] 李宇辉. 城市轨道交通应急处理 [M]. 北京：人民交通出版社，2011.

[8] 徐新玉. 城市轨道交通运营管理规章 [M]. 北京：人民交通出版社，2011.

[9] 肖贵平，朱晓宁. 交通安全工程 [M]. 北京：中国铁道出版社，2011.

[10] 王艳辉，祝凌曦. 城市轨道交通运营安全管理方法与技术 [M]. 北京：北京交通大学出版社，2011.

[11] 李慧玲，刘冰. 城市轨道交通安全管理 [M]. 北京：人民交通出版社，2011.

[12] 韩买良. 铁路行车安全管理 [M]. 北京：中国铁道出版社，2008.

[13] 马成正，张明春. 城市轨道交通运营安全管理 [M]. 北京：中国电力出版社，2015.